これだけマスター

2級

建築施工
管理技士

吉井和子・池本幸一・速水洋志［共著］

Ohmsha

本書を発行するにあたって、内容に誤りのないようできる限りの注意を払いましたが、本書の内容を適用した結果生じたこと、また、適用できなかった結果について、著者、出版社とも一切の責任を負いませんのでご了承ください。

はじめに

　「2級建築施工管理技士」は、国土交通大臣所管の国家資格であり、一般建設業の許可を受けている建設業者の営業所における「専任技術者」および工事現場における「主任技術者」となることが認められています。有資格者がいることが、そのまま企業の技術力評価につながるため、企業にとって有益な人材となっています。また、品質や安全性の確保、法令遵守が重視される昨今において、建築工事の現場監督として不可欠な資格でもあります。

　なお、第二次検定の受験にあたっては、受検種別が「建築」「躯体」「仕上げ」に分かれているので、自分の専門とする建設工事の種類がどれに該当するのか調べて受験申込みをする必要があります。

　以下に受検種別と建設工事の種類を示します。

受検種別	工事種別
建築	建築一式工事、解体工事
躯体	大工工事（躯体）、型枠工事、とび・土工・コンクリート工事、鋼構造物工事、鉄筋工事、ブロック工事、解体工事
仕上げ	造作工事、左官工事、石工事、屋根工事、タイル・レンガ工事、板金工事、ガラス工事、塗装工事、防水工事、内装仕上工事、建具工事、熱絶縁工事

　出題範囲は広く多岐にわたっています。自分の専門以外の工事はよくわからない方、構造力学は苦手という方、法規は法規書に頼らないと自信がない方など、悩みはさまざまで、工事経験にも差があるでしょう。

　本書では、**過去の出題頻度や出題傾向を加味し、分野ごとに重要学習項目を抽出しています。**苦手項目を重点的に学習しやすいよう工夫して、得意分野を再認識することで取りこぼしをなくし、最小限の学習で合格ラインを突破できる構成となっています。また、節ごとに★の数で重要度を示しており、重要度順に学べる内容構成にすることで、短期間で効率的に習得できるように編集しました。

　なお、本書は2011年に発行しました『これだけマスター　2級建築施工管理技士試験』を施工管理技士試験制度の改正に伴い全面的に見直し、改題改訂として発行するものです。

　この間、版を重ね、今回、改題改訂として本書を刊行する運びとなりまし

たことは、著者一同にとりまして誠に嬉しい限りです。

　平成30年度より6月に学科試験のみの第一次検定が設けられました。さらに令和3年度の制度改正により、第一次検定合格者には「2級建築施工管理技士補」の資格が付与されることとなり、実地試験である第二次検定への受験にあたって、有効期間、受験回数の制約がなくなりました。従来の11月の第一次・第二次検定（同日受検）と合わせ、第一次検定は年2回の受験チャンスがあります。

　また、第一次検定の受検種別が廃止され、検定問題は共通となり、全員が同じ問題を解くこととなりました。このことにより、施工の総出題数が60問から15問へと激減しました。

　今回の改定では、この制度の見直しを受けて、学習内容も見直すこととしました。

　近年、建築現場での不手際が頻発し、「現場力」の低下が危惧されています。建設業界の人材不足は深刻な問題で、業界全体が優秀な担い手を求めています。

　皆様が本書を活用されて「2級建築施工管理技士」となられ、良き先輩について多くを学び、広く経験を積まれ、「現場力」の回復に力をお貸しくださることを願っています。

2022年4月

吉井和子

目次

v

受験ガイダンス

1. 「2級建築施工管理技術検定」の概要

建築施工管理技術検定とは

　国土交通省は、建設工事に従事する技術者の技術の向上を図ることを目的として、建設業法第27条の規定に基づき技術検定を行っています。技術検定には「建築施工管理」など7種目があり、それぞれ「1級」と「2級」に区分されています。

建築施工管理技術検定の構成

　技術検定は、「第一次検定」と「第二次検定」に分けて行われます。2級の場合、第一次検定の合格者は所要の手続き後「2級建築施工管理技士補」、第二次検定の合格者は所要の手続き後「2級建築施工管理技士」と称することができます。

2. 受験の手引き

受験資格

【第一次検定】

　試験実施年度中に満17歳以上となる者

【第二次検定】

　次の(1)(2)を同時に満たす者

　(1) 検定による受験資格【❶～❸のいずれかに該当すること】

　　❶ 一級建築士試験合格者

　　❷ 令和2年度までの学科試験の合格者（受験種別の制限あり）

　　❸ 令和3年度以降の第一次検定の合格者

(2) 学歴・実務経験などによる受験資格

受検種別	学歴	実務経験年数	
		指定学科	指定学科以外
建築 躯体 仕上げ	大学 専門学校の「高度専門士」	卒業後1年以上	卒業後1年6か月以上
	短期大学 高等専門学校（5年制） 専門学校の「専門士」	卒業後2年以上	卒業後3年以上
	高等学校 中等教育学校 専門学校の専門課程	卒業後3年以上	卒業後4年6か月以上
	その他	8年以上	

	技能士	技能検定の合格年度	実務経験年数
躯体	所定の検定職種（鉄工、とびなど）	H15年度以前 H16年度以降／1級 単一等級エーエルシー パネル施工	不問
		H16年度以降／2級	4年以上
仕上げ	所定の検定職種（建築板金、冊子 施工など）	H15年度以前 H16年度以降／1級 単一等級れんが積み	不問
		H16年度以降／2級	4年以上

※ 2級建築施工管理技士または技士補の資格を取得済みの場合、再度の受験申込みはできません。

※ 詳細は、試験団体による「受験の手引」をご参照ください。

受験手続き

【前期（第一次検定のみ）】

・申込受付：例年1月下旬～2月上旬

・試験日　：例年6月上旬

・合格発表：例年7月上旬

・試験地　：札幌・仙台・東京・新潟・名古屋・大阪・広島・高松・福岡・
　　　　　　沖縄

【後期（第一次・第二次同日受検、第一次検定のみ、第二次検定のみ）】

・申込受付：例年7月上旬～中旬（書面申込）

・試験日　：例年11月上旬

・合格発表：第一次検定のみ→例年1月中旬
　　　　　　第一次・第二次同日受検、第二次検定のみ→例年1月下旬

・試験地　：札幌・青森・仙台・東京・新潟・金沢・名古屋・大阪・広島・
　　　　　　高松・福岡・鹿児島・沖縄

建築施工管理技術検定に関する申込書類提出および問合せ先
一般財団法人 建設業振興基金 試験研修本部
〒105-0001　東京都港区虎ノ門4丁目2-12　虎ノ門4丁目MTビル2号館
TEL　03-5473-1581

　試験に関する情報は、今後、変更される可能性があります。受験する場合は、国土交通大臣指定試験機関である建設業振興基金（https://www.kensetsu-kikin.or.jp）などの公表する最新情報を必ずご確認ください。

3. 第一次検定の試験形式と合格基準

試験形式

　第一次検定は前期・後期の年2回、例年10時15分〜12時45分に行われ、50問中40問を解答する形式です。制限時間は2時間30分で、平均して1問につき3分45秒の解答時間となり、見直しの時間を考慮すると、1問を3分程度で解答できれば安心です。

　問題の出題方式については、マークシートによる四肢一択式がほとんどですが、応用能力問題の4問のみ四肢二択となっており、注意が必要です。

　また、大半は「最も不適当な（誤っている）もの」を問う設問ですが、まれに「正しいもの」を問う設問もありますので、問題文をよく読んで解答しましょう。

　試験で出題される科目内容（目安）は、次の表のとおりです。建築学、施工、施工管理、法規の広範囲にわたり、各分野からまんべんなく出題されています。

出題分野	出題分類	出題数	解答数	書籍との対応
建築学	環境工学、一般構造、構造力学、建築材料、建築設備ほか	17問（No.1〜17）	12問	Ⅰ部
施工	仮設工事・土工事・建設機械、地業工事、鉄筋工事、コンクリート工事、鉄骨工事、木工事、鉄筋コンクリートブロック工事、ALCパネル工事、押出成形セメント板工事、防水工事、タイル・石工事、屋根およびとい工事、金属工事、左官工事、建具工事、内装工事、解体工事、改修工事	15問（No.18〜28、No.39〜42）	12問	Ⅱ部
施工管理	施工計画、工程管理、品質管理、安全管理	10問（No.29〜38）	10問	Ⅲ部
法規	建築法規	8問（No.43〜50）	6問	Ⅳ部

得点の60%以上（解答した40問のうち24問以上の正解）で合格となります。ただし、試験の実施状況などを踏まえ、変更される可能性があります。

4. 第二次検定の試験形式と合格基準

第二次検定は後期のみの年1回、第一次検定と同日の14時15分〜16時15分に行われます。問題1（経験記述）と問題2〜5を合わせて20〜23問解答する形式です。問題5は、受検種別によりA・B・Cに分かれているので、間違えないように注意が必要です。

制限時間は2時間で、経験記述に時間を多く割かれるため、**経験記述以外の問題は平均して1問につき3分程度の解答時間**となります。

問題の出題方式については、記述式と四肢一択式の両方があります。設問内容に対し、指定された欄内に簡潔に記述するもの、計算問題、穴埋め問題などにより構成されています。

出題分野	解答方式	解答内容	試験の設問	書籍との対応
経験記述	記述文	実際に経験した建築工事について、文章形式で解答する。	問題1	V部1章
建築工事	記述文	建築工事に関連する用語が示す内容および留意すべきことについて文章形式で解答する。	問題2	V部2章
工程管理	語句・計算	工程管理の方法や工程表の見方に関連して解答する。計算を伴う問題が出題される。	問題3	V部3章
建築法規	四肢択一	法文の空欄に当てはまる語句や数値を4つの選択肢から選び、マークシート方式で解答する。	問題4	V部4章
建築施工	四肢択一	A・B・Cのうち、自分の受験種別に該当する問題のみを解答する。問題文の空欄に当てはまる語句や数値を8つの選択肢から選び、マークシート方式で解答する。	問題5	V部5章

得点の60%以上で合格となります。ただし、試験の実施状況などを踏まえ、変更される可能性があります。

個人の成績の通知は以下のとおり行われます。なお、通知は全体の結果のみとし、設問ごとの得点については通知されません。

［評定］　A：合格（合格基準以上）

　　　　　B：得点が40%以上合格基準未満

　　　　　C：得点が40%未満

I 部

第一次検定

建築学

環境工学

本章において扱う項目は、「色」「日射・日照」「採光・照明」「換気」「熱・結露」「音」である。

建築学における環境工学は、快適な住環境を得るため、建築物とそれを取り巻く「空気、水、光、音、色など」の環境との調和を図ることを目的とする。

環境要素に関する基礎的知識や建築技術との関係について出題される。

1 色

▶ 色の表し方

建築分野では**マンセル表色系**により色を表すことが多い。マンセル表色系では、**色相・明度・彩度の色の3要素**により色を表示する。

■ マンセル表色系による色の表し方

項目	内容
色相	色合いのこと。R（赤）・YR（黄赤）・Y（黄）・GY（黄緑）・G（緑）・BG（青緑）・B（青）・PB（青紫）・P（紫）・RP（赤紫）を基本にして色合いを表示する。例）2.5YR、10PBなど
明度	色の明るさの度合い。純黒を0、純白を10とする。
彩度	色の鮮やかさの度合い。無彩色を0とする。色相の中で、最も彩度が高い色を純色、純色と白または黒との混色を清色と呼ぶ。
色の表示方法	「色相 明度／彩度」で表示する。例えば、色相5R、明度3、彩度11の赤色は「5R3／11」と表される。
無彩色と有彩色	白～灰色～黒は無彩色と呼ばれ、明度だけをもっている。表示はNのみで表され、純粋な黒をN0、純粋な白をN10とする。有彩色は色の3要素をすべて有している。

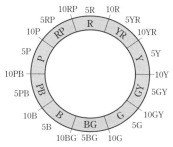

● マンセル色相環

● 色の心理的な効果

項目	内容
暖色・寒色	マンセル色相環の赤（R）側は暖かく感じ（暖色）、青（B）側は涼しく感じる（寒色）。
膨張色（進出色）・収縮色（後退色）	① 暖色は進出し膨張して見え（膨張色・進出色）、寒色は後退し伸縮して見える（伸縮色・後退色）。 ② 明度の低い色は後退し伸縮して見え（伸縮色・後退色）、明度の高い色は進出し膨張して見える（膨張色・進出色）。
安定感	色を並べる場合、下部を明度の低い色にすると、安定感を感じる。
面積効果	同じ色の場合、大きい面積のほうが明度と彩度が強く感じられ、本来の色らしく見える。

● 色の性質

項目	内容
補色	2つの色を混ぜ合わせたとき、白色または灰色になる色が互いに補色となる。マンセル色相環の両端の位置となる色。補色を並べると、鮮やかさが増して見える。
色彩調節	色のもつ心理的効果や性質を利用して、快適な建築環境を作り出すこと。

2 日射・日照

▶ 日射

[日射の種類]

名称	概　　　要
直達日射	太陽から直接地表に達する日射。
天空日射	大気中で散乱または反射して地表に達する日射。
全天日射	全天空からの日射。水平面における直達日射と天空日射の合計。

[日射量]　ある面が単位面積当たり単位時間内に受ける日射を熱量で表したものを日射量と呼ぶ。直達日射の場合は直達日射量となる。

　日本の**終日直達日射量**（1日単位の直達日射量）の特徴は以下のとおりである。

- 夏期（夏至）：水平面＞東西向き鉛直面＞南向き鉛直面＞北向き鉛直面
  （水平面の日射量が最も大きい）
- 冬期（冬至）：南向き鉛直面＞水平面＞東西向き鉛直面＞北向き鉛直面
  （南向き鉛直面の日射量が最も大きい）

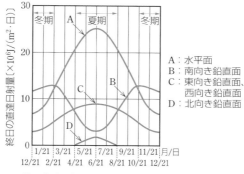

A：水平面
B：南向き鉛直面
C：東向き鉛直面、
　西向き鉛直面
D：北向き鉛直面

● 終日直達日射量（北緯35度：東京付近）

▶ 日照

[日照率]　1日のうち、本来日照があるべき時間（日の出から日の入りまで）を**可照時間**と呼び、実際に日照のあった時間を**日照時間**と呼ぶ。可照時間は季節やその場所の緯度により変化し、日照時間は、雨天や曇りの日などでは少なくなる。

　日照時間を可照時間で割ったものを**日照率**という。

日照率＝日照時間／可照時間〔％〕

[日影曲線図]　ある地域における、1年間の日影の状態を示した図。

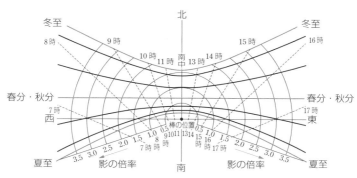

● 北緯35°（東京近辺）における日影曲線

「棒の位置」に物体を立てたときの影の長さと向きを読み取ることができる。図中の色線はそれぞれ、冬至、春分・秋分、夏至の影の先端の軌跡である。日影曲線の時刻は一般に真太陽時（太陽が南中する＝真南に来る時刻を正午とした時刻）とされる（例えば、東京の太陽の南中は、日本標準時の正午ではなく、11時40分頃である）。

3 採光・照明 重要度 ★★☆

▶ 照度、光度等関連用語

名称	概要	単位
光束	光源から放射される、人間の目で捉えることのできる光の量。	ルーメン〔lm〕
光度	光源からある方向に放射された、光束の密度。	カンデラ〔cd〕
照度	ある面上の光の明るさの程度。1 m² 当たりの光束の量。	ルクス〔lx〕
輝度	光源や照らされている面の明るさの度合い。	カンデラ毎平方メートル〔cd/m²〕

▶ 昼光率

建築設計において採光を検討する場合、昼光率を用いる。

昼光率とは、全天空照度と室内のある点での水平照度の比である。

$$昼光率＝\frac{室内のある点の水平照度}{全天空照度}×100〔％〕$$

基準昼光率として、教室や事務所で2％、住宅の居室で0.7％程度とされている。

▶ 採光

［採光における留意点］

• 採光計画においては、直射日光では安定して採光できないため、**天空光**（拡散された空からの光で、明るさの変化が小さい）を用いる。

• 採光は窓から得るが、**天窓が最も効率よく採光でき**、同じ面積の側窓の**3倍の効果がある**といわれる。

［採光の調節方法］ 均斉度（室内照度分布の均一さ）を上げるために、次のような採光調節を行う。

- 天井を高くし、高い位置に窓を付ける。
- 部屋の両側に窓を付ける。
- 窓を縦長にする。
- 小さめの窓を等間隔に設置する。
- 窓ガラスとしてすりガラスを用いる。
- 部屋の奥行きは、必要以上に深くしない。
- 室内の仕上げを明るく、反射率の高いものにする。

▶ 照明

［照度のもつ性質］

- 照度は、点光源からの距離の2乗に反比例する。
- 発光体の温度が高いと白・青系の光の色となり、温度が低いと黄・赤系の光の色となる。光源の色味は**色温度〔K〕（ケルビン）**で表される。

［照明の種類］

照明の向きなどによる分類		
	直接照明	光源からの光を直接下方に照らす方法。最も濃い陰影ができる。
	半直接照明	直接照明に半透明の傘（シェード）を用い、多少の反射光を利用する。
	全般拡散照明	半透明のカバーなどで、光源からの光を全体に拡散させる。
	半間接照明	光の大部分を天井や壁に反射させて室内を照らす。
	間接照明	光源からの光を天井や壁などに当て、その反射光で室内を照らす。
照明の対象による分類		
	全般照明	室内全体を一様に照らす方法。
	局所照明（局部照明）	ある場所・ものを部分的に照らす方法。
	全般局所併用照明（タスク・アンビエント照明）	全般照明と局所照明を併用した方法。

間接照明　　　半間接照明　　　全般拡散照明　　　半直接照明　　　直接照明

4 換気

重要度 ★★☆

▶ 建築と換気

　換気とは、建築内の汚染空気（熱、水分、粉塵、有毒ガス、二酸化炭素など）を排除して、外気と入れ替えることである。新鮮な空気を取り入れるとともに、室内の温度や湿度などを調整する役割ももつ。

　換気の方式により、**自然換気**と**機械換気**に大別される。

［必要換気量］ 室内の汚染空気の濃度を許容濃度以下に保つために必要な最小の換気量。部屋の大きさや在室人数により必要換気量は異なるが、一般に成人1人当たりの必要換気量は、**30 m²/h** 程度とされる。

［換気回数］ 1時間当たりの部屋の換気回数。時間あたり回数〔回/h〕で表される。

$$換気回数〔回/h〕 = \frac{換気量〔m^3/h〕}{部屋の容量〔m^3〕}$$

▶ 自然換気

　機械的設備を用いず、風力や温度差などによる換気方法である。**風力換気**、**重力換気**などがある。

種類	概要
風力換気	建築物に風が当たると圧力差が生じて、風上の開口部から室内に空気が入り込み、風下の開口部から室内の空気が排出される。これを風力換気と呼び、換気量は開口部の面積と風速に比例する。
重力換気	室内外の温度差により、空気の重さが異なるため、室内の軽い空気は上部の開口部から外に出て、重い空気が下部の開口部から入ってくる。これを重力換気と呼び、温度差が大きいほど換気量は大きくなり、上下の開口部の高低差が大きいほど換気量は大きくなる。

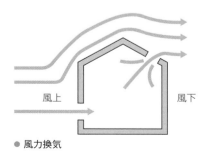

● 風力換気

暖かい空気

冷たい空気

● 重力換気

● 機械換気

　機械設備を用いた換気方式。排気方法と給気方法の組合せにより、**第1種機械換気方式、第2種機械換気方式、第3種機械換気方式**に分けられる。

方式	排気	給気	概要
第1種機械換気方式	機械排気	機械給気	排気、吸気ともに機械による。換気方式の中で最も確実な換気が可能で、空気の流れや圧力を制御しやすい。屋内駐車場、機械室、ボイラー室などに適している。
第2種機械換気方式	自然排気	機械給気	給気ファンなどにより室内に空気が取り込まれ、室内が正圧となるため、自然排気される。クリーンルームなどに適している。
第3種機械換気方式	機械排気	自然給気	排気ファンなどにより室内空気が排出され、室内が負圧となるため、自然給気される。室内に臭気や煙などが生じやすい、トイレ、台所、給湯室などに適している。

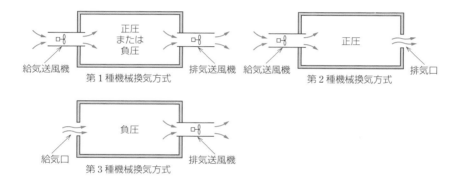

第1種機械換気方式　　第2種機械換気方式　　第3種機械換気方式

point ▶ ワンポイントアドバイス

通常の外気圧より気圧が高い状態を**正圧**、低い状態を**負圧**という。正圧の部屋は空気が外に向かうため、すきま風などが入らなくなるが、室内のにおいなどが室外に流れ出ることとなる。

5　熱・結露
重要度 ★☆☆

● 伝熱

　熱が**伝導（熱伝導）、対流、ふく射（放射）**またはこれらの組合せによって、高温の部分から低温の部分へ移動する現象の総称を**伝熱**という。

伝熱の種類	概要
熱伝導	固体内部において、熱が高温部から低温部へ移動する現象。材質により固有の熱伝導率をもっており、熱伝導率が大きいほど熱を伝えやすい。
対流	流体（気体や液体）において、熱エネルギーをもった流体粒子が移動することによって熱が伝えられる現象。 例えば、温風ヒーターのように、熱せられた空気がファンなどにより移動し熱を伝える場合など。
ふく射（放射）	電磁波（遠赤外線等）により2物体間で熱が伝えられる現象。物体間に媒質が存在しなくても伝熱が可能である。 例えば、オイルヒーターやハロゲンヒーターなどがこれにあたる。
熱伝達	固体から流体（気体や液体）へ、あるいは流体から固体への伝熱は、伝導、対流、ふく射が複合的に生じている。建築においては、固体から流体（またはその逆）への伝熱を熱伝達と呼ぶ。この度合いは熱伝達率で示され、熱伝達率が大きいほど熱を伝えやすい。
熱貫流	壁体を隔てて内外の温度が異なるときに、高温側から低温側へ壁体を通して熱が移動する現象を熱貫流という。壁体の内部（固体）では熱伝導、固体と気体の境界面では熱伝達が生じている。これらの度合いは合わせて熱貫流率で示され、熱貫流率が小さいほど、断熱性能に優れているといえる。

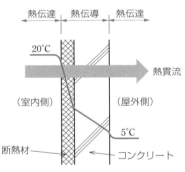

● 熱貫流による壁体の温度勾配図

結露

　温度差が大きい部分に、空気中の水蒸気が凝集して水滴が発生する現象。室内の壁面や窓ガラスに生じる**表面結露**と、壁体内部や断熱材の内側に生じる**内部結露**がある。

［湿度］

項目	概要
絶対湿度	空気に含まれる水蒸気の質量のことで、乾燥空気1kgに対する量として表される。
露点温度	水蒸気を含む空気を冷却したとき、凝結し、結露が生じはじめる温度。

［結露の防止対策］

防止対策		内容
表面結露	断熱	壁体の熱貫流率を小さくするために、断熱材を使用する。特に、ヒートブリッジ（熱橋：鉄やコンクリートなど熱を伝えやすい材料が内部と外部でつながり、熱の移動が集中する部分）では断熱を強化する。
	換気・除湿	結露のもととなる、室内の水蒸気量を減らす。換気による除湿は、冬季は、外気のほうが湿度が低いため期待できるが、夏季は外気のほうが湿度が高いことが多く、逆効果となる場合もある。年間を通じ、除湿器による除湿が効果的である。
	壁面付近の空気の流動	壁面付近の空気を流動させ、空気を滞留させないようにする。
内部結露	防湿層	結露のもととなる水蒸気が室内から壁内に侵入しないよう、壁体内部の室内側に防湿層を設ける。ポリエチレンシートなどが用いられる。

6 音

重要度 ★★☆

▶ 音の性質

［**音の強さ**］ 音の強さの単位として、dB（デシベル）が用いられる。同じ音圧の音が重なると約3dB大きくなる。

［**距離減衰**］ 点音源からの音の強さは、**距離の2乗に反比例**する。

［**マスキング効果**］ 2つの音を同時に聞くとき、音圧の差が10 dB以上あると、小さいほうの音は聞こえない。

▶ 吸音と遮音

［**吸音**］ 一般に、壁に届いた音（入射音）は、壁で反射される音と壁に吸収される音と壁を透過する音に分けられる。壁に届いた音のうち、反射されなかった音（吸収された音と透過された音）の割合を吸音率という。吸音率は材質により異なり、吸音材料には以下のようなものがある。

■ 吸音材料

吸音のしくみ	材料
材料の多孔性によるもの	グラスウール
振動によるもの	合板、石膏ボードなど
共鳴によるもの	穴あき合板、穴あき石膏ボードなど

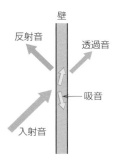

● 反射音、吸音、透過音

[**遮音**] 入射音と透過音の音圧レベルの差を透過損失という。透過損失の値が大きいほど、遮音性能に優れているといえる。一般に**重く厚い壁のほうが遮音性能に優れる**。

[**室内音響**] 室内で発生した音が、音源の音が停止した後も壁などで反射を繰り返し、音が吸収され聞こえなくなるまでに時間を要する現象を**残響**といい、この時間を残響時間という。

また、音源からの直接音と反射音の時間差（1/20秒、伝達距離で17m以上）で1つの音が2つ以上にずれて聞こえる現象を**反響（エコー）**という。

[**騒音の評価（NC曲線）**] 周波数別の騒音の許容値を示す曲線をNC曲線といい、ここから騒音評価に用いられるNC値が求められる。

■ 事務所の許容NC値と騒音の状態

NC値	騒音の状態
20～30	非常に静か。電話に支障なし。大会議可能。
31～35	静か。5mのテーブルで会議可能。3～9m離れて普通の声での会話可能。
36～40	2～3mのテーブルで会議可能。電話に支障なし。2～4m離れて普通の声での会話可能。
41～50	1～1.5mのテーブルで会議可能。電話やや困難。普通の声で1～2m、やや大声で2～4m離れて会話可能。
51～55	3人以上の会議不可能。電話やや困難。普通の声で0.5m、やや大声で1～2m離れて会話可能。
56以上	非常にうるさい。事務所に不適。電話使用困難。

■ 室内騒音の許容量

室の種類	許容騒音レベル〔dB〕	許容NC値
放送スタジオ	25～30	15～20
テレビスタジオ	25～30	25
劇場・音楽室	30～35	20～25
病院	35～40	30
映画館・公会堂	35～40	25～30
教会	35～40	30
アパート・ホテル	35～40	25～30
住宅	35～40	25～35
教室・講義室	35～40	25
会議・小事務室	40～50	-
法廷・図書館	40～50	30
大事務所・銀行	45～55	-
商店など	45～55	-
レストラン	50～55	45

過去問チャレンジ（章末問題）

問1 **R3前期-No.3** ➡️ 1色

色に関する記述として、最も不適当なものはどれか。

(1) 一般に明度が高い色ほど膨張して見える。

(2) 一般に同じ色でもその面積が小さいほど、明るさや鮮やかさが増して見える。

(3) 2つの有彩色を混ぜて灰色になるとき、その2色は互いに補色の関係にある。

(4) 補色どうしを対比すると、互いに強調しあい、鮮やかさが増して見える。

解説　同じ色の場合、その<u>面積が大きいほど</u>、明るさや鮮やかさが増して見える。　　　　　　　　　　　　　　　　　　　　　　解答　(2)

---

point 🚩 **ワンポイントアドバイス**

色の区分を整理しよう。

色	有彩色	純色		各色相で最も彩度が高い色
		清色		純色に白または黒のみを混ぜた色
			明清色	純色に白のみを混ぜた色
			暗清色	純色に黒のみを混ぜた色
		中間色（濁色）		純色に灰色を混ぜた色
	無彩色			

問2 **R1後期-No.1** ➡️ 2日射・日照

日照および日射に関する記述として、最も不適当なものはどれか。

(1) 北緯35度付近の冬至における終日日射量は、南向きの鉛直面が他のどの向きの鉛直面よりも大きい。

14

(2) 日照時間は、日の出から日没までの時間をいう。

(3) 北緯35度付近の夏至における終日日射量は、東向きの鉛直面よりも水平面のほうが大きい。

(4) 大気透過率が高くなるほど、直達日射が強くなり、天空日射は弱くなる。

解説 本来日照があるはずの「日の出から日没までの時間」は可照時間という。日照時間は「可能時間のうち、実際に日照があった時間」で、天候などにより変化する。　　　　　　　　　　　　　　　　　　　　　　解答 (2)

問3　R1後期-No.2　　　　　　　　　　　➡ 3 採光・照明

昼光に関する記述として、最も不適当なものはどれか。

(1) 直射日光は、大気を透過して直接地表に届く昼光の成分である。

(2) 昼光率は、屋外の全天空照度が大きくなると、低くなる。

(3) 室内のある点における昼光率は、時刻や天候によって変化しない。

(4) 室内の要求される基準昼光率は、居間より事務室のほうが高い。

解説 時刻や天候により全天空照度が変化しても、それに伴い室内照度も変化するため、昼光率は変化しない。

$$昼光率 = \frac{室内のある点の水平照度}{全天空照度} \times 100 〔\%〕$$

解答 (2)

問4　R3前期-No.2　　　　　　　　　　　➡ 3 採光・照明

照明に関する記述として、最も不適当なものはどれか。

(1) 一般に直接照明による陰影は、間接照明と比べ濃くなる。

(2) 点光源による照度は、光源からの距離の2乗に反比例する。

(3) 色温度は、絶対温度で示し、単位はlm（ルーメン）である。

(4) タスク・アンビエント照明は、全般照明と局部照明を併せて行う方式である。

問5 R1前期-No.1　　　　　　　　　　　　　　　　　　→4 換気

通風および換気に関する記述として、最も不適当なものはどれか。

(1) 室内を風が通り抜けることを通風といい、もっぱら夏季の防暑対策として利用される。

(2) 成人1人当たりの必要換気量は、一般に30m³/h程度とされている。

(3) 機械換気方式には、屋外の風圧力を利用するものと室内外の温度差による空気の密度の違いを利用するものがある。

(4) 換気回数は、室内の空気が1時間に何回入れ替わるかを表すものである。

問6 H30前期-No.1　　　　　　　　　　　　　　　　　→4 換気

換気に関する記述として、最も不適当なものはどれか。

(1) 室内空気の二酸化炭素の濃度は、室内の空気汚染の程度を表す指標として用いられている。

(2) 室内外の空気の温度差による自然換気では、温度差が大きくなるほど換気量は多くなる。

(3) 事務室における必要換気量は、室の容積でその値が変動し、在室者の人数に関係しない。

(4) 第1種機械換気方式は、地下街や劇場など外気から遮断された大きな空間の換気に適している。

16

解説　必要換気量は、室の容積や在室者の人数により変動する。在室者の人数が増えると必要換気量も多くなる。　　　　　　　　　　解答　(3)

問7 **R1前期-No.2** ➡ 5 熱・結露

冬季暖房時における外壁の室内側表面の結露防止対策に関する記述として、**最も不適当なもの**はどれか。

(1) 室内の換気をできるだけ行わない。
(2) 室内の水蒸気の発生を抑制する。
(3) 室内側表面に近い空気を流動させる。
(4) 外壁の断熱性を高める。

解説　換気により室内の水蒸気量を減らすことができ、結露防止対策となる。ただし、夏季は外気の湿度が高いことも多く、逆効果の場合もある。　　　　　　　　　　　　　　　　　　　　　　　　　　　解答　(1)

問8 **R3前期-No.1** ➡ 5 熱・結露

湿度および結露に関する記述として、**最も不適当なもの**はどれか。

(1) 絶対湿度が100%になる温度を露点温度という。
(2) 壁体の中に熱伝導率の大きい場所がある場合に、熱が集中して流れるこの部分を熱橋という。
(3) 冬季暖房時に、室内の水蒸気により外壁などの室内側表面で生じる結露を表面結露という。
(4) 乾燥空気1kg当たりに含まれている水蒸気の質量を絶対湿度という。

解説　露点温度とは、水蒸気を含む空気を冷却したとき、凝結し結露が生じはじめる温度をいう。　　　　　　　　　　　　　　　　　解答　(1)

音に関する記述として、最も不適当なものはどれか。

(1) 1点から球面状に広がる音源の場合、音源からの距離が2倍になると、音の強さのレベルは約6 dB減少する。

(2) 残響時間は、室内の仕上げが同じ場合、室の容積が大きいほど長くなる。

(3) 同じ機械を同じ出力で2台運転した場合、1台を止めると、音の強さのレベルは約3 dB減少する。

(4) 単層壁の透過損失は、同じ材料の場合、厚さが厚いものほど小さくなる。

解説 同じ材料の場合、厚さが厚いものほど面密度が高くなるため、透過損失は大きくなる。 解答 (4)

音に関する記述として、最も不適当なものはどれか。

(1) 吸音率は、入射する音のエネルギーに対する反射音以外の音のエネルギーの割合である。

(2) 床衝撃音には、重くて軟らかい衝撃源による重量衝撃音と、比較的軽量で硬い物体の落下による軽量衝撃音がある。

(3) 単層壁の音響透過損失は、一般に、壁体の面密度が高くなるほど、大きくなる。

(4) 劇場の後方部は、エコーを防ぐため、壁や天井に反射板を設置する。

解説 反射板を設置すると反射音が増え逆効果である。反射音を減らすためには、吸音材料を用いる。 解答 (4)

point ワンポイントアドバイス

床衝撃音と対策

✓ 重量床衝撃音：子どもが飛び跳ねたり椅子を動かしたりしたときに「ドスン」「ガタン」と大きく下の階に伝わる、鈍くて低い音。対策として、床の材質に固くて重いものを用いて、遮音効果を高くする。

✓ 軽量床衝撃音：スプーンなどを床に落としたときの「コツン」という音や、スリッパで歩いてときの「パタパタ」音など、比較的軽めで高音域の音。対策の方法には、二重床にする、仕上げ材にカーペットのような吸音性が高いものを用いる、などがある。

第2章 一般構造

　本章では、建築における主要な構造として、「木造在来軸組構法」「鉄筋コンクリート造」「鉄骨造」について整理し、各構造の特徴や概要について説明する。本書 II編 施工「第4章 鉄筋工事」「第5章 コンクリート工事」「第6章 鉄骨工事」「第7章 木工事」と併せて理解したい。

1 木造在来軸組構法　　重要度 ★★★

▶ 柱

- 2階建ての場合、1階と2階を1本の柱で通す**通し柱**と、胴差しで1階、2階に分けられる**管柱**とがある。
- 階数が2以上の建築物の、構造上重要な隅柱などは、原則として**通し柱**とする。
- 構造耐力上主要な柱の**有効細長比は150以下**とする。有効細長比は「断面の最小二次率半径に対する座屈長さの比」で表される。
- 地階を除く階数が2を超える建築物の1階の柱の断面は、原則として**小径13.5cm以上**とする。

▶ 梁、桁、横架材

　梁、桁その他横架材のスパン中央部付近の下側には、構造上支障のある欠込みをしてはならない。

▶ 筋かい、火打梁など

- 原則として、**筋かいには切欠き**をせず、間柱と交差する部分は間柱を欠き込む。筋かいのたすき掛けにおいて欠き込む場合は、必要な補強を行う。
- 圧縮力を負担する筋かいは、**厚さ3cm以上、幅9cm以上**とし、引張力を

負担する筋かいは、**厚さ1.5cm以上、幅9cm以上**とする。
- 引張力が生じる柱の脚部近くなどの筋かいの端部には、アンカーボルトなどを設置し、浮き上がらないよう緊結する。
- 梁と桁の交差部には、骨組の水平面を堅固にするため、**火打梁**を設ける。
- 筋かいを入れた軸組の壁倍率は、以下のとおり。

筋かいの大きさ	片側の壁倍率	たすき掛けの壁倍率
15mm×90mm以上の筋かい	1.0倍	2.0倍
30mm×90mm以上の筋かい	1.5倍	3.0倍
45mm×90mm以上の筋かい	2.0倍	4.0倍
90mm×90mm以上の筋かい	3.0倍	5.0倍

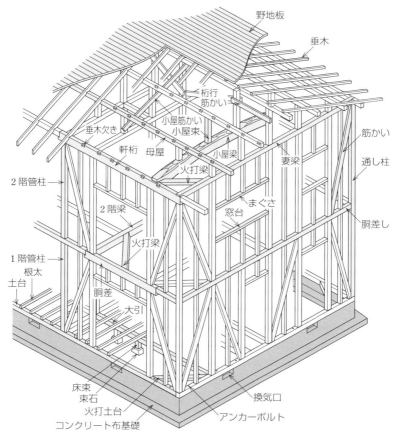

● 木造在来軸組構法

⦿ 接合金物

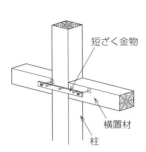

短ざく金物
横置材
柱

● 短ざく金物

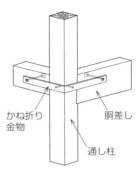

かね折り
金物
胴差し
通し柱

● かね折り金物

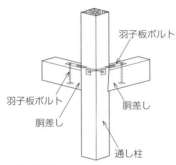

羽子板ボルト
羽子板ボルト
胴差し
胴差し
通し柱

● 羽子板ボルト

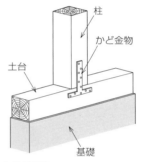

柱
かど金物
土台
基礎

● かど金物

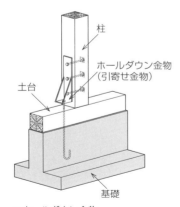

柱
ホールダウン金物
（引寄せ金物）
土台
基礎

● ホールダウン金物

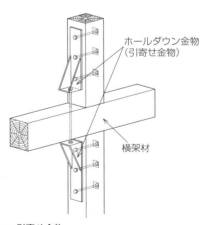

ホールダウン金物
（引寄せ金物）
横架材

● 引寄せ金物

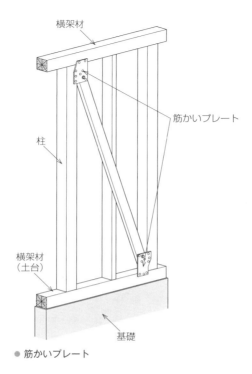

横架材

筋かいプレート

柱

横架材
（土台）

基礎

● 筋かいプレート

2 鉄筋コンクリート構造 重要度 ★★★

▶ コンクリートの強度

- コンクリートの長期許容圧縮応力度は、**設計基準強度の1/3**とする。
- コンクリートの短期許容圧縮応力度は、**設計基準強度の2/3＝長期許容圧縮応力度の2倍**とする。
- 一般にコンクリートの引張強度は、圧縮強度の1/10程度である。ただし、鉄筋コンクリート構造においては、引張力は鉄筋で負担されるものとされ、引張強度は考慮されない。

▶ 鉄筋

使用箇所や役割により、以下のように加工される。

種類	概要
主筋	鉄筋コンクリート部材に配置される、荷重を負担する主要な鉄筋。
配力筋	スラブの場合、長辺方向に配置される鉄筋。短辺方向に配置される鉄筋が主筋となる。
帯筋（フープ）	柱の主筋を束ねるように囲んで一定間隔で配置するせん断補強筋。柱に作用するせん断力に抵抗する。
あばら筋（スターラップ）	梁の主筋を束ねるように囲んで一定間隔で配置するせん断補強筋。梁に作用するせん断力に抵抗する。

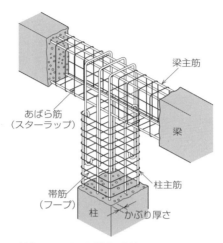

梁主筋

あばら筋
（スターラップ）

梁

柱主筋

帯筋
（フープ）

柱　かぶり厚さ

● 鉄筋コンクリート構造の概念図

▶ 耐力壁（耐震壁）

　建築物において、地震や風などの水平荷重に抵抗する壁を**耐力壁**という。一般に、鉄筋コンクリート構造の場合、耐震壁と呼ばれる。

3　鉄骨構造

▶ 鉄骨構造の特徴

[長所]

- 木造と比べると材料の強度が大きく、また、鉄筋コンクリート構造と比べると単位重量が軽くなる。したがって、**大スパン**の建築物が可能となる。

- 鉄筋コンクリート造と比較すると、工期が短縮でき、経済的である場合が多い。
- 材料が比較的均一で、一定の品質を保ちやすい。
- **変形能力**が大きく、地震力などを軸組みで吸収しやすい。このため、大型構造物や高層建築物に利用される。

［短所］

- 鉄骨は不燃物であるが、500℃以上で強度が急激に失われ、耐火材料とはいえないため、鋼材には**耐火被覆**を施すのが一般的である。
- 強度が大きく、断面を小さくできるが、座屈、ねじれなどに注意する必要がある。
- 錆びやすい材料のため、一般に**防錆処理**を施す。

▶ 鉄骨材料

［H型鋼］　ウェブは主にせん断力、フランジは主に曲げモーメントに抵抗する。

［補強材］

- **水平スチフナー**は、材軸に平行に取り付け、曲げ圧縮座屈に抵抗する。**中間スチフナー**は材軸に垂直に取り付け、せん断座屈に抵抗する。
- 継手部分に使用する、鋼板の添え板を**スプライスプレート**という。

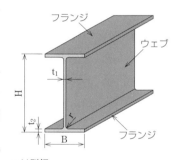

● H型鋼

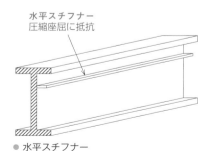

水平スチフナー
圧縮座屈に抵抗

● 水平スチフナー

中間スチフナー
せん断座屈に抵抗

● 中間スチフナー

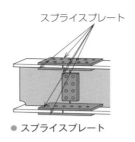

スプライスプレート

● スプライスプレート

▶ 接合

　一般的に、普通ボルト接合、高力ボルト接合、溶接接合が用いられる（→
詳しくは、**p.131 Ⅱ編「第6章 鉄骨工事」**の内容を参照）。

▶ 柱脚

種類	概要
露出柱脚	アンカーボルトとベースプレートにより鉄筋コンクリート構造の基礎などと鉄骨柱が接合されたもの。
根巻柱脚	鉄筋コンクリート構造の基礎などに鉄骨柱が包み込まれたもの。
埋込柱脚	鉄筋コンクリート構造の基礎などに鉄骨柱が埋め込まれたもの。

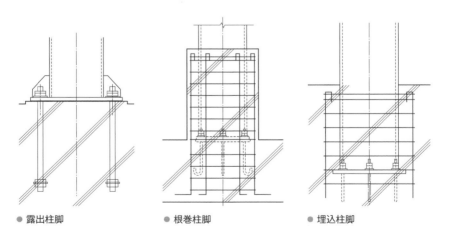

● 露出柱脚　　　● 根巻柱脚　　　● 埋込柱脚

4 構造計画

● 構造計画の留意点

- 耐震設計などの構造上、建物の平面形状は、複雑な形より単純な形のほうが有利であることが多い。
- 柱は、規則正しく、**上下階の柱が通るように配置**したほうが構造上有利である。
- 壁は全体につり合いよく配置する。
- 耐震壁は、**上下階で同様の位置に配置**したほうが構造上有利である。
- 建築物の上下階においては、同一の構造が有利であり、剛性、重量、耐力などの急変は避けるほうがよい。
- 耐震設計においては、重心と剛心との距離が近いほうがよい。重心は建物の重さの中心を、剛心は建物の強さの中心を指す。
- 細長い建物やL型建物などでは、建物の地震時の変形などに追随できるように**エキスパンションジョイント**を設ける場合がある。

問1　R1前期-No.4　　→ 1 木造在来軸組構法

木造在来軸組工法に関する記述として、最も不適当なものはどれか。

(1)　筋かいをたすき掛けにするため、やむを得ず筋かいを欠き込む場合は、必要な補強を行う。

(2)　構造耐力上主要な部分である継手または仕口は、ボルト締、かすがい打、込み栓打などによりその部分の存在応力を伝えるように緊結する。

(3)　筋かいの端部は、柱と梁その他の横架材との仕口に近付けず、くぎなどの金物で緊結する。

(4)　階数が2以上の建築物における隅柱またはこれに準ずる柱は、原則として通し柱とする。

> 解説　筋かいの端部は、引張力が生じるため、横架材などとボルト、かすがい、くぎその他の金物で緊結する。　　　　　　　　　　解答　(3)

問2　R3前期-No.4　　→ 1 木造在来軸組構法

木造在来軸組構法に関する記述として、最も不適当なものはどれか。

(1)　構造耐力上主要な部分である柱の有効細長比は、150以下とする。

(2)　引張力を負担する木材の筋かいは、厚さ1.5cm以上で幅9cm以上とする。

(3)　筋かいを入れた構造耐力上必要な軸組の長さは、各階の床面積が同じ場合、2階のほうが1階より大きな値となる。

(4)　3階建ての1階の構造耐力上主要な部分である柱の断面は、原則として、小径13.5cm以上とする。

解説 筋かいを入れた構造耐力上必要な軸組の長さは、各階の床面積が同じ場合、2階のほうが1階より小さな値となる。　　　　　　　解答　(3)

問3 **R2後期-No.4**　　　　　　　　　　　　➡ **2 鉄筋コンクリート構造**

鉄筋コンクリート構造に関する記述として、最も不適当なものはどれか。

(1)　片持ちスラブの厚さは、原則として、持出し長さの1/10以上とする。

(2)　柱の最小径は、原則として、その構造耐力上主要な支点間の距離の1/20以上とする。

(3)　腰壁やたれ壁が付いた柱は、地震時にせん断破壊を起こしやすい。

(4)　大梁は、せん断破壊よりも曲げ降伏が先行するように設計する。

解説 柱の最小径は、原則として、その構造耐力上主要な支点間の距離の1/15以上とする。　　　　　　　　　　　　　　　　　　　解答　(2)

問4 **H30後期-No.5**　　　　　　　　　　　　➡ **2 鉄筋コンクリート構造**

鉄筋コンクリート構造に関する記述として、最も不適当なものはどれか。

(1)　鉄筋は、引張力だけでなく圧縮力に対しても有効に働く。

(2)　梁のせん断補強筋をあばら筋という。

(3)　柱のせん断補強筋は、柱の上下端部より中央部の間隔を密にする。

(4)　コンクリートの設計基準強度が高くなると、鉄筋のコンクリートに対する許容付着応力度は高くなる。

解説 一般に、柱にかかるせん断力は中央部より上下端部の方が大きい。このため、せん断補強筋（帯筋、フープ）は、中央部より上下端に密に入れる。　　　　　　　　　　　　　　　　　　　　　　　　解答　(3)

鉄骨構造の一般的な特徴に関する記述として、最も不適当なものはどれか。

(1)　軽量鉄骨構造に用いる軽量形鋼は、通常の形鋼に比べて、部材にねじれや局部座屈が生じやすい。

(2)　鉄筋コンクリート構造に比べ、鉄骨構造のほうが架構の変形能力が高い。

(3)　鋼材は不燃材料であるため、骨組は十分な耐火性能を有する。

(4)　鉄筋コンクリート構造に比べ、鉄骨構造のほうが大スパンの建築物を構築できる。

> **解説** 鋼材は不燃材料ではあるが、高熱に弱いため耐火材料とはいえず、一般に耐火被覆を施す。　　　　　　　　　　　　　　　　解答　(3)

鉄骨構造に関する記述として、最も不適当なものはどれか。

(1)　厚さの異なる板をボルト接合する際に設けるフィラープレートは、板厚の差によるすき間を少なくするために用いる。

(2)　柱と梁を接合する接合部に設けるダイアフラムは、梁のフランジ厚さと同じ板厚のものを用いる。

(3)　ボルト接合の際に部材間の応力を伝達するために設けるスプライスプレートは、母材に添えて用いる。

(4)　鉄骨梁と鉄筋コンクリート床版を一体とする合成梁に設ける頭付きスタッドは、梁へスタッド溶接して用いる。

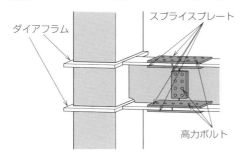

解説 ダイアフラムは梁のフランジ厚さよりも厚いものを用いる。

ダイアフラム
スプライスプレート
高力ボルト

● ダイアフラムとスプライスプレート

解答 （2）

第3章 構造力学

「曲げモーメント・モーメント図」「荷重・外力」「基礎構造・杭基礎」からなるが、それぞれの分野で毎年1問は出題される傾向にあり、いずれも重要な項目である。基本知識や用語を整理し、理解しておくこと。計算に時間をかけすぎないように、図からの直感や誤答の消去で考えられるよう対策しておくとよい。

1 曲げモーメント・モーメント図　　重要度 ★★★

● 構造力学基本項目

項目	内容	図
モーメント（M）	部材をある点Oの回りに回転させる力。 $M=$力（P）×距離（l）で表し、右回りを（＋）、左回りを（－）とする。	P　　　　　P （－）　　O　　（＋） l　　l $M=Pl$
せん断力（Q）	部材に対して直角方向に作用する、部材を切断しようとする力。下向きを（＋）、上向きを（－）とする。	Q （＋）　　　　　（－） Q
支点と反力	梁や構造物を支持する点で、荷重が作用すると支点には反力が生じる。 支点には、ローラー、ヒンジ、固定の3つの支点があり、それぞれに図のような鉛直反力（V）、水平反力（H）およびモーメント（M）が生じる。	P $H=0$ $M=0$ （移動する） V（a）ローラー P $M=0$ H （回転する） V（b）ヒンジ

項目	内容	図
		（ c ）固定
力の釣合い	構造物が静止して安定状態のときは、どの点においても、水平方向、鉛直方向および回転力の総和は0となる。	$\Sigma X=0$ $\Sigma Y=0$ $\Sigma M=0$

point　ワンポイントアドバイス

静止して安定状態のときを静定といい、静定梁、静定ラーメンにおける釣合いが基本である。

単純梁の応力計算

次ページの図の単純梁における応力計算を行う。

［反力の計算］

鉛直方向の力の釣合いより

$$\sum V = V_A + V_B - 2P + P = 0$$

$$V_A + V_B = P$$

点Bに関するモーメントの釣合いより

$$\sum M_B = V_A \cdot 4l - 2P \cdot 3l + P \cdot l = 0$$

$$V_A = \frac{6P}{4} - \frac{P}{4} = \frac{5P}{4}$$

$$V_B = P - \frac{5P}{4} = -\frac{P}{4}$$

［曲げモーメントの計算］　曲げモーメントは、求める点までの回転力の総和として求める。

- 点Aの曲げモーメント

$$M_A = 0 \ (\text{ヒンジ支点})$$

- 点Cの曲げモーメント

$$M_C = V_A \cdot l = \frac{5P}{4} \cdot l = \frac{5Pl}{4}$$

- 点Dの曲げモーメント

$$M_D = V_A \cdot 3l - 2P \cdot 2l = \frac{15Pl}{4} - 4Pl = -\frac{Pl}{4}$$

- 点Bの曲げモーメント

$$M_B = 0 \ (\text{ローラー支点})$$

[せん断力の計算]　せん断力は求める点までの外力の総和として求める。

$$Q_{A\sim C} = V_A = \frac{5P}{4}$$

$$Q_{C\sim D} = V_A - 2P = \frac{5P}{4} - 2P = -\frac{3P}{4}$$

$$Q_{D\sim B} = V_A - 2P + P = \frac{5P}{4} - 2P + P = \frac{P}{4}$$

[曲げモーメント図およびせん断力図]

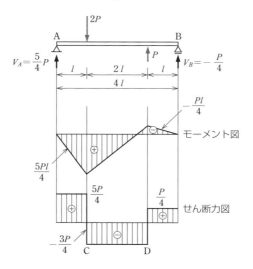

▶ 梁の種類と応力図

梁	荷重図	モーメント図	せん断力図
単純梁			
両端固定梁			
片持梁			

2 荷重・外力

重要度 ★★★

　建築物に作用する力を、荷重あるいは外力といい、これをもとに構造計算を行う。主に「建築基準法施行令」により定められている。

■ 荷重および外力の種類

種類	内容	法令との対応
固定荷重	建築物自体の重さ。屋根、柱、梁、床、壁などの部位により、また、木造、RC造、鉄骨造により異なる。	建築基準法施行令第84条による。
積載荷重	人間、家具、物などの重さ。建物の種類により異なる。	建築基準法施行令第85条による。

種類	内容	法令との対応
積雪荷重	雪の重さ。多雪区域とそれ以外の区域で異なる。	建築基準法施行令第86条による。
風圧力	速度圧に風力係数を乗じて算定するもので、風力係数は地域によって定められている。	建築基準法施行令第87条による。
地震力	地震による水平動と垂直動。固定荷重と積載荷重の和に地震地域係数を乗じて求める。地震地域係数は地域により定められている。	建築基準法施行令第88条による。
その他外力	地下室などに作用する土圧、水圧、振動および衝撃による外力がある。	法令による定めはないが、実情を考慮する。

point ▷ **ワンポイントアドバイス**

✓各荷重の詳細な値は、「建築基準法施行令」によるので、代表的な建物について整理しておく。

✓積雪荷重について、雪下ろしを行う慣習のある地方においては、垂直積雪量が1mを超える場合、雪下ろしの実況に応じて垂直積雪量を1mまで減らして計算することができる。

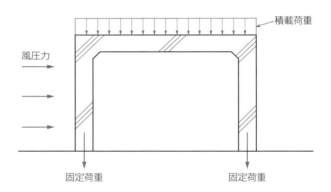

3 基礎構造・杭基礎

重要度 ★★★

▶ **直接基礎**

[べた基礎] 建築物の底面すべてに基礎スラブを構築したもの。軟弱な地盤であるが、柱にかかる荷重および柱の自重による荷重が大きく、基礎底面がほとんどを占めてしまう場合に用いられる。

[フーチング基礎] フーチングと呼ばれる下部を広くした基礎スラブ。上

部建物の荷重を地盤か業に伝えるために用いられる。フーチング基礎には柱ごとに支える独立フーチング、2〜3本の柱を1つのフーチングで支える複合フーチング、およびフーチング相互を連結する連続フーチングの3つがある。

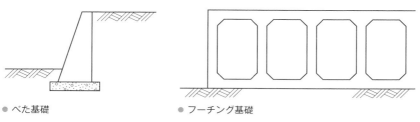

● べた基礎　　　　　　　　　● フーチング基礎

▶ 杭基礎

［支持杭］　建物の荷重を、杭を通して強固な支持地盤へ直接伝える形式。
［摩擦杭］　杭周辺と土との摩擦力によって支持する形式。支持地盤が深い場合に採用する。

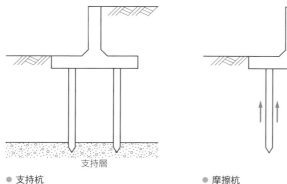

● 支持杭　　　　　　　　　　● 摩擦杭

→1曲げモーメント・モーメント図

図に示す片持梁ABにおいて、点Aに集中荷重Pおよび点Cに集中荷重3Pが同時に作用したときの曲げモーメント図として、**正しいもの**はどれか。

ただし、曲げモーメントは、材の引張側に描くものとする。

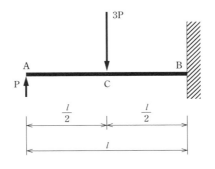

(1)

(2)

(3)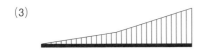

(4)

解説　Pの作用点をA（ローラー支点）、梁の固定端をB、3Pの作用点をCとすると、

・点Aの曲げモーメントは0。よって、(1)は正しくない。

・点Bにおける曲げモーメント

$$\sum M_B = 0 + (1 \times P) - \left(3 \times \frac{P}{2}\right) = 0 + P - 1.5P = -0.5P$$

点Bには、上側に−0.5Pのモーメントがかかる。よって、(4)は正しくない。

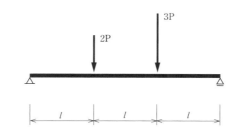

・点Cにおける曲げモーメント

$$\sum M_{\text{C}} = \left(3 \times \frac{P}{2} \right) = 1.5P$$

点Cには、下側に $1.5P$ のモーメントがかかる。よって、(3)は正しくない。
以上より、残った(2)が正しい。

解答　(2)

問2 **R1後期-No.10**　　　　　➡ 1 曲げモーメント・モーメント図

　図に示す単純梁に集中荷重 **2P** および **3P** が作用したときの曲げモーメント図として、正しいものはどれか。

　ただし、曲げモーメントは材の引張側に描くものとする。

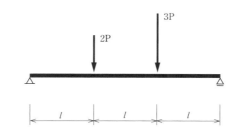

(1) 　　(2)

(3) 　　(4)

解説　左端部をA、右端部をBとし、図の単純梁における応力計算を行う。
・点Aの曲げモーメント　$M_{\text{A}} = 0$（ローラー支点）
・点Bの曲げモーメント　$M_{\text{B}} = 0$（ヒンジ支点）　よって、(3)(4)は正しくない。

① 反力の計算

鉛直方向の力の釣合いより
$$\sum V = V_A + V_B - 2P - 3P = 0$$
$$V_A + V_B = 5P$$

点Bに関するモーメントの釣合いより
$$\sum M_B = V_A \cdot 3l - 2P \cdot 2l - 3P \cdot l = 0$$
$$V_A = \frac{4P}{3} + \frac{3P}{3} = \frac{7P}{3}$$
$$V_B = 5P - \frac{7P}{3} = \frac{8P}{3}$$

② 曲げモーメントの計算

曲げモーメントは、求める点までの回転力の総和として求める。

$2P$作用点の曲げモーメント $\quad M_{(2P)} = V_A \cdot l = \frac{7P}{3} \cdot l = \frac{7Pl}{3}$

$3P$作用点の曲げモーメント $\quad M_{(3P)} = V_A \cdot 2l - 2P \cdot l = \frac{14Pl}{3} - 2Pl = \frac{8Pl}{3}$

よって、$M_{(3P)}$が一番大きく、右端部へは0へとそのまま収束し、左端部方向へは$M_{(2P)}$まで下がり、その後0へと収束する形になる。

解答 （2）

問3 **R3前期-No.9** ➡1 曲げモーメント・モーメント図

**　図に示す単純梁ABにおいて、点Cにモーメント荷重Mが作用したとき、点Dに生じる応力の値の大きさとして、正しいものはどれか。**

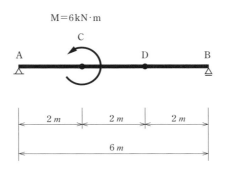

(1) せん断力は、1 kN である。

(2) せん断力は、2 kN である。

(3) 曲げモーメントは、3 kN·m である。

(4) 曲げモーメントは、4 kN·m である。

解説

・点Aの曲げモーメントはヒンジであり、 $M_A = 0$

・点Bでの反力をV_Bとすると $\sum M_A = 0 - 6 \text{〔kN·m〕} - V_B \times 6 \text{〔m〕} = 0$
以上より、$-6V_B = 6 \text{〔kN·m〕}$となり、$V_B = -1 \text{〔kN〕}$と求められるので、せん断力は 1 kN となる。よって、(1)が正しく、(2)は誤りである。

・点Dでのモーメント $M_D = V_B \times 2 \text{〔m〕} = -2 \text{〔kN·m〕}$ よって、(3)(4)は正しくない。

以上より、正しいものは(1)のみである。 解答 (1)

問4 **R1前期-No.9** ➡ 1 曲げモーメント・モーメント図

図に示す張り出し梁の点Cに集中荷重Pが作用したとき、点Dに生じる応力の値の大きさとして、**正しいもの**はどれか。

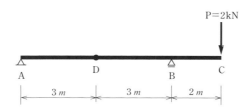

(1) せん断力 $Q = 1$ kN

(2) せん断力 $Q = 2$ kN

(3) モーメント $M = 2$ kN·m

(4) モーメント $M = 3$ kN·m

解説 点Bでのモーメント $M_\mathrm{B} = P \times 2(\mathrm{m}) = 2(\mathrm{kN}) \times 2(\mathrm{m}) = 4(\mathrm{kN \cdot m})$

・点Aのモーメントはヒンジであり、$M_\mathrm{A} = 0$

・点Dは距離が半分なので $M_\mathrm{D} = M_\mathrm{B} \times \dfrac{3}{6} = 2(\mathrm{kN \cdot m})$ となる。

　よって、(3)が正しく、(4)は誤りである。

・せん断力は点Bで上下に変わり、$Q_\mathrm{(B-C)} = 2(\mathrm{kN})$

　$Q_\mathrm{(AB)} = \dfrac{2 \times 2}{6}(\mathrm{kN}) = \dfrac{2}{3}(\mathrm{kN})$ となる。よって、(1)(2)は正しくない。

以上より、正しいものは(3)のみである。

解答　(3)

問5 **R1後期-No.8**　　　　　⇒ 2 荷重・外力

　建築物の構造設計における荷重および外力に関する記述として、**最も不適当なもの**はどれか。

(1)　地震力は、建築物の弾性域における固有周期および地盤の種類に応じて算定する。

(2)　バルコニーの積載荷重は、共同住宅の用途に供する建築物より学校のほうが大きい。

(3)　多雪区域における地震力の算定に用いる荷重は、建築物の固定荷重と積載荷重の和に積雪荷重の1/2を加えたものとする。

(4)　建築物を風の方向に対して有効にさえぎる防風林がある場合は、その方向における速度圧を1/2まで減らすことができる。

解説 多雪区域における地震力の算定に用いる荷重は、積雪荷重の1/2ではなく、建築物の固定荷重と積載荷重の和に積雪荷重を加えたものとする。

解答　(3)

問6 **H29後期-No.8** ➡ **2**荷重・外力

建築物の構造設計における荷重および外力に関する記述として、**最も不適当なもの**はどれか。

(1) 地震力は、建築物の固定荷重または積載荷重を減ずると小さくなる。
(2) 風圧力は、地震力と同時に作用するものとして計算する。
(3) 積雪荷重は、積雪の単位荷重に屋根の水平投影面積およびその地方の垂直積雪量を乗じて計算する。
(4) 固定荷重は、建築物各部自体の体積にその部分の材料の単位体積質量および重力加速度を乗じて計算する。

解説 風圧力は、地震力とは別々に作用するものとして計算し、速度圧に風力係数を乗じて算定する。　　　　解答 (2)

問7 **R3前期-No.7** ➡ **3**基礎構造・杭基礎

地盤および基礎構造に関する記述として、**最も不適当なもの**はどれか。

(1) 直接基礎は、基礎スラブの形式によって、フーチング基礎とべた基礎に大別される。
(2) 水を多く含んだ粘性土地盤では、圧密が生じやすい。
(3) 沖積層は、洪積層に比べ建築物の支持地盤として適している。
(4) 複合フーチング基礎は、隣接する柱間隔が狭い場合などに用いられる。

解説 一般的に、沖積層は軟弱地盤、洪積層は硬質地盤となっており、洪積層のほうが建築物の支持地盤として適している。　　　　解答 (3)

基礎杭に関する記述として、最も不適当なものはどれか。

⑴ 鋼管杭は、既製コンクリート杭に比べて破損しにくく、運搬や仮置きに際して、取扱いが容易である。

⑵ SC杭は、外殻鋼管付きのコンクリート杭で、じん性に富み、大きな水平力が作用する杭に適している。

⑶ ST杭は、先端部を軸径より太径にした遠心力高強度プレストレストコンクリート杭で、大きな支持力を得ることができる。

⑷ 場所打ちコンクリート杭では、地盤の種類によらず、周面摩擦力を杭の支持力に見込むことができない。

解説 砂質地盤にはN値、粘土質地盤には粘着力が関係し、それぞれに周面摩擦力が作用するので、周面摩擦力を杭の支持力に見込んでよい。

解答 ⑷

第4章 建築材料

　建築工事に用いられる主要な材料・部材として、「木材」「セメント・コンクリート」「建具」「防水材料」「内装材料」「石材・タイル」「金属」について整理する。比較的、どの材料についても幅広く出題されている。Ⅱ編「施工」の関連項目と併せて理解したい。

1 木材 重要度 ★★☆

▶ 木材

[木材の部位による性質の違い]　木材は、材木として使用される丸太の部位により異なった性質をもっている。

- 心材：樹木の中心に近い部分から取れる木材。赤味を帯びているため「赤身」ともいわれる。含水率が低いため、**収縮などの狂いが少なく、耐久性も高い**。
- 辺材：樹木の外周部にあたる部分から取れる木材。「白太」とも呼ばれる。心材に比べ含水率が高く、**乾燥による収縮が大きい**。また、心材よりも柔らかく腐朽しやすい。
- 柾目：年輪に対して直角に近い角度で挽いて取る板面。**収縮が均一**でそりにくい。
- 板目：年輪の接線方向に切断して取る板面。木表（外周側）のほうが木裏（中心側）より乾燥による収縮が大きいため、材がそりやすい。

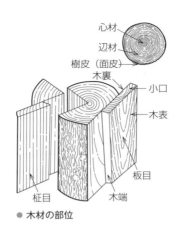

心材
辺材
樹皮（面皮）
木裏
小口
木表
板目
柾目
木端

● 木材の部位

[木材の強度]

- 一般に、**繊維方向の強度が大きく、繊維と垂直方向の強度は小さい**。
- 一般に、**引張強度＞曲げ強度＞圧縮強度**の順となる。せん断力はきわめて小さい。
- 節のある木材の強度は、節のないものよりも小さくなる。
- 一般に、**密度が大きいほど強度が大きくなる**。

[含水率による性質]

- **繊維飽和点**：乾燥に伴い、木材中の自由水がなくなり、結合水のみとなった状態を繊維飽和点と呼び、**含水率は約30％**とされる。繊維飽和点を下回ると割れや反りなどが生じる。
- **気乾状態**：木材が大気中に放置され、大気中の湿度と平衡状態になったもの。**JAS規格では含水率15％**とされる。
- **全乾状態（絶乾状態）**：木材の中に水分がまったく含まれていない状態（含水率0％）。

[その他の性質]

- 木材の熱伝導率は、鋼材やコンクリートよりも小さく、また密度が小さいものほど小さくなる。
- 木材は、熱による膨張はほとんどないが、湿潤や乾燥による膨張収縮が大きい。

2 セメント・コンクリート　重要度 ★★☆

● セメントの種類

大分類	種別	特徴
ポルトランドセメント	普通	・最も標準的なセメント。
	早強	・早期に強度が発現する（材齢3日で普通ポルトランドセメントの7日強度相当）。 ・水和熱が高いため、寒中工事に適している。
	中庸熱	・水和熱が抑えられ、収縮率が小さくひび割れが少ない。 ・短期強度は普通ポルトランドセメントよりやや低いが、長期にわたって強度が増大する。
混合セメント	高炉	・高炉スラグを混合したセメントで水密性、耐熱性が高く、海水・下水などに対する耐食性も大きい。
	フライアッシュ	・フライアッシュ（石炭灰）を混合したセメントで水密性、耐塩性に優れる。 ・水和熱が抑えられ、収縮率が小さくひび割れが少ない。

● セメントの性質

［風化］ セメントが、貯蔵中に空気に触れて空気中の水分を吸収し、軽い水和反応を起こして炭酸カルシウムを作る現象。風化したセメントは比重が減り、水和反応が阻害されるため、**強度が低下**する。

［比表面積］ セメント単位質量あたりの粒子の表面積をいう。

比表面積が大きいほど、水和熱が高く初期の強度発現が大きくなるが、ひび割れも生じやすくなる。

● コンクリートの種類

［生コンクリート（レディミクストコンクリート）の種類］ 「普通コンクリート」「軽量コンクリート」「舗装コンクリート」「高強度コンクリート」の4種類

があるが、建築分野では**普通コンクリート**が使用されることがほとんどである。

[**使用時期によるコンクリートの種類**]

種類	内容	対策
暑中コンクリート	日平均気温の平年値が25 ℃を超える期間に施工するコンクリートは「暑中コンクリート」として扱う。	・練混ぜ開始から打ち終わるまでの時間は1.5時間以内を原則とする。 ・荷卸し時のコンクリートの温度は35 ℃以下とする。
寒中コンクリート	日平均気温4 ℃以下になると予想される場合は「寒中コンクリート」として扱う。	・荷卸し時に、コンクリート温度が10～20 ℃未満となるように水を加熱する。 【加熱時の留意点】 ・水の温度は40℃以下とする。 ・セメントは加熱しない。 ・骨材は「火で直接」加熱しない。

● コンクリートの性質

[**骨材**]　骨材は、粒径によって**粗骨材**と**細骨材**に区別される。

- **粗骨材**：5 mmのふるいに重量で85％以上とどまる骨材。
- **細骨材**：10 mmのふるいをすべて通過し、5mmのふるいを重量で85％以上通過する骨材。

[**コンクリートの強度**]　コンクリートは圧縮強度が大きい材料であり、圧縮強度を1とした場合、他の強度とは、一般に以下の関係となる。

圧縮強度		曲げ強度		せん断強度		引張強度
1	＞	1/4～1/5	＞	1/5以下	＞	1/10程度

　また、水セメント比が大きくなるほど、コンクリートの強度は小さくなる傾向にある。

[**単位水量**]　コンクリートの単位水量が多いと、乾燥収縮によるひび割れや**ブリージング**（骨材に比べ比重の小さい水がコンクリート上方表面に浮き出てくること）が大きくなる。

[**単位セメント量**]　単位セメント量が小さすぎると、**ワーカビリティ**（生コンクリートの打込み作業のしやすさ）が低下するおそれがある。

[**混和剤と混和材**]　使用量が比較的少なく、コンクリートの配合計算で無視できるものを**混和剤**（減水剤、AE剤、AE減水剤、遅延剤、促進剤、急結剤、防水剤、発泡剤など）という。使用量が比較的多く、配合計算に関係するものは**混和材**（フライアッシュ、膨張材、高炉スラグ粉末など）という。

種類	内容
AE剤	コンクリート中に気泡を発生させる混合剤。コンクリートのワーカビリティを改善し、凍結融解に対する抵抗性を向上させる。
減水剤	所要のスランプを得るのに必要な単位水量を減少させるための混和剤。
AE減水剤	AE剤と減衰剤の両方の性質を兼ね備えた混和剤

point ワンポイントアドバイス

セメントと水を混ぜたものをセメントペーストといい、セメントと水と砂を練り混ぜたものをモルタルという。

3 建具 重要度 ★★☆

建具とは、住宅や建築物の開口部（窓、出入口、間仕切りなど）に取り付ける戸、襖、障子などの総称である。材質によって、**アルミニウム製建具**、**鋼製建具**、鋼製軽量建具、ステンレス製建具、**木製建具**などに区別される。

● 建具に求められる基本的な性能

性能項目	性能項目の意味	測定項目
強さ	外力に耐える程度	たわみ、変位
耐風圧性	風圧力に耐える程度	たわみ、変位
耐衝撃性	衝撃力に耐える程度	形状変化
気密性	空気の漏れを防ぐ程度	通気量
水密性	風雨による建具室内側への水の浸入を防ぐ程度	漏水
遮音性	音を遮る程度	音響透過損失
断熱性	熱の移動を抑える程度	熱貫流率
遮熱性	日射熱を遮る程度	日射熱取得率
結露防止性	建具表面の結露の発生を防ぐ程度	温度低下率、結露状況
防火性	火災時の延焼防止の程度	変化
面内変形追随性	地震によって生じる面内変形に追随し得る程度	操作トルク、操作力・開放力
耐候性	構造、強度、表面状態などが、ある期間にわたり使用に耐え得る品質を保持している程度	変化
形状安定性	環境の変化に対して形状寸法が変化しない程度	形状変化
開閉力	開閉操作に必要な力の程度	開閉力
開閉繰返し	開閉繰返しに耐え得る程度	変化、変位、開閉力

▶ ガラス

板ガラスの種類	内容
フロート板ガラス	一般的な透明ガラス。
すりガラス	フロート板ガラスの片面をブラスト処理し、半透明にしたガラス。
フロストガラス	フロート板ガラスの片面を薬品やブラスト処理により滑らかに加工したガラス。すりガラスと似ているが、すりガラスより汚れにくい。
型板ガラス	片面にさまざまな型模様を付け、視線を遮るガラス。
網入り板ガラス	割れても破片が崩れ落ちないように、ガラス面内に金属網が入れ込まれたガラス。延焼のおそれのある場所に使用される。
合わせガラス	複数枚のガラスの間にプラスチックシートなどをはさみ、加熱圧着で張り合わせたガラス。割れても破片が飛散せず、耐貫通性、耐衝撃性に優れる。
強化ガラス	フロート板ガラスを約700 ℃に加熱し、急激に冷やして作られるガラス。強度に優れ、割れた場合でも破片が粒状となり飛散しないため、安全性が高い。
熱線吸収板ガラス	原料に金属を加えた色ガラス。日射熱を吸収しやすく、冷房負荷が軽減される。
複層ガラス	「ペアガラス」と呼ばれ、2枚の板ガラスの間に空気を密封したガラス。断熱性、遮音性に優れ、結露防止に効果的である。
熱線反射ガラス	フロート板ガラスの表面に金属酸化物の膜をコーティングしたガラス。日射熱を反射しやすく、冷房負荷が軽減される。
倍強度ガラス	同じ厚さのフロート板ガラスに比べて強度が約2倍優れたガラス。割れた場合は、フロート板ガラスに近い割れ方になり、強化ガラスのような粒状にはならない。

4 防水材料

▶ アスファルト防水に使用される主な材料

材料	内容
アスファルトプライマー	下地と防水層との密着を高めるため、溶剤を用いてアスファルトを希釈した乳液。
アスファルトフェルト	原紙にアスファルトを含浸させた防水材。主に外壁下張材として使用される。
アスファルトルーフィング	アスファルトフェルトの両面をアスファルトで被服し、鉱物質粉粒を付着させた防水材。一般に屋根下葺材として使用される。
網状アスファルトルーフィング	目の粗い布や合成繊維の布にアスファルトを浸透させたもの。パイプ回りや立上り部など、アスファルト防水層の補強に使用する。
砂付あなあきルーフィング	一定間隔にあなを開けた砂付ルーフィング。絶縁工法（防水層の大半の部分と下地を絶縁させる工法）に用いる。

材料	内容
ストレッチルーフィング	不織布原反にアスファルト含浸・被覆し、その表裏面に鉱物質粉末を付着させたもの。耐久性・施工性が高い。
砂付ストレッチルーフィング	ストレッチルーフィングの片面の一部を除いた部分に、1～3 mm程度の砂粒を付着させたもの。非歩行用屋根の露出防水におけるアスファルト防水層の最上層に用いられる。

▶ シート防水に用いられる主な材料

材料	内容
塩化ビニル樹脂系シート	塩化ビニル樹脂に可塑剤、充填剤などを添加して成型したルーフィングシート。シートどうしは熱で溶かして一体化させる。
加硫ゴム系シート	加硫ゴムを用いたルーフィングシート。シートどうしの接着は接着剤による。
非加硫ゴム系シート	非加硫ゴムを用いたルーフィングシート。シートどうしの接着は接着剤による。
合成高分子系ルーフィングシート	上記のシートなどを総称して、合成高分子系ルーフィングシートと呼ぶ。

▶ 塗膜防水に用いられる主な材料

材料	内容
ウレタンゴム系	2成分形と1成分形がある。2成分形は主剤と硬化剤からなり、現場で混合撹拌して反応硬化させる。1成分形は、空気中の水分を硬化に利用する。
ゴムアスファルト系	アスファルトと合成ゴムを主原料とした防水材で、塗布型と吹付け型がある。土木分野での用途が多い。
アクリルエマルション系	ストレートアスファルトのエマルション（乳剤）と合成ゴムのラテックス混合液を材料とした防水材。外壁に用いられることが多い。
FRP（繊維強化プラスチック）系	液状の樹脂にガラス繊維などの補強材を混入した防水材。

▶ シーリング工事に用いられる主な材料

材料		内容
シーリング材	アクリル系	耐候性・耐久性に劣るが、水性タイプで作業性に優れる。
	ウレタン系	耐久性はあるが、紫外線に弱いため上塗りが必要である。通常、ガラス面には使用されない。
	シリコーン系	耐候性・耐熱性に優れ、紫外線に強い。表面への塗料の上塗りができない。

材料		内容
	ポリサルフ ァイド系	耐候性・耐熱性に優れているが、仕上げ塗料などを変色・軟化させ ることがある。
バックアップ材		シーリング材の3面接着の回避や充填深さの調整のため設ける資材。 発泡ポリエチレンなどが用いられる。
ボンドブレーカー		紙やプラスチックフィルムなどの粘着テープで、シーリング材と接 着しないもの。絶縁テープともいう。シーリングが3面接着となら ないよう、目地底に貼り付ける。

ワンポイントアドバイス

3面接着は下地に動きがない場合に用いる。下地に動きが伴う場合は、動きに追従で きるように2面接着とする。

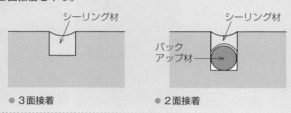

5 内装材料

重要度 ★★☆

▶ 床材料

［ ビニル床シート、ビニル床タイルなど ］

種類	内容
ビニル床シート	塩化ビニルに、充填材や顔料を加えてロール状に成形した仕上げ用シート。一 般に耐薬品性、耐摩耗性、耐水性に優れるが、耐熱性に劣る。
ビニル床タイル	塩化ビニルに可塑剤、石粉、顔料などを加え、タイル状に成形した仕上げ用タ イル。一般に耐水性、耐磨耗性、耐久性に優れる。Pタイル（ピータイル）とも 呼ばれる。
ゴム床タイル	天然ゴム、合成ゴムを主成分とした床タイル。一般に耐摩耗性に優れるが、耐 油性、耐熱性に劣る。また、弾力性があり歩行感に優れる。

［カーペット類］

種類	内容
織じゅうたん	手織り、機械織りなど織物による敷物。織カーペットとも呼ばれる。 ・手織り：だんつう ・機械織り：ウィルトンカーペット
平織カーペット	経糸（たていと）と緯糸（よこいと）を組み合わせた、パイルのないカーペットの総称。
タフテッドカーペット	下地となる布に機械刺繍でパイルを刺し込み、パイルの抜けを防ぐため、裏面に接着材をコーティングしパイルを裏面から固定したカーペット。
ニードルパンチカーペット	ポリプロピレンなどの繊維を針で刺し固めてフェルト状にした不織布のカーペット。パイル糸がなく、裏面は合成ゴムで補強されている。硬く弾力性に乏しいが、カラーが豊富、安価などの利点がある。
タイルカーペット	小型の正方形に加工されたカーペット。

---

point 🖐 **ワンポイントアドバイス**

パイルとは、布面に作った切毛または輪奈（ワナ）のことで、ワナを房状にカットしたものをカットパイル、ワナのままの形をしたものをループパイル、アンカットパイルという。

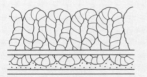

● ループパイル（アンカットパイル）

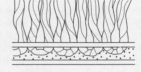

● カットパイル

［合成樹脂塗床］
合成樹脂塗床とは、床面に合成樹脂系の塗材を塗布して仕上げた床のことで、次のような種類がある。

種類	特徴	主な用途
エポキシ樹脂系	・耐薬品性に優れる。 ・接着性に優れる。 ・低温硬化性が劣る。 ・耐気性に劣る。	工場、研究室倉庫、厨房など
ウレタン樹脂系	・弾力性、衝撃性、耐摩耗性に優れる。 ・高湿度の下で発泡しやすい。	一般事務所、学校など
ポリエステル樹脂系	・耐酸性に優れる。 ・速硬化性に優れる。 ・硬化収縮性に注意。	化学工場、食品工場など
ビニルエステル樹脂系	・耐薬品性、耐熱性に優れる。	化学工場、メッキ工場など
アクリル樹脂系	・速乾性で、鮮明な着色塗膜となる。 ・耐候性に優れる。 ・耐溶剤性に劣る。	一般事務所、一般倉庫など

種類	特徴	主な用途
メタクリル樹脂系	・速硬化性に優れる。 ・耐薬品性に優れる。 ・低温硬化性に優れる。	厨房、冷凍倉庫、食品工場など

［ フローリング ］ フローリングは、木質系床仕上材を指し、一般に単層フローリングと複合フローリングに大別される。

種類		内容
単層フローリング		・1つの層で作られたフローリングで、一般的には無垢材でつくられたものをいう。乾燥・収縮などによる狂いが生じやすい。 ・「根太張用（根太に直接張るタイプ）」と「直張用（根太の上に張り付けた下地材に直接張るタイプ）」がある。
	フローリングボード	・実矧ぎ加工（さねはぎかこう）された、単層フローリング床材。実矧ぎとは、一方の小口を凸、他方を凹に加工し、差し込むように接合する方法。 ・根太張用と直張用がある。
	フローリングブロック	・2枚以上の無垢材を並べて正方形に接合し、側面加工したブロック。 ・直張用。
	モザイクパーケット	・ひき板の小片（ピースという。最長辺が22.5 cm以下のものに限る）を2個以上、紙や布などの土台の上に並べて組み合わせたもの。 ・直張用である。
複合フローリング		2層以上の構成で作られたフローリング。そりやねじれなどの狂いが少ない。「根太張用」と「直張用」がある。
	複合1種フローリング	・合板のみを基材とした複合フローリング。 ・根太張用と直張用がある。 表面材／基材…合板
	複合2種フローリング	・集成材または単板積層材のみを基材とした複合フローリング。 ・根太張用と直張用がある。 表面材／集成材・単板積層材

種類	内容	
複合3種フローリング	・複合1種および複合2種フローリング以外の材料（MDF、パーティクルボードなど）を用いた複合フローリング。 ・根太張用と直張用がある。	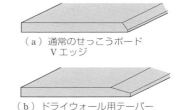

▶ 天井および壁材

［せっこうボード］ せっこうを芯材として、その両面と側面をボード用紙で被覆したボード。耐火、防火、遮音、断熱性能があり、主に室内の仕上材（ビニルクロスなど）の下地材として用いられる。**プラスターボード**とも呼ばれる。

（a）通常のせっこうボード
　　　Vエッジ

（b）ドライウォール用テーパー
　　　エッジ

　せっこうボードの端部（エッジ）は通常のVエッジ（ベベルエッジ）とドライウォール工法に用いられる**テーパーエッジ**とがある。

　ドライウォール工法とは、せっこうテーパーボードの継目にジョイントテープおよびパテ処理を施し、強度と気密性の高い大壁を作る工法のこと。

■ 主なせっこうボードの種類

種類	内容
耐水せっこうボード	防水処理を施したせっこうボードで、洗面所などの水回りなどで用いられる。シージングせっこうボードとも呼ばれる。
強化せっこうボード	せっこうの芯材にガラス繊維などを加えて耐火性能を強化したボード。防火壁や準耐火壁などに用いられる。
ラスボード	浅い溝の付いたせっこうボードで、塗壁の下地材として用いられる。

［木質材料］ 木材を原材料とし、再構成した材料のこと。そり、曲がり、ねじれ、割れなどが生じやすい無垢材に比べ、一般的に狂いが少ない。また、同断面の無垢材に比べ、強度が大きい。

■ 主な木質材料

種類	内容
合板	薄く切った単板を、繊維方向が互いに直角となるように交互に接着した木質材料。
集成材	製材された板や小さい角材などを、繊維方向をそろえて接着した木質材料。
パーティクルボード	木材の小片を、接着剤を用いて熱圧成型した木質材料。
インシュレーションボード	木材に熱を加えて繊維状になるまで解きほぐし、合成樹脂や接着剤を混ぜ乾燥させた木質材料。
MDF（中密度繊維板、中質繊維板）	木質繊維を接着剤となる合成樹脂と混ぜ、熱圧成型した木質材料。
LVL（単板積層材）	繊維方向をそろえた状態で単板を積層、接着した木質材料。

6 石材・セラミックタイル

▶ 石材の仕上げ

［粗面仕上げ］

仕上げの種類	石材の種類	内容
のみ切り	花こう岩	のみを使った手加工仕上げ。大のみ、中のみ、小のみの3段階がある。
びしゃん	花こう岩	びしゃんと呼ばれる専用ハンマーで表面を平らにたたいた仕上げ。
小たたき	花こう岩	びしゃんでたたいた後に、先端がくさび状のハンマーで刻み目を付けた仕上げ。
ジェットバーナー	花こう岩	冷却水を散布しながら、加熱用バーナーで表面を焼いて凹凸を付けた仕上げ。
ブラスト	花こう岩、大理石、砂岩	表面に鉄砂またはカーボンを高圧で吹き付けて凹凸を付けた仕上げ。
ウォータージェット	花こう岩	超高圧水で表面を切削した仕上げ。
割肌	花こう岩、砂岩	人工的に衝撃を加えるなどして、割ったままの状態の表面。

［磨き仕上げ］

仕上げの種類	内容
粗磨き	炭化けい素砥石または同程度の仕上げとなるダイヤモンド砥石で磨いた仕上げ。
水磨き	粗磨きよりもさらに細かい砥石で磨いた仕上げ。
本磨き	水磨きよりもさらに細かい砥石で磨いたうえで、つや出し粉を用い、バフで磨いた仕上げ。

◉ セラミックタイル

［ 成形方法によるタイルの種類 ］

種別	内容
押出成形	粘土状の原料（水分が多い）を押出成形機で押し出して、所定の大きさにカットする成形方法。
プレス成形	パウダー状の原料（水分が少ない）を金型に充填し、高圧プレスをかける成形方法。

［ 吸水率によるタイルの種類 ］

種別	代表的なタイルの呼称と特徴	
Ⅰ類（吸水率3.0％以下）	磁器質タイル	ほとんど吸水しない。内装、外装、床、モザイクタイルなどに用いられる。
Ⅱ類（吸水率10.0％以下）	せっ器質タイル	吸水性は磁器質タイルと陶器質タイルの間で、磁器質タイルに近い。内装、外装、床タイルなどに用いられる。
Ⅲ類（吸水率50.0％以下）	陶器質タイル	吸水性が大きい。主に内装タイルに用いられる。

［ その他 ］

名称	内容
クリンカータイル	せっ器質タイルの一種で、厚手のタイル。耐久性に富み、床用に使用されることが多い。
モザイクタイル	50mm×50mm以下の小型のタイル。内装、外装タイルとして用いられる。一般的に磁器質タイルである。
ユニットタイル	モザイクタイルなどの小さなタイルを、施工しやすいように連結したもの。 ・表張ユニットタイル：表面に表張紙を貼り付けて連結。 ・裏連結ユニットタイル：裏面や側面を連結材で連結。
施ゆうタイル	タイルの表面に「うわぐすり（ゆう薬）」を施したもの。
平物・役物	平面部分に使用される平物と隅部などに使用される役物がある。
裏あし	モルタルなどの接着力を高めるためのタイル裏面の凹凸。外壁に用いるタイルは、裏あしをあり状にする。 ● 裏あし（あり状）

7 鋼材

構造用鋼材

種別	JIS記号	内容
一般構造用圧延鋼材	SS	一般に広く用いられる鋼材。通常、溶接はしない。
溶接構造用圧延鋼材	SM	溶接に適した鋼材。
建築構造用圧延鋼材	SN	建築構造向けの鋼材。塑性変形能力に優れる。
一般構造用炭素鋼鋼管	STK	一般的に広く用いられる円形鋼管。
建築構造用炭素鋼鋼管	STKN	建築構造に適した円形鋼管。塑性変形能力に優れる。
一般構造用角形鋼管	STKR	SS材を使用した角形鋼管。
一般構造用軽量形鋼	SSC	リップ溝形鋼などの軽量形鋼。

鋼材の一般的特徴

[引張強さ] 鋼材の引張強さは、一般に250～300℃付近で最大となり、これを超えると、温度が上がるほど引張強さは低下する。

[弾性限度] 一般に、弾性限度内であれば、引張荷重を取り除くと元の状態に戻るという性質をもつ。

[炭素含有量] 一般に、炭素含有量が多くなると、引張強さ・硬さなどが増すが、伸び能力や粘り強さ、溶接性などが低下する。

[熱処理] 焼入れ、焼戻し、焼なまし、焼ならしなどの熱処理を施すことにより、目的の性質（硬さ・強さ・やわらかさなど）を得ることができる。

熱処理の種類	目的
焼入れ	硬さを得る
焼戻し	ねばり・強靭さを得る
焼なまし	やわらかさ・加工性を得る
焼ならし	硬さのむらをなくす・均一化する

過去問チャレンジ (章末問題)

問1　R2後期-No.12

➡1木材

木材の一般的な性質に関する記述として、最も不適当なものはどれか。

(1)　木材の乾燥収縮の割合は、年輪の接線方向が最も大きく、繊維方向が最も小さい。

(2)　木材の強度は、繊維飽和点以下では、含水率の減少とともに低下する。

(3)　木材の強度は、繊維方向と平行に加力した場合が最も高い。

(4)　針葉樹は、広葉樹に比べ、一般的に軽量で加工がしやすい。

> 解説　一般的に繊維飽和点以下では、含水率が減少すると、木材の強度は上昇する。　　　　　　　　　　　　　　　　　解答　(2)

問2　R3前期-No.11

➡2セメント・コンクリート

コンクリートに関する一般的な記述として、最も不適当なものはどれか。

(1)　スランプが大きいほど、フレッシュコンクリートの流動性は大きくなる。

(2)　水セメント比が大きいほど、コンクリートの圧縮強度は大きくなる。

(3)　単位セメント量や細骨材率が大きくなると、フレッシュコンクリートの粘性は大きくなる。

(4)　コンクリートの圧縮強度が大きくなると、ヤング係数は大きくなる。

> 解説　水セメント比が大きいほど、コンクリート強度は小さくなる傾向にある。　　　　　　　　　　　　　　　　　　解答　(2)

日本産業規格（JIS）に規定する建具の試験項目と測定項目の組合せとして、**最も不適当なもの**はどれか。

(1)　結露防止性試験—熱貫流率
(2)　耐風圧性試験——変位・たわみ
(3)　気密性試験————通気量
(4)　水密性試験————漏水

> 解説　結露防止性試験の測定項目は、温度低下率および結露状況であり、建具表面の結露の発生を防ぐ程度を測定する。熱貫流率は断熱性試験の測定項目である。　　　　解答　(1)

防水材料に関する記述として、最も不適当なものはどれか。

(1)　アスファルトプライマーは、下地と防水層の接着性を向上させるために用いる。
(2)　砂付あなあきアスファルトルーフィングは、下地と防水層を絶縁するために用いる。
(3)　網状アスファルトルーフィングは、立上り防水層の張りじまいや貫通配管回りなどの増張りに用いる。
(4)　絶縁用テープは、防水層の末端部に使用し、防水層のずれ落ち、口あき、はく離などの防止に用いる。

> 解説　絶縁用テープは、下地コンクリートと防水層との縁を切り、下地の挙動の影響を軽減するために用いるものである。コンクリート下地の打継ぎ箇所やひび割れ箇所などに使用する。　　　　解答　(4)

問5 **R3前期-No.13** ⇒ 4 防水材料

シーリング材の特徴に関する記述として、最も不適当なものはどれか。

(1) ポリウレタン系シーリング材は、施工時の気温や湿度が高い場合、発泡
のおそれがある。

(2) シリコーン系シーリング材は、耐候性、耐久性に劣る。

(3) 変成シリコーン系シーリング材は、ガラス越し耐光接着性に劣る。

(4) アクリルウレタン系シーリング材は、ガラス回り目地に適していない。

解説 一般的に、シリコーン系シーリング材は、耐候性・耐熱性に優れて
おり、紫外線にも強い。 解答 (2)

問6 **R1後期-No.14** ⇒ 5 内装材料

カーペットに関する記述として、最も不適当なものはどれか。

(1) タフテッドカーペットは、パイル糸をうね状に並べて基布に接着固定し
た敷物である。

(2) ウィルトンカーペットは、基布とパイル糸を同時に織り込んだ、機械織
りの敷物である。

(3) ニードルパンチカーペットは、シート状の繊維で基布を挟み、針で刺し
て上下の繊維を絡ませた敷物である。

(4) タイルカーペットは、バッキング材を裏打ちしたタイル状敷物である。

解説 タフテッドカーペットは、下地となる布に機械刺繍でパイルを刺し
込み、パイルの抜けを防ぐために、裏面に接着材をコーティングしてパイ
ルを裏面から固定したカーペットである。 解答 (1)

日本産業規格（JIS）に規定するセラミックタイルに関する記述として、最も不適当なものはどれか。

(1)　素地（きじ）は、タイルの主体をなす部分をいい、施ゆうタイルの場合、表面に施したうわぐすりも含まれる。
(2)　表張りユニットタイルとは、多数個並べたタイルの表面に、表張り紙を張り付けて連結したものをいう。
(3)　裏連結ユニットタイルとは、多数個並べたタイルの裏面や側面を、ネットや台紙などの裏連結材で連結したものをいう。
(4)　タイルには平物と役物があり、それぞれ形状は定形タイルと不定形タイルに区分される。

> **解説**　施ゆうタイルとは、表面にうわぐすりを施したタイルで、この場合の素地とは、うわぐすりを除いた部分をいう。　　　　　　　　　　解答　(1)

鋼の一般的な性質に関する記述として、最も不適当なものはどれか。

(1)　鋼は炭素含有量が多くなると、ねばり強さや伸びが大きくなる。
(2)　鋼は弾性限度内であれば、引張荷重を取り除くと元の状態に戻る。
(3)　鋼は炭素含有量が多くなると、溶接性が低下する。
(4)　鋼は熱処理によって、強度などの機械的性質を変化させることができる。

> **解説**　一般に、炭素含有量が多くなると、引張強さ・硬さなどが増すが、伸び能力やねばり強さ、溶接性などは低下する。　　　　　　　　　解答　(1)

建築設備ほか

　主な建築設備として、「給排水設備」「電気設備」「防災設備」「空気調和設備」について整理する。また、「舗装工事」や「測量」「積算・契約」などの出題もあり、併せて本章で整理する。

1　給排水設備

重要度 ★★☆

▶ 給水設備

［給水方式］

水道直結直圧方式	水道直結増圧方式	高置水槽方式
水道本管の水圧を利用し、建物内に直接給水する方式。通常3階建てまでの建物で使用され、一般的な戸建て住宅の給水方式である。ほかの方式と異なり、停電による断水の心配は少ない。	水道本管の水圧を増圧ポンプで高めて給水する方式。受水槽が不要であり、中規模マンションや中規模ビルでの一般的な給水方式である。	受水槽に水道水を貯水し、揚水ポンプにより高置水槽へ揚水し、重力により給水する方式。大型マンションなどで多く用いられる。断水時などでも、水槽内の水量は使用が可能である。

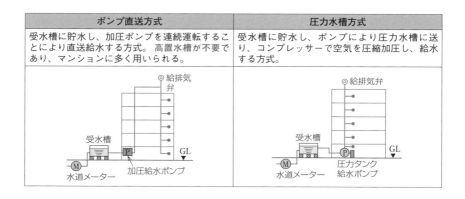

ポンプ直送方式	圧力水槽方式
受水槽に貯水し、加圧ポンプを連続運転することにより直送給水する方式。高置水槽が不要であり、マンションに多く用いられる。	受水槽に貯水し、ポンプにより圧力水槽に送り、コンプレッサーで空気を圧縮加圧し、給水する方式。

[給水設備における留意点]

- **構造体との兼用禁止**：飲料水用の給水タンクなどの構造体は、建築物の構造体と兼用してはならない。
- **ウォーターハンマー**：水道管内の圧力の急激な変動のために生じる騒音・振動現象をウォーターハンマー（水撃作用）という。水道管内の**水圧**が高い、配管に**曲がり**が多い、配管の固定が**不十分**な場合などに起こりやすい。なお、**減圧弁**や**中間水槽**などの設置により軽減できる。
- **クロスコネクションの禁止**：水道管とその他の目的の管（井戸水、工業用水、冷却水など）とが直接接続されていることを**クロスコネクション**といい、水道にその他の水が混入する危険があるため、**禁止**されている。

▶ 排水設備

[屋内排水設備における留意点]

① 配水管には、**排水トラップ**を設け、臭気の逆流や害虫などの侵入を防ぐ。

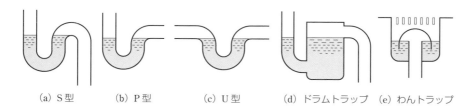

(a) S型　　(b) P型　　(c) U型　　(d) ドラムトラップ　(e) わんトラップ

② 排水トラップの封水切れを防ぐため、**通気管を設ける**。

［屋外排水設備における留意点］

① 屋外排水の地中埋設配管の勾配は、原則として**1/100以上**とする。

② 配水管の屈曲点、合流点、勾配の変化点、管種が変わる点などでは、**桝やマンホールを設ける**。また、延長が埋設管の内径の120倍を超えない範囲内で桝やマンホールを設ける。

③ 給水管と排水管を近接して埋設する場合は、**水平隔離距離を500mm以上**とし、排水管は給水管の**下方**に埋設する（排水管の損傷などによる漏水があった場合、給水管への影響を軽減するため。また、改修工事などにおいて、誤って上部の埋設管を破損した場合、健康被害などの影響を軽減するため）。

④ **雨水桝**の底部には、**深さ150mm以上の泥**だめを設け土砂を集め、土砂の流下を防ぐ。

⑤ **汚水桝**の底部には**インバート**（凹型の溝）を設け、汚物や固形物が停滞しないようにする。

2 電気設備

重要度

▶ 電圧の区分

電気設備基準により、電圧は次の3種に区分されている。

区分		電圧	内容	
低圧	直流	750 V以下	主として使用場所の設備に使われる電圧。一般戸建住宅などで使用される。契約電力50kW未満。	発電機や電動機では必要に応じ、低圧から特別高圧まで使われる。
	交流	600 V以下		
高圧	直流	750 Vを超え、7 000 V以下	主に配電線に使われる電圧。大型マンション、工場などで使用される。契約電力50kW以上2 000kW未満。	
	交流	600 Vを超え、7 000 V以下		
特別高圧		7 000 Vを超えるもの	主に送電線に使われる電圧。契約電力2 000kW以上。	

［主な受電・配電設備］

名称	内容
キュービクル	高圧の電気を100 Vや200 Vの低圧に変圧する高圧受電設備。また、これらの受電設備を収めた金属製の箱などを指す。
配電盤	一般に、変電設備や電気系統の監視と制御を行うために設ける装置を指す。
分電盤	一般に、建物内において電気の幹線と分岐回路を接続する装置で、漏電遮断器や配線用遮断器などが組み込まれる。
ジョイントボックス	低圧屋内配線工事の電線接続は、ジョイントボックスなどの内部で行い、接続部分を露出させてはいけない。
配線用遮断器	過大な電流やショート（短絡）を検知し、自動的に回路を遮断する安全装置。
漏電遮断機	漏電を検知し、自動的に回路を遮断する安全装置。

▶ 主な通信設備

　電気通信環境の整備や通信データの増大などにより、建築における電気通信設備の位置付けも大きくなっている。

名称	内容
PBX	電話回線の交換機で、内線や外線を管理する。
LAN	限定された範囲内（企業、家庭など）のコンピューターネットワーク。
モデム	電話回線などのアナログ信号とパソコンなどに用いるデジタル信号を相互変換する機器。
ルーター	複数の通信機器をLANやインターネットに接続する機器。
同軸ケーブル	テレビなどの情報通信に使用される、同心円状の構造をもったケーブル。

▶ 接地工事

　感電防止や、高圧電圧と低圧電圧との混触（電圧の異なる電路が電気的に接触した状態）を防止するため、電路などを大地に接続することを**接地工事**という。**アース工事**ともいわれる。「電気設備の技術基準の解釈」では、次のように接地工事の種類が定められている。

接地工事の種類	接地線の太さ	電圧区分
A種	直径2.6 mm以上	高圧、特別高圧
B種	直径4 mm以上	高圧、特別高圧の電路と低圧電路とを結合する変圧器の低圧側
C種	直径1.6 mm以上	300 Vを超える低圧
D種	直径1.6 mm以上	300 V以下の低圧

◉ 照明設備

照明の種類	内容
白熱電球	一般的に使用されてきた照明器具。消費電力が大きく、寿命が短い。
蛍光ランプ	白熱電球とともに一般的に使用されてきた。白熱電球に比べると高効率、長寿命である。
LED照明	近年においては、白熱電球や蛍光ランプに替わり、照明器具のLED化が進んでいる。消費電力の小ささ、長寿命、高輝度、熱線や紫外線の少なさなどの特徴がある。
ハロゲン電球	電球内に、不活性ガスと微量のハロゲンガスを封入した白熱電球の一種。輝度や演出性が高く、商業施設や舞台照明などで使用される。通常の白熱電球に比べて寿命は長い。

◉ 配線用図記号

主に次のような配線用図記号が用いられる（JIS C 0303 による）。

名称	図記号
白熱灯	○
蛍光灯	⊏○⊐
点滅器	●
コンセント（壁付）	⊖ ⊙
情報用アウトレット	▮
接地端子	⏚
換気扇	∞
配電盤	⊠
分電盤	◣
制御盤	◤◥

3 防災設備

▶ 防災施設の種類

分類		主な設備
消火設備	消火栓	消火活動に必要な水を供給する設備。屋内消火栓と屋外消火栓がある。屋内では、消火栓・ホース・ノズルなどを消火栓格納箱に収めて設置する場合が多い。
	スプリンクラー	天井または屋根下部分などに配置されたスプリンクラーヘッドにより、火災感知から放水までを自動的に行う消火設備。
警報設備 火災の発生やガス漏れを検知し、報知する設備	自動火災警報機	火災により発生した煙や熱を自動的に検知し、火災発生を報知する設備。
	ガス漏れ警報機	ガス漏れを検知し、報知する設備。
	非常警報設備	火災などの非常事態の発生に対し、人間が手動で非常ベルなどを作動させ、すみやかに報知する設備。非常用放送設備もこれに含まれる。
避難設備 火災発生時に安全に避難するための設備	避難器具	避難はしご、非常階段など。
	誘導灯	避難口誘導灯（避難口の位置を明示するため、避難口の上部に設ける誘導灯）。
		通路誘導灯（廊下、階段などに、避難上有効な照度の確保と方向表示となるように設ける誘導灯）。
		客席誘導灯（劇場や映画館などで、客席の足元などに設け、避難上有効な照度を確保する誘導灯）。
	非常用照明	災害時などに停電した場合に自動的に点灯し、避難上有効な照度を確保するための照明施設。
消防活動設備 消火活動を助ける目的で設置される設備	排煙設備	火災が発生した場合に生じる煙を有効に排除するための設備。
	連結送水管設備	消防隊が消火活動に用いる専用の送水口。

4 空気調和設備

▶ 熱源の設置位置による分類

分類	内容
中央熱源方式	ボイラーや冷凍機などの熱源機器を機械室などに集約して空調する方式。
個別分散熱源方式	ボイラーや冷凍機などの熱源機器を各階などに分散させて、各階あるいは部屋などのゾーンごとに空調する方式。

▶ 熱の輸送方法による分類

分類			内容
全空気方式			温風・冷風をダクトで送風する方式。
	単一ダクト方式		機械室から、1本のダクトを分岐して各室に温風・冷風を送る方式。
		定風量方式（CAV方式）	一定の風量で、送風温度を変化させて室温を調整する。各室ごとの個別制御はできない。
		変風量方式（VAV方式）	風量を変えて室温を調整する。個別制御が可能である。
	二重ダクト方式		温風と冷風をそれぞれ別のダクトで送風し、混合ボックスで適温に混合し各部屋などに供給する。各室ごとの個別制御が可能である。
水方式			機械室で温水や冷水を作り、循環ポンプで水のみを末端まで送り、ここで空気と熱交換させる方式。
	ファンコイルユニット方式		ファンとコイル（熱交換器）をユニット化したファンコイルユニットにより、送られてきた温水・冷水と熱交換する方式。個別制御が可能だが、外気を取り込むための換気設備が必要となる。
空気・水方式			熱輸送に水と空気とを併用する方式。
	ダクト併用ファンコイルユニット方式		ファンコイルユニット方式と、ダクトの使用による外気の取入れを併用して行う方式。個別制御が可能である。
冷媒方式			冷媒ガスを用いて熱交換を行う方式。
	パッケージユニット方式		熱源、送風機、加湿器、エアフィルター、制御機器などを一体化したパッケージユニットを各階などに設置して空調を行う方式。一般に、冷暖房可能なヒートポンプ方式が採用される場合が多い。ユニットごとの制御が可能である。

5 舗装工事

重要度 ★ ☆ ☆

▶ 路床

- 路盤の下の約1mの部分を路床という。
- 路床が軟弱な場合は、良質土との置換えや安定処理などの路床改良を行う。通常は現地盤をそのまま締め固める。
- 安定処理にはセメントや石灰が用いられ、一般に砂質土の場合はセメント、粘性土の場合は石灰が適している。

▶ 路盤

- 路床の直上に設けられる下層路盤とその上に設けられる上層路盤がある

（1層のみで構成される場合もある）。上層からの荷重を分散して路床に伝える役割をもつ。

- 下層路盤ではクラッシャーランや再生クラッシャーラン、上層路盤では下層路盤に比べて作用する応力が大きいので、粒度調整砕石や安定処理工法などが用いられることが多い。

▶ 表層・基層

[アスファルト舗装] アスファルト混合物を表層・基層に用いた舗装である。

項目	内容
表層	交通荷重を分散して下層に伝達するとともに、磨耗やひびわれに抵抗し、平坦で滑りにくい路面を確保する役割をもつ。
基層	基層は、路盤の不陸を整正し、表層に加わる荷重を路盤に均一に伝達する役割をもつ。
タックコート	アスファルト混合物とその下層の瀝青安定処理層や基層との接着および継目部や構造物との付着を良くする。
プライムコート	路盤の上に散布され、路盤とその上に施工するアスファルト混合物とのなじみを良くする。

[コンクリート舗装] コンクリートを表層に用いた舗装。一般的に、伸縮目地が必要となる（アスファルト舗装では不要）。

標準断面図

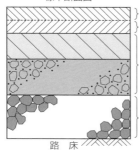

表　　層：密粒度アスファルト混合物
基　　層：粗粒度アスファルト混合物
上層路盤：アスファルト安定処理
　　　　　（使用しない場合もある）
　　　　　粒度調整砕石またはセメント
　　　　　安定処理など
下層路盤：クラッシャーランなど
路　床

● アスファルト舗装標準断面図

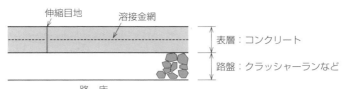

● コンクリート舗装標準断面図

6　測量

重要度

▶ 主な測量の種類

測量の種類	内容
距離測量	巻尺や光波測距儀、トータルステーションなどを用いて、2点間の距離を求める測量。
角測量	三角測量と多角測量（トラバース測量）がある。トランシットと鋼巻尺などを使用してきたが、最近ではセオドライトやトータルステーションを用いることが多い。
水準測量	地表面の高低差を求める測量である。直接水準測量と間接水準測量がある。 ・直接水準測量：レベルと箱尺（スタッフ）を用いて2地点以上の高低差、標高を求める。 ・間接水準測量：鉛直角と水平距離を用い、計算によって高低差を求める。
平板測量	地形図を作成するための測量であり、三脚の上に平板・図面を設置、アリダードを使用して測点を目視し、図面上に地形を描いていく。最近は電子平板の使用も進んでいる。
スタジア測量	トランシットなどの望遠鏡の上下にあるスタジア線に挟まれたスタッフの目盛の長さを読み、計算により2点間の距離を求める測量。
GPS測量	GPSを用いて、位置や高さを求める測量。GPS衛星からの電波を受信し測量する。
UAV測量	UAV（無人航空機、ドローン）を利用した測量。空中写真測量やレーザー測量などが行われる。

7　積算・契約

重要度

▶ 積算

　建築工事費を積算するための建築数量の基準として「公共建築数量積算基準（国土交通省）」が用いられることが多い。「公共建築数量積算基準」では、次のように定められている。

［ 数量 ］

項目	内容
設計数量	設計図書に記載されている個数および設計寸法から求めた長さ、面積、体積などの数量。なお、材料のロスなどについては単価の中で考慮する。
計画数量	設計図書に基づいた施工計画により求めた数量。
所要数量	定尺寸法による切り無駄や、施工上やむを得ない損耗を含んだ数量。
設計寸法	設計図書に記載された寸法、記載された寸法から計算によって得られる寸法および計測器具により読み取ることのできる寸法。
単位	長さ、面積、体積および質量の単位はそれぞれ、原則としてm、m²、m³およびtとする。

［ 仮設 ］

項目	内容
共通仮設	複数の工事種目に共通して使用する仮設。
直接仮設	工事種目ごとの複数の工事科目に共通して使用する仮設。
専用仮設	工事種目ごとの工事科目で単独に使用する仮設。

▶ 契約

　公共工事においては、「公共工事標準請負契約約款」が用いられることが多い。

　発注者と請負者は契約書に基づき、設計図書に従い契約を履行する。

［ 公共工事標準請負契約約款の主な内容 ］

項目	内容または留意事項
一括委任または一括下請負の禁止	第三者への一括委任または一括下請負の禁止。
特許権などの使用	受注者は、特許権、実用新案権、意匠権、商標権などの対象となっている工事材料、施工方法などを使用する場合、一切の責任を負う。
現場代理人および監理技術者等	現場代理人、監理技術者等および専門技術者は兼ねることができる。
工事材料の品質および検査など	品質が明示されない材料は中等の品質のものとする。
設計図書不適合の場合の改造義務および破壊検査など	受注者は、工事の施工部分が設計図書に適合しない場合において、監督員がその改造を請求したときは、当該請求に従わなければならない。当該不適合が監督員の指示によるときそのほか発注者の責めに帰すべき事由によるときは、発注者は、工期もしくは請負代金額を変更しなければならない。
条件変更など	受注者は、図面・仕様書・現場説明書の不一致、設計図書の不備・不明確、施工条件と現場との不一致などを発見したときは、その旨をただちに監督員に通知し、その確認を請求しなければならない。
第三者に及ぼした損害	施工中における第三者に対する損害は、発注者側の責任によるものを除いて、受注者の負担とする。

項目	内容または留意事項
不可抗力による損害	受注者は、引渡し前に天災など不可抗力により生じた損害については、発注者に通知し費用の負担を請求できる。
検査および引渡し	発注者は、工事完了通知後14日以内に完了検査を行う。

［公共工事標準請負契約約款に示された設計図書］

設計図書	内容
仕様書	共通仕様書／特別仕様書
設計図	平面図／構造図／配筋図／施工計画図／仮設図など
現場説明書	工事範囲／工事期間／工事内容／施工計画／提出書類／質疑応答など
質問回答書	現場説明書の質問に対する回答書

問1 **R3前期-No.17** ➡ 1 給排水設備

給排水設備に関する記述として、最も不適当なものはどれか。

(1) 圧力水槽方式の給水設備は、給水圧力の変動が大きく、停電時には給水が期待できない。

(2) 地中埋設配水管において、桝を設ける場合、雨水桝には泥だめを、汚水桝にはインバートを設ける。

(3) 水道直結直圧方式は、水圧が大きすぎるため、2階建住宅の給水には採用できない。

(4) トラップとは、悪臭などが室内へ侵入するのを防ぐためのものをいう。

解説 水道直結直圧方式は、通常3階程度までの建物に使用される。

解答 (3)

問2 **R1後期-No.15** ➡ 1 給排水設備

屋外排水設備に関する記述として、最も不適当なものはどれか。

(1) 地中埋設排水管の長さが、その内径または内法幅の120倍を超えない範囲内で、桝またはマンホールを設ける。

(2) 地中埋設排水経路に桝を設ける場合、雨水桝にはインバートを、汚水桝には泥だめを設ける。

(3) 排水管を給水管に平行して埋設する場合、原則として、両配管は500mm以上のあきを設ける。

(4) 地中埋設排水経路が合流する箇所には、桝またはマンホールを設ける。

解説 泥だめは土砂の流下防止、インバートは汚水・汚物の停留を防止するためのものである。したがって、泥だめは雨水桝に、インバートは汚水

桝に設ける。

問3 **R3前期-No.16**

➡ 2 電気設備

建築物の電気設備とそれに関する用語の組合せとして、最も関係の少ないものはどれか。

(1) 電力設備――――同軸ケーブル
(2) 照明設備――――コードペンダント
(3) 電話設備――――PBX
(4) 情報通信設備――LAN

> 解説 同軸ケーブルは、同心円状の構造をもつ通信用の設備であり、電力設備との関係は少ない。
> 解答 (1)

問4 **R1後期-No.16**

➡ 2 電気設備

照明設備に関する一般的な記述として、最も不適当なものはどれか。

(1) LED は、高効率で他の照明器具に比べ寿命が長く、省エネ対策として広く用いられる。
(2) Hf蛍光ランプは、ちらつきが少なく、主に事務所などの照明に用いられる。
(3) ハロゲン電球は、低輝度であり、主に道路やトンネルの照明に用いられる。
(4) メタルハライドランプは、演色性がよく、主にスポーツ施設などの照明に用いられる。

> 解説 ハロゲン電球は高輝度で演出性も高いため、商業施設用、舞台照明用などに使用される。一般的に、道路やトンネルでは、高圧ナトリウム灯やセラミックメタルハライドランプなどが用いられることが多い。
> 解答 (3)

防災設備に関する記述として、最も不適当なものはどれか。

(1)　傾斜路に設ける通路誘導灯は、避難上必要な床面照度の確保と避難の方向の確認を主な目的とする避難設備である。

(2)　劇場の客席に設ける客席誘導灯は、客席から一番近い避難口の方向の明示を主な目的とする避難設備である。

(3)　自動火災報知設備は、火災発生時に煙または熱を感知し、自動的にベルやサイレンを鳴らす警報設備である。

(4)　非常用の照明装置は、火災等で停電した場合に自動的に点灯し、避難上必要な床面照度を確保する照明設備である。

解説　劇場の客席に設ける客席誘導灯は、避難上必要な床面照度の確保を主な目的とする避難設備である。　　　　　　　　　　　　解答　(2)

空気調和設備に関する記述として、最も不適当なものはどれか。

(1)　単一ダクト方式におけるCAV方式は、室内に吹き出す風量が一定であり、室内環境を一定に保つことができる。

(2)　二重ダクト方式は、別々の部屋で同時に冷房と暖房を行うことができる。

(3)　パッケージユニット方式は、熱源機器でつくられた冷水や温水を各室のパッケージユニットに供給し、冷風や温風が吹き出すようにしたものである。

(4)　各階ユニット方式は、各階ごとに空調機を分散設置して空調を行う方式で、各階ごとの負荷変動に対応できる。

解説　パッケージユニット方式は、冷媒ガスを用いて熱交換を行う空調方式の一種である。　　　　　　　　　　　　　　　　　解答　(3)

構内舗装工事に関する記述として、最も不適当なものはどれか。

(1) アスファルト舗装の表層から路盤までの厚さは、路床土の設計CBRの値が大きいほど薄くできる。

(2) クラッシャランとは、岩石を割り砕いたままで、ふるい分けをしていない砕石のことである。

(3) コンクリート舗装に用いるコンクリートのスランプの値は、一般の建築物に用いるものより大きい。

(4) 路床は、地盤が軟弱な場合を除いて、現地盤の土をそのまま十分に締め固める。

解説　(1)設計CBRとは、舗装厚さの決定に使用する路床上の支持力を表す指数であり、一般に設計CBR＝3％未満で軟弱地盤とされ、置換えや安定処理などの地盤改良が必要となる。舗装の層厚は、設計CBRが小さいほど厚くする必要がある。

(3)コンクリート舗装に用いるコンクリートのスランプ値は、一般の建築物に用いるスランプ値より小さい。　　　　　　　　　　解答　(3)

---

point　ワンポイントアドバイス

CBRとは、路床、路盤の支持力を表す指標で、現場CBR、修正CBR、設計CBRがある。

・現場CBR：現位置にある土または材料について、室内試験と同様の方法により、現位置において求めたCBR。
・修正CBR：施工時の締固め状態を考慮して求めた粒状路盤材料のCBR。
・設計CBR：舗装厚さの決定に使用する路床のCBR。

測量の種類とそれに用いる機器の組合せとして、最も不適当なものはどれか。

(1)　距離測量――――――鋼巻尺

(2)　角測量――――――セオドライト

(3)　平板測量――――――レベル

(4)　水準測量――――――箱尺

解説　一般的に平板測量では、平板、三脚、アリダード、下げ振りなどを使用する（最近では電子平板が用いられることも多い）。レベルは、スタッフ（箱尺）とともに、直接水準測量などで用いられる。　　　　解答　(3)

Ⅱ部

第一次検定

施工

仮設工事

仮設工事の作業として「墨出し・やり方」「仮設・測量作業」「地盤調査」について整理する。「墨出し・やり方」「地盤調査」についてはほぼ毎年出題されており、用語や種類を整理し、理解しておく。

1 墨出し・やり方　　重要度 ★★★

▶ 墨出し

墨出しとは、工事中に必要な線や位置などを床や壁などに表示する作業で、大工さんが墨つぼを用いて墨で表示することから名前が付いた。最近では、レーザー墨出し器を利用することが多い。

項目	内容
基準墨（親墨）	文字どおり基準となる墨で、柱や壁の心の位置を示すものは、心墨（しんずみ）ともいう。
逃げ墨（返り墨）	構造心や仕上げ面などから一定の距離をおいて平行に付けた墨のこと。
地墨	床面に付けた墨のこと。
陸墨（ろくずみ）	水平を出すために壁面に出す墨で、天井、床仕上げ、開口部高さなどの基準となる。

▶ やり方

やり方とは、建築する位置を確認するために、基礎工事の前に建物配置・基礎位置・柱の芯、高低を表示するためのものである。

項目	内容
やり方作業	・地杭（水杭）は、根切りや基礎工事に支障がない位置に打ち込む。 ・水貫の上端は建物の高さの基準となるので、かんな掛けにより水平に取り付ける。 ・建物隅部のやり方は「隅やり方」、それ以外では「平やり方」とする。
縄張り	設計図に基づいて地杭を打ち、縄を張りまわし、あるいは石灰で線を引いて、建築物の外形を示す作業。
水盛り	建築する基準点の高さを現地で指定する作業。水準点から一定の高さを測定し、各水杭に同じ高さの水準の印を付ける。

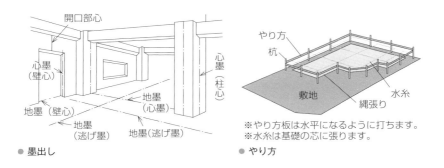

● 墨出し

● やり方

※やり方板は水平になるように打ちます。
※水糸は基礎の芯に張ります。

---

point ワンポイントアドバイス

建築における「墨出し・やり方」は、土木における「測量・丁張り」と理解しておく。

---

2 仮設・測量作業　重要度 ★☆☆

測量作業

項目	内容
距離測定	・鋼製巻尺（JIS B 7512）を使用する。 ・同じ精度を有するものを2本用意し、1本は基準巻尺として保管する。 ・鋼製巻尺は温度により伸縮するので、測定時の気温に合わせて温度補正を行う。
高さの測定	・ベンチマークは正確に設置し、位置がずれないように周囲を囲う。 ・高さの基準点は、見通しを考慮して、どの位置からも随時確認できるように2箇所以上設置する。 ・鉄筋コンクリート造では、躯体工事用の各階ごとの基準高さは、1階の基準高さから確認する。

▶ 地盤調査・各種試験

項目	内容
標準貫入試験	・重さ63.5kgのハンマーにより、30cm打ち込むために要する打撃回数をN値として表す。 ・N値からは、砂質土における変形係数、粘性土におけるコンシステンシー、一軸圧縮強度が推定できる。
平板載荷試験	・直径30cmの載荷板に荷重をかけて、時間と沈下量の関係を求め、地盤反力係数Kで表す。 ・地盤の耐力を推定できる範囲は、載荷板直径の1.5〜2倍程度である。
スウェーデン式サウンディング	・6種の荷重を与え、人力によるロッド回転の貫入量に対応する半回転数を測定して、支持力特性値W_{sw}、N_{sw}で表す。 ・装置の操作が容易で、小規模建物の地盤調査に用いられる。

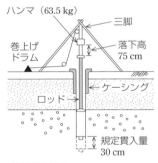

● 標準貫入試験

● スウェーデン式サウンディング

過去問チャレンジ（章末問題）

➡ 1 墨出し・やり方

問1　R2後期-No.18

墨出しに関する記述として、最も不適当なものはどれか。

(1)　平面上の位置を示すために床面に付ける墨を、地墨という。

(2)　垂直を示すために壁面に付ける墨を、たて墨という。

(3)　基準墨から一定の距離をおいて平行に付ける墨を、逃げ墨という。

(4)　逃げ墨をもとにして型枠などの位置に付ける墨を、親墨という。

解説　親墨とは、文字どおり基準となる基準墨のこと。逃げ墨をもとにして型枠などの位置に付ける墨は、子墨という。　　　　解答　(4)

問2　H29後期-No.36

➡ 1 墨出し・やり方

やり方および墨出しに関する記述として、最も不適当なものはどれか。

(1)　地墨は、平面の位置を示すために床面に付ける墨である。

(2)　やり方は、建物の高低、位置、方向、心の基準を明確にするために設ける。

(3)　検査用鋼製巻尺は、その工事現場専用の基準の巻尺を使用する。

(4)　陸墨は、垂直を示すために壁面に付ける墨である。

解説　陸墨とは、水平の基準を示すための水平墨のことで、天井、床仕上げ、開口部高さなどの基準となる。　　　　解答　(4)

鋼製巻尺を用いる距離測定において、距離の補正を行う場合、**最も必要のないもの**はどれか。

(1)　温度による補正
(2)　湿度による補正
(3)　尺定数による補正
(4)　傾斜による補正

解説　(1)(3)(4)についてはそれぞれ補正を行うが、鋼製巻尺は湿度の影響は受けないため、(2)は補正の必要が最もない。　　　　　　　　解答　(2)

仮設工事に関する記述として、最も不適当なものはどれか。

(1)　建物の位置を確認するための縄張りは、配置図に従ってロープを張り巡らせた。
(2)　鋼製巻尺は温度により伸縮するので、測定時の気温に合わせて温度補正を行った。
(3)　床スラブコンクリート打設時のコンクリート上端のレベルチェックは、レーザーレベルとばか棒を用いて行った。
(4)　建物四隅の基準墨の交点を上階に移す際、2点を下げ振りで移し、他の2点はセオドライト（トランシット）で求めた。

解説　建物四隅の基準墨の交点を上階に移す場合、建物四隅の床に小さな穴を開けておき、下階の基準墨を四隅とも下げ振りで上げる。セオドライドは、角度を測る機器である。　　　　　　　　解答　(4)

問5 **R1前期-No.18** ➡ 3 地盤調査

地盤の標準貫入試験に関する記述として、最も不適当なものはどれか。

(1) 貫入量100 mmごとの打撃回数を記録し、1回の貫入量が100 mmを超えた打撃は、その貫入量を記録した。

(2) 本打ちの貫入量200 mmに対する打撃回数が30回であったので、その深さのN値を30とした。

(3) 本打ちの打撃回数は、特に必要がなかったので、50回を限度として打撃を打ち切った。

(4) 本打ちは、ハンマーの落下高さを760 mmとし、自由落下させた。

解説 N値は、重さ63.5 kgのハンマーを760 mm自由落下させて300 mm打ち込むために要する打撃回数で表される。 解答 (2)

問6 **H29前期-No.37** ➡ 3 地盤調査

地盤調査に関する記述として、最も不適当なものはどれか。

(1) ロータリー式ボーリングは、軟らかい地層から硬い岩盤までの地盤構成を調べることができる。

(2) シンウォールサンプラーは、軟弱な粘性土の土質サンプリングに用いる。

(3) スウェーデン式サウンディング試験は、密な砂層、礫層にも適用できる試験方法である。

(4) ハンドオーガーボーリングは、人力でオーガーを回転圧入させ試料を採取する方法である。

解説 スウェーデン式サウンディング試験は、荷重による貫入と回転による貫入を併用した原位置試験である。人力で行うもので、軟弱な地盤に適している。 解答 (3)

土工事・建設機械

第2章

「根切り・山留め」「埋戻し・締固め」は毎年1問程度出題されている。各用語や内容を整理し、理解しておく。「土工事一般」「建設機械」からの出題は多くはないが、土工事の基本事項として、内容を整理しておくとよい。

1 根切り・山留め　重要度 ★★★

▶ 根切り工事

根切りとは、基礎や地下構造物を作るため、地盤面下の土を掘削することである。掘削する壁面が崩壊するおそれのあるときは、別途、山留め工事を行う。

項目	内容
根切りの工程	根切り墨出し → 重機搬入 → 根切り → 横矢板板入れ → 残土処分 → 排水処理 → 床付け → 埋戻し
総掘り	・地下室などの場合に、建物全面を掘ること。 ・外型枠が必要な場合は、山留めと躯体との間は1m程度とする。
つぼ掘り	・独立基礎の場合に、角型や丸形に掘ること。
布掘り	・地中梁や連続基礎の場合に、帯状に掘ること。 ・法尻と基礎の間は300〜600mm程度を見込む。
法付けオープンカット	・掘削区域の周辺に法面をとって、山留め壁や支保工なしで掘削する工法。 ・支保工などの障害がないので、施工効率が良い。 ・法肩近くと法尻には側溝を設ける。
機械式掘削	・通常の床付け面より300〜500mmの位置から手掘りにするか、バケットを平板状のものに換えて、床付け面を荒らさないように掘削する。 ・乱した場合は、礫や砂質土の場合は転圧により締め固める。

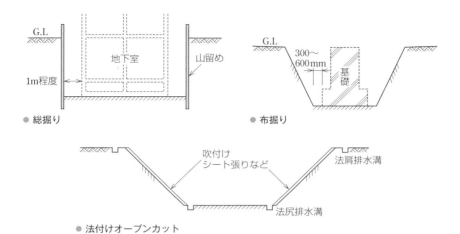

● 総掘り　　　● 布掘り

● 法付けオープンカット

▶ 山留め工事

種類	内容
鋼矢板工法	・鋼矢板を連続してかみ合わせて打設した後、内部掘削を行う方法。 ・深さ5m以下の地下水位の高い軟弱地盤に適している。
親杭横矢板工法	・親杭にH形鋼などを打設し、掘削に伴う横矢板を入れていく工法。 ・深さ5m以下の地下水位の低い良質地盤に適している。
水平切梁工法	・切梁を格子状に組み、交差部に棚杭を打設して面外座屈を防ぐ。 ・腹起側には火打ちをとり、切梁間隔を広くすることが多い。 ・切梁の継手は、できるだけ切梁の交差部近くに設ける。
地盤アンカー工法	・切梁の代わりに背面地盤のアンカーで支えるもので、軟弱な定着層には適さない。
アイランド工法	・鋼矢板打込み後、山留め壁に接して法面を残して中央部を掘削し、構造物構築後に鋼矢板との間に切梁をかける。 ・根切り部分が広く浅い場合に適し、切梁の長さも短くなる。
ソイルセメント柱列山留め壁工法	・セメント系注入液によりソイルセメントを造成し、H形鋼により柱列とする。 ・止水性が良く、地下水位の高い地盤に適している。
逆打ち工法	・地下構造物を支保工に利用し、上階から下階へと（1階→地下1階→地下2階……）逆に構築していく工法。 ・地階が広く、深い場合に適する。
場所打ちRC山留め壁工法	・オーガーにて地中に穿孔し、場所打ちコンクリートの柱、壁材を造り山留めとする。 ・壁厚が自由に選べ、深い掘削が可能で、止水性が高い。

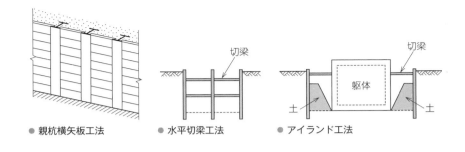

● 親杭横矢板工法　　　● 水平切梁工法　　　● アイランド工法

2　埋戻し・締固め

重要度 ★★☆

▶ 埋戻し

　工事で切削した空間を、工事で発生した余分な土で埋め戻すことを指す。埋戻しには、山砂の類、根切り土中の良質土、建設発生土中の良質土、再生コンクリート砂などを主に用いる。

　土質による沈みしろを見込んで余盛りを行い、水締めは砂質土より粘性土を多くする。余盛りは十分な水締めを行った場合、砂質土で5～10cm、粘性土で10～15cm程度とする。

　埋戻し部分に木製型枠材や木片があると、腐食により沈下が生じるので取り除く。

▶ 締固め

　振動などによって隙間を少なくし、密度を大きくして土が崩れないように固めることを指す。透水性の良い土質では、厚さ30cm程度ごとに水締めを行い、透水性の悪い土質では、**厚さ30cm程度ごとにローラー、ランマー**などによる**締固め**とする。

　動的な締固めは、小さな重量で振動を加えて締め固めることを指し、振動ローラー、振動コンパクターが用いられる。静的な締固めには、重量の大きいロードローラーが適している。

3 土工事一般

▶ 排水工法

種類		内容
重力排水	釜場排水工法	掘削底面に湧水や雨水を1か所に集めるための釜場を設け、ポンプで排水する。
	ディープウェル工法	掘削底面以下まで深井戸を掘り、鋼管を挿入し、重力で集まってきた水を、水中ポンプで排水する。
	暗渠排水工法	地中に砂利などの透水性材料を充填した排水路を設け、地下水を集めて排水する。
強制排水	ウェルポイント工法	ろ過網の付いた穴あき管を地中に挿入し、真空ポンプで強制的に吸水して、地下水位を低下させる。
	深井戸真空工法	深井戸を掘って気密性を保ったパイプで真空状態にし、複数の水中ポンプを使って周辺の地下水を強制的に排水する。

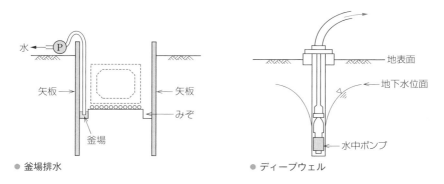

● 釜場排水

● ディープウェル

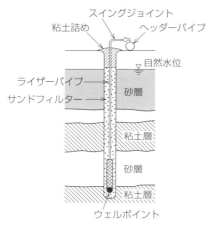

● ウェルポイント

▶ 土工事における発生現象

項目	内容
ヒービング	掘削底面付近が軟弱な粘性土の場合、土留め背面土砂や上載荷重などにより、掘削底面が隆起する現象。土留め壁のはらみ、周辺地盤の沈下などにつながり、土留めの崩壊のおそれが生じる。
ボイリング	地下水位の高い砂質土地盤の掘削の場合、掘削面と背面側の水位差により、掘削面側の砂が噴き上がる現象。土留めの崩壊のおそれが生じる。
クイックサンド	粒径の細かい砂が上向きの浸透流を受けて、沸き立った液体のような状態になる現象。

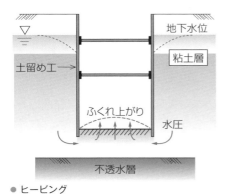

● ヒービング

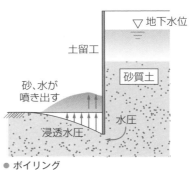

● ボイリング

4　建設機械　　重要度 ★★★

▶ 掘削機械

種類	内容
バックホウ	バケットを手前に引く動作により、地盤より低いところの掘削に適しており、強い掘削力をもつ。
ショベル	バケットを前方に押す動作により、地盤より高いところの掘削に適している。
クラムシェル	バケットを垂直下方に降ろし、土砂をつかみ取る機械。深いところの基礎掘削に適している。

種類	内容
ドラグライン	掘削場所にバケットを落下させ、ロープで引き寄せる機械。広く浅い掘削や機械より低いところの掘削に適している。

● バックホウ

● ショベル

▶ 積込み・運搬機械

種類	内容
クローラ（履帯）式トラクタショベル	履帯式トラクタにバケットを装着した機械。履帯接地長が長く軟弱地盤の走行に適しているが、掘削力は劣る。
ホイール（車輪）式トラクタショベル	車輪式トラクタにバケットを装着した機械。走行性が良く、機動性に富む。
普通ダンプトラック	最大総質量20t以下のダンプトラック。一般道路走行が可能である。
重ダンプトラック	最大総質量20t超のダンプトラック。普通条件での一般道路走行は不可である。
ブルドーザー	各種土工板を取り付け、土砂の運搬に利用する。

● クローラ式トラクタショベル

● ホイール式トラクタショベル

▶ 締固め機械

種類	内容
ロードローラー	静的圧力により締め固める機械。路床、路盤の締固めや盛土面の仕上げに適している。
タイヤローラー	空気圧の調節により各種土質に対応可能で、接地圧を高くすると砕石の締固めに、低くすると粘性土の締固めに適する。
振動ローラー	振動により締め固める機械。粘性に乏しい砂利、砂質土に適する。
タンピングローラー	突起（フート）により締め固める機械。かたい粘土に適する。
振動コンパクター	起振機を平板上に取り付けて、その振動によって締め固める機械。狭い場所に適する。
ランマー、タンパー	機械本体をはね上げ、その落下の衝撃により締め固める機械。

● 振動コンパクター

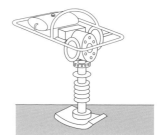

● ランマー

▶ クレーン

種類	内容
トラッククレーン	移動式クレーンの代表で、トラックにクレーン設備を取り付けたもの。移動、走行性が良い。
クローラクレーン	履帯式で、不整地や軟弱地盤での作業性、走行性が良い。公道上の自走はできない。
ジブクレーン	角度を変えられるジブ（ブーム）を腕として、先端から荷を吊るす。固定式と走行式がある。
タワークレーン	ポスト（タワー）の上にクレーンを取り付けて、高所での吊上げ作業を行う際に使用する。施工高さに応じてタワーを継ぎ足し、自力で昇降ができるため、高層建築で多く使われる。
デリッククレーン	マストの根元から斜めにブームを出し、ワイヤーロープで吊った荷をウィンチで巻き上げる。

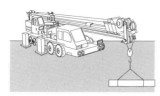

● トラッククレーン

● クローラクレーン

問1 H29後期-No.39 ➡ 1 根切り・山留め

根切りおよび山留め工法に関する一般的な記述として、最も不適当なものはどれか。

(1) 法付けオープンカット工法は、山留め支保工が不要であり、地下躯体の施工性がよい。

(2) 水平切梁工法は、敷地に大きな高低差がある場合には適していない。

(3) トレンチカット工法は、根切りする部分が狭い場合に適している。

(4) アイランド工法は、根切りする部分が広く浅い場合に適している。

> 解説 トレンチカット工法は広い面積の基礎工事に用いられる工法である。
>
> 解答 (3)

問2 H29前期-No.39 ➡ 1 根切り・山留め

親杭横矢板工法に関する記述として、最も不適当なものはどれか。

(1) 矢板背面の地山を削り取る深さは、矢板の厚みに埋戻しができる余掘り厚を加えた程度までとする。

(2) 矢板は、取付けが可能な深さまでの掘削を完了した箇所から速やかに設置する。

(3) 著しく軟弱な粘土層やシルト層などの地盤、あるいは地下水位の高い地盤には適さない。

(4) 親杭を床付け面より下の地盤に打設することにより、根入れ部分の連続性が確保され、受働抵抗面積を大きくできる。

> 解説 H形鋼親杭は根入れ部が連続していないので、根入れ部の受働抵抗が弱く、軟弱地盤での深い掘削には適さない。
>
> 解答 (4)

埋戻しに関する記述として、最も不適当なものはどれか。

(1)　埋戻し土に用いる透水性のよい山砂は、水締めで締め固めた。

(2)　埋戻し土に用いる流動化処理土は、建設発生土に水を加えて泥状化したものに固化材を加えたものを使用した。

(3)　埋戻し土に用いる砂質土は、粒度試験を行い均等係数が小さいものを使用した。

(4)　埋戻し土に用いる山砂は、砂に適度の礫やシルトが混入されたものを使用した。

解説　埋戻し土には大小混じった粒度分布のものが良いとされ、粒度分布なら10以上のものが良い。　　　解答　(3)

土工事の埋戻しおよび締固めに関する記述として、最も不適当なものはどれか。

(1)　透水性のよい山砂を用いた埋戻しでは、水締めで締め固めた。

(2)　埋戻し土は、砂に適度の礫やシルトが混入された山砂を使用した。

(3)　建設発生土に水を加えて泥状化したものに固化材を加えて混練した流動化処理土を、埋戻しに使用した。

(4)　動的な締固めを行うため、重量のあるロードローラーを使用した。

解説　締固めは、静的・動的・衝撃的の3つに分けることができ、静的な場合はロードローラーなど、動的な場合は振動コンパクターなど、衝撃的な場合はランマー（ダンパー）などをそれぞれ使用する。　　　解答　(4)

土工事に関する記述として、最も不適当なものはどれか。

(1) 掘削機械による床付けにおいて、床付け面の近くでショベルの刃を平状のものに替えて行った。

(2) 根切り時に、粘性土の床付け地盤を乱してしまったので、砂質土と置換して締め固めた。

(3) 掘削が終了したので、床付け地盤が設計図書に示してある地層、地盤と一致していることの確認を行った。

(4) 床付け面付近の掘削は、地盤を乱さないよう機械を前進させながら施工した。

> 解説　一般的なバケットを用いた機械掘削では、通常床付け面より300〜500mmの位置より手掘りするか、機械を後退させながら施工する。
>
> 解答　(4)

建設機械に関する記述として、最も不適当なものはどれか。

(1) バックホウは、機体がのっている地盤面より高い位置の土の掘削に適している。

(2) タイヤローラーは、鉄などを用いたバラストやタイヤの空気圧を変えることで、接地圧を調節できる。

(3) 振動ローラーは、同じ重量の無振動のローラーに比べ、締固め回数を少なくできる。

(4) トラッククレーンは、作業現場まで迅速に移動でき、機動性に優れている。

解説 バックホウは、バケットを手前に引く動作により掘削するもので、地盤より低い位置の掘削に適している。地盤より高い位置の掘削にはショベルを使用する。 解答 (1)

問7 **H25-No.78** ➡ 4 建設機械

クローラ式ショベル系建設掘削機械に関する記述として、最も不適当なものはどれか。

(1) 掘削箇所からの旋回角度が小さくなるように、トラックなど運搬機械の位置を決めると、効率的な積込みができる。

(2) ダンプトラックに土砂を積み込む場合、バケットは、ダンプトラックの運転席の上を旋回しないようにする。

(3) 足元の掘削は、法肩崩壊時の危険回避のため、掘削面にクローラの走行方向を直角に合わせて掘削する。

(4) バケットの掘削角度は、土質の硬軟にかかわらず一定の角度で掘削すると、効率的な掘削ができる。

解説 バケットの掘削角度は、土質の硬軟により角度を変更して掘削するほうが、より効率的である。 解答 (4)

地業工事

第 **3** 章

「地業工事一般」「既製杭工事」については、隔年程度の頻度で出題されている。それぞれの工事や工法の種類と内容をまとめておくとよい。「場所打ちコンクリート杭」は、基礎工事の重要事項として、ほぼ毎年出題されている。打設工法の種類と特徴を整理しておく。

1 地業工事一般

重要度

▶ 地業工事の種類

種類	内容
砂地業	・砂地業には、締固めに適した粒度分布の良い山砂、川砂または砕砂を使用する。シルトなどの泥分が多量に混入しているものや、泥やゴミを含んだものは使用しない。
砂利地業	・砂利地業に用いる砂利は、再生クラッシャラン、切込砂利または切込砕石を使用する。粒径がそろった砂利より、締固めに適した粒径のそろっていない砂混じりのほうが良い。 ・締固め後の地業の表面が所定の高さになるように、あらかじめ沈下量を見込んでおく。
捨てコンクリート地業	・捨てコンクリートの上に基礎や柱位置の墨出しを行い、建物位置を決めたり、掘削底面を安定させる。 ・基礎スラブ、基礎梁のコンクリートの流出あるいは脱水を防ぐために、粗雑にはせず、一般のコンクリートと同様に施工する。
床下防湿層	・地面から上がってくる湿気の侵入を防ぎ、家の耐久性を高めるもので、土間スラブ（土間コンクリート）の直下に、防湿コンクリート層、防湿フィルムを設ける。

> **point** ワンポイントアドバイス
>
> ・砂利および砂地業の厚さは特記によるが、特記がなければ60mmとする。
> ・捨てコンクリート地業の厚さは特記によるが、特記がなければ50mmとする。

2 既製杭工事

● 既製杭の打設工法の種類とその方法・特徴

打設工法の種類	打設の方法・特徴
打撃工法	ドロップハンマー、ディーゼルハンマーにより直接打撃する工法で、騒音、振動が発生するが、支持力確認は容易である。
中堀り工法 （根固め工法）	杭の中空部にオーガーを入れ、先端部を掘削しながら杭中空部から排出し、支持地盤へ圧入する（根固め工法は、圧入後に杭先端部に根固め液を注入する）。
プレボーリング工法 （セメントミルク工法）	掘削機械により先行してボーリングを行い、既製杭を建て込んで、最後に打撃あるいは圧入を行い、根固めを行う。アースオーガーヘッドは、杭径＋10mm程度のものを使用する。
回転根固め工法	杭の先端に金物を取り付けて、杭体に回転力を与えながら圧入した後、根固め液を注入する。

> **point ワンポイントアドバイス**
>
> 既製杭の種類には、RC杭、PC杭、鋼管杭、H鋼杭がある。

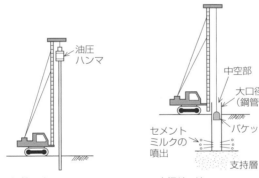

● 打撃工法　　　　● 中堀り工法

3 場所打ちコンクリート杭

▶ 場所打ち杭工法の掘削・排土方法

工法の種類	掘削・排土方法	孔壁保護工法
オールケーシング工法	・チュービング装置によるケーシングチューブの揺動圧入とハンマーグラブなどにより行う。 ・ヒービング防止のためには、ケーシングの先行量を多くする。	・掘削孔全長にわたるケーシングチューブと孔内水によって孔壁を保護する。
リバース工法	・回転ビットにより土砂を掘削し、孔内水（泥水）を逆循環（リバース）する方式である。	・外水位＋2m以上の孔内水位を保つことによって孔壁を保護する。
アースドリル工法	・回転バケットにより土砂を掘削し、バケット内部の土砂を地上に排出する。	・安定液によって孔壁を保護する。
深礎工法	・掘削全長にわたる山留めを行いながら、主として人力により掘削する。	・ライナープレートや波形鉄板等の山留め材を用いて保護する。

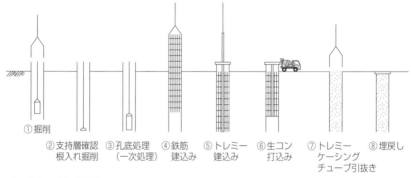

① 掘削
② 支持層確認
　根入れ掘削
③ 孔底処理
　（一次処理）
④ 鉄筋
　建込み
⑤ トレミー
　建込み
⑥ 生コン
　打込み
⑦ トレミー
　ケーシング
　チューブ引抜き
⑧ 埋戻し

● オールケーシング工法

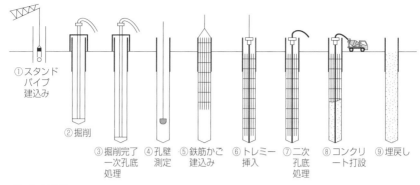

① スタンド
パイプ
建込み

② 掘削

③ 掘削完了
一次孔底
処理

④ 孔壁
測定

⑤ 鉄筋かご
建込み

⑥ トレミー
挿入

⑦ 二次
孔底
処理

⑧ コンクリ
ート打設

⑨ 埋戻し

● リバース工法

▶ 場所打ち杭工法の一般的な留意点

項目	内容
スライム処理	・1次スライム処理：鉄筋かごの挿入前に、スライム（掘削残土）をさらう。 ・2次スライム処理：鉄筋かごの挿入後に、スライム（掘削残土）を除去する。
杭頭処理	・杭頭の余盛りの高さは、泥水が多く、コンクリートの劣化が激しい場合は80cm以上、孔底に水がたまらないようなときは50cm以上とする。 ・杭頭の余盛りのはつりは、コンクリートの打設から14日程度経過した後に、本体を傷めないように平らにはつり、所定の高さにそろえる。
トレミー管	・コンクリート打設開始前に、トレミー管にプランジャーを入れておく。 ・コンクリート打設中のトレミー管の先端は、コンクリート中に常に2m以上入っているようにする。
鉄筋かご	・あらかじめ鉄筋を網状または籠状に組み立てて、孔内にクレーンで建て込み、コンクリートを打設する。 ・主筋と帯筋の交差部は、要所を0.8mm以上の鉄線で結束する。

問1 **R2後期-No.19** ➡ 1 地業工事一般

地業工事に関する記述として、最も不適当なものはどれか。

(1) 砂利地業で用いる砕石は、硬質なものとする。

(2) 砂利地業で用いる砂利は、砂が混じったものよりも粒径の揃ったものとする。

(3) 捨てコンクリートは、墨出しをしやすくするため、表面を平坦にする。

(4) 捨てコンクリートは、床付け地盤が堅固で良質な場合、地盤上に直接打ち込むことができる。

> 解説 砂利地業に使用する砂利は、再生クラッシャラン、切込砂利または切込砕石とし、粒径がそろっていない砂混じりのほうが適している。
>
> 解答 (2)

問2 **H29後期-No.40** ➡ 1 地業工事一般

地業工事に関する記述として、最も不適当なものはどれか。

(1) 砂地業に用いる砂は、締固めが困難にならないように、シルトなどの泥分が多量に混入したものを避ける。

(2) 砂利地業に用いる再生クラッシャランは、コンクリート塊を破砕したものであり、品質のばらつきが少ない。

(3) 砂利地業において層厚が厚い場合の締固めは、2層以上に分けて行う。

(4) 捨てコンクリート地業は、掘削底面の安定化や、基礎スラブおよび基礎梁のコンクリートの流出などを防ぐために行う。

> 解説 再生クラッシャランはコンクリート塊を破砕したものであり、品質にはばらつきがある。
>
> 解答 (2)

問3 **H29後期-No.7** ➡ 2 既製杭工事

基礎杭に関する記述として、最も不適当なものはどれか。

(1) 節付き遠心力高強度プレストレストコンクリート杭（節杭）は、杭本体部に外径が軸径よりも大きい節部を多数設けたもので、主に摩擦杭として用いられる。

(2) 外殻鋼管付きコンクリート杭は、じん性に富み、大きな水平力が作用する杭に適している。

(3) 場所打ちコンクリート杭は、地盤を削孔し、その中に鉄筋かごを挿入したのち、コンクリートを打ち込んで造る。

(4) 既製コンクリート杭は、鋼管杭に比べて破損しにくく、運搬、仮置きに際して、取扱いが容易である。

> **解説** 既製コンクリート杭は重量があり、破損もしやすいので、運搬や仮置き時の取扱いには注意が必要となる。　　　　　解答 (4)

問4 **H29後期-No.69** ➡ 3 場所打ちコンクリート杭

場所打ちコンクリート杭のアースドリル工法に関する記述として、最も不適当なものはどれか。

(1) 鉄筋かごのかぶり厚さを確保するためのスペーサーは、D13の鉄筋を用いた。

(2) コンクリートのスランプは、トレミー管を通じて打ち込むため18cmとした。

(3) 杭頭の余盛りの高さは、スライムなどが混入するおそれがあるため100cmとした。

(4) 孔壁内面と鉄筋かごの最外側の鉄筋との間隔は、かぶり厚さを確保するため10cmとした。

問5 **H25-No.69** ➡ 3 場所打ちコンクリート杭

場所打ちコンクリート杭工事に関する記述として、最も不適当なものはどれか。

(1) リバース工法における掘削土砂は、孔内水とともに地上に吸い上げて排出する。

(2) アースドリル工法において、ケリーバーの鉛直性は、直交する2方向よりトランシットまたは下げ振りなどで確認する。

(3) オールケーシング工法において、ヒービング防止のためには、ケーシングの先行量を少なくする。

(4) コンクリート打設開始前に、トレミー管にプランジャーを入れておく。

鉄筋工事

「鉄筋の加工・組立」「鉄筋の継手・定着」「鉄筋のかぶり」については、毎年必ず出題される。鉄筋の種類や加工など、用語を整理しておく。また、鉄筋の種類ごとのかぶり厚さの規定値を理解しておく。「鉄筋のガス圧接」については、隔年程度で出題されている。ガス圧接の位置、加工、検査などについて整理しておくとよい。

1 鉄筋の加工・組立　重要度 ★★★

▶ 鉄筋の加工

［鉄筋の加工］ 常温での加工を原則とし、鉄筋加工図に示された外側寸法で加工する。

［鉄筋の切断］ シャーカッターまたは電動カッターを使用する。

［フック］ 次に示す部分に使用する異形鉄筋の末端部に、フックを設ける。

- 柱の四隅にある主筋で、重ね継手の場合および最上階の柱頭にある場合。
- 梁主筋の重ね継手が、梁の出隅および下端の両端にある場合（基礎梁を除く）。
- 煙突の鉄筋。
- 杭基礎のベース筋。
- 帯筋、あばら筋および幅止め筋。

［折曲げ形状寸法］

折曲げ角度	折曲げ図	折曲げ内法直径（D）		
		SD295 A、SD295 B、SD345		SD390
		$D16$ 以下	$D19 \sim D38$	$D19 \sim D38$
180°		$3d$ 以上	$4d$ 以上	$5d$ 以上
135°				
90°				
135° および90° （幅止め筋）				

▶ 鉄筋の組立

［**鉄筋の組立**］　鉄筋継手部分および交差部の要所を径0.8mm以上の鉄線で結束し、適切な位置にスペーサー、吊金物などを使用して組み立てる。なお、点付け溶接は行わないこと。

［**スペーサー**］　スラブ筋に用いるスペーサーは、鋼製あるいはコンクリート製を使用する。梁、柱、基礎梁、壁、地下外壁側面に用いる場合は、プラスチック製を使用してよい。

> **point** 　ワンポイントアドバイス
> 鋼製のスペーサーは、型枠に接する部分に防錆処理を行う。

2 鉄筋の継手・定着

重要度 ★★★

鉄筋の継手

　鉄筋の継手は、重ね継手、ガス圧接継手または特殊な鉄筋継手とする。

　重ね継手の場合、継手の長さは一般に、下端筋、上端筋とも同じとする。

■ 重ね継手の長さ（d：鉄筋の径）

鉄筋の種類	コンクリートの設計基準強度 F_c〔N/mm²〕	重ね継手の長さ	
		L_1（フックなし）	L_{1h}（フックあり）
SD295A SD295B	18	45d	35d
	21	40d	30d
	24　27	35d	25d
	30　33　36	35d	25d
SD345	18	50d	35d
	21	45d	30d
	24　27	40d	30d
	30　33　36	35d	25d
SD390	21	50d	35d
	24　27	45d	35d
	30　33　36	40d	30d

（注）1：フックありの長さL_{1h}は、フック部分の長さを含まない。
　　　2：軽量コンクリートの場合は、表の値に5dを加えたものとする。

　また、継手は、応力の小さい位置に設ける。隣り合う継手の位置は、次の表を参照する。

■ 継手の位置

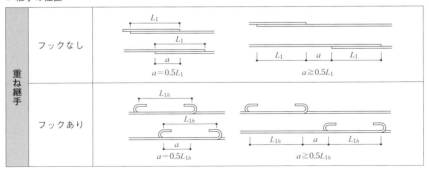

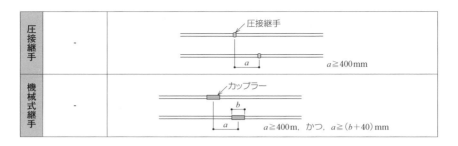

| 圧接継手 | - | 圧接継手 ... $a \geqq 400\text{mm}$ |
| 機械式継手 | - | カップラー ... $a \geqq 400\text{m}$, かつ, $a \geqq (b+40)\text{mm}$ |

point ワンポイントアドバイス

径の異なる鉄筋の継手は、細いほうの継手長さとする。

● 鉄筋の定着

　定着の長さは、コンクリートの設計基準強度や鉄筋の径、材質などによって異なり、下表による。

　また、梁の鉄筋の定着は、梁の中心線を超えて上向き、または下向きに定着する。

■ 鉄筋の定着の長さ（d：鉄筋の径）

鉄筋の種類	コンクリートの設計基準強度 F_c 〔N/mm²〕	フックなし			フックあり		
		L_2	L_3		L_{2h}	L_{3h}	
			小梁	スラブ		小梁	スラブ
SD295A SD295B	18	$40d$			$30d$		
	21	$35d$			$25d$		
	24　27	$30d$			$20d$		
	30　33　36	$30d$			$20d$		
SD345	18	$40d$	$20d$	$10d$かつ 150mm 以上	$30d$	$10d$	-
	21	$35d$			$25d$		
	24　27	$35d$			$25d$		
	30　33　36	$30d$			$20d$		
SD390	21	$40d$			$30d$		
	24　27	$40d$			$30d$		
	30　33　36	$35d$			$25d$		

---

point ☞ **ワンポイントアドバイス**

柱頭および柱脚のスパイラル筋の端部は1.5巻き以上の添巻きとする。

---

3 鉄筋のかぶり

重要度 ★★★

▶ 鉄筋のかぶり厚さおよび間隔

[かぶり厚さ] コンクリート面から鉄筋までの距離のこと。鉄筋および溶接金網の最小かぶり厚さは、下表による。ただし、柱および梁の主筋にD29以上を使用する場合は、径の1.5倍以上を確保する。

また、外壁の目地部分のかぶり厚さは、目地底から鉄筋表面までの距離とする。柱の鉄筋の最小かぶり厚さは、柱主筋を包んでいる帯筋の外側からの距離とする。

■ 鉄筋および溶接金網の最小かぶり厚さ

構造部分の種別				最小かぶり厚さ〔mm〕
土に接しない部分	スラブ、耐力壁以外の壁		仕上げあり	20
			仕上げなし	30
	柱、梁、耐力壁	屋内	仕上げあり	30
			仕上げなし	30
		屋外	仕上げあり	30
			仕上げなし	40
	擁壁、耐圧スラブ			40
土に接する部分	柱、梁、スラブ、壁			40
	基礎、擁壁、耐圧スラブ			60
煙突など高熱を受ける部分				60

[間隔] 鉄筋相互のあきは、下記の①〜③のうち、最大のもの以上とする。

① 粗骨材の最大寸法の1.25倍

② 25mm

③ 隣り合う鉄筋の平均径の1.5倍

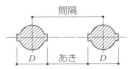

Dは、鉄筋の最大外径

4 鉄筋のガス圧接

[技量資格者] 1〜4種までの技量資格があり、ガス圧接の方法、鉄筋の種類、鉄筋径により区分される。

[圧接部の品質]

- ふくらみの直径は鉄筋径の1.4倍以上、ふくらみの長さは1.1倍以上とする。
- 圧接面のずれは、鉄筋径の1/4以下とする。
- 鉄筋中心軸の偏心量は、鉄筋径の1/5以下とする。
- 折れ曲がり、片ふくらみ、焼割れ、へこみ、垂下りおよび内部欠陥がないこと。

[圧接作業]

- グラインダーなどで平滑に仕上げ、面取りを行う。
- 鉄筋の種類や形状が異なる場合、および径の差が5mmを超える場合は、圧接しない。
- 鉄筋の突合せ面は、すき間を3mm以下にして密着させる。

[圧接完了試験]

- ふくらみの形状および寸法、ずれ、折曲りなどの欠陥の有無は、外観試験による。
- 抜取試験は超音波試験または引張り試験とする。
- 不合格となった圧接部の修正は、再加熱あるいは再圧接とする。

問1 **R1後期-No.20** ➡ 1 鉄筋の加工・組立

異形鉄筋の加工に関する記述として、最も不適当なものはどれか。

(1) 鉄筋の加工寸法の表示および計測は、突当て長さ（外側寸法）を用いて行う。

(2) 鉄筋の種類と径が同じ帯筋とあばら筋は、折曲げ内法直径の最小値は同じである。

(3) 壁の開口部補強筋の末端部には、フックを付けなければならない。

(4) 鉄筋の折曲げ加工は、常温で行う。

解説 丸鋼、あばら筋および帯筋、柱および梁の出隅、煙突などの末端部には必ずフックを付けなければならないが、壁の開口部補強筋の末端部には、フックを付ける必要はない。　　　　　　　　　　　　　　　　解答 (3)

問2 **H29後期-No.41** ➡ 1 鉄筋の加工・組立

鉄筋の加工および組立てに関する記述として、最も不適当なものはどれか。

(1) 鉄筋の種類と径が同じ帯筋とあばら筋は、折曲げ内法直径の最小値は同じである。

(2) 大梁の幅止め筋は、組立て用鉄筋であるが、かぶり厚さを確保できるよう加工する。

(3) 鉄筋の折曲げ加工は、常温で行う。

(4) 鉄筋相互のあきの最小寸法は、鉄筋の強度によって決まる。

解説 鉄筋相互のあきの最小寸法は、鉄筋の強度ではなく、粗骨材の最大寸法や鉄筋径によって決まる。　　　　　　　　　　　　　　　　解答 (4)

鉄筋の継手および定着に関する記述として、最も不適当なものはどれか。

(1) 耐圧スラブが付く基礎梁主筋の継手の位置は、上端筋、下端筋ともスパンの中央部とする。

(2) 一般階の大梁の下端筋を柱内に折り曲げて定着する場合は、原則として曲げ上げる。

(3) 鉄筋の重ね継手の長さは、コンクリートの設計基準強度の相違により異なる場合がある。

(4) フック付き定着とする場合の定着の長さは、定着起点からフックの折曲げ開始点までの距離とする。

解説 耐圧スラブが付く基礎梁主筋の継手の位置は、上端筋は中央部、下端筋は両端部付近になる。 解答 (1)

鉄筋の継手および定着に関する記述として、最も不適当なものはどれか。

(1) 耐圧スラブ付きの基礎梁下端筋の継手位置は、スパンの中央部とする。

(2) スパイラル筋の柱頭および柱脚の端部は、40 d（d は異形鉄筋の呼び名の数値または鉄筋径）の定着をとる。

(3) フック付き定着とする場合の定着長さは、定着起点からフックの折曲げ開始点までの距離とする。

(4) 梁主筋を重ね継手とする場合、隣り合う継手の中心位置は、重ね継手長さの約0.5倍ずらすか、1.5倍以上ずらす。

解説 スパイラル筋の柱頭および柱脚の端部は、50 d かつ 300 mm 以上の定着をとる。 解答 (2)

問5 **R3前期-No.19** ➡ 3 鉄筋のかぶり

鉄筋のかぶり厚さに関する記述として、最も不適当なものはどれか。

(1) 設計かぶり厚さは、最小かぶり厚さに施工精度に応じた割増しを加えたものである。

(2) かぶり厚さの確保には、火災時に鉄筋の強度低下を防止するなどの目的がある。

(3) 外壁の目地部分のかぶり厚さは、目地底から確保する。

(4) 屋内の耐力壁は、耐久性上有効な仕上げがある場合とない場合では、最小かぶり厚さが異なる。

> **解説** 屋内の耐力壁は、仕上げの有無によってかぶり厚さに差異はない。土に接するかどうか、中性化の進みやすい環境かなどで異なってくる。
>
> 解答 (4)

問6 **R1前期-No.19** ➡ 3 鉄筋のかぶり

鉄筋のかぶり厚さに関する記述として、最も不適当なものはどれか。

(1) 大梁の最小かぶり厚さは、梁主筋の外側表面から確保する。

(2) D29以上の梁主筋のかぶり厚さは、主筋の呼び名に用いた数値の1.5倍以上とする。

(3) 直接土に接する梁と布基礎の立上り部のかぶり厚さは、ともに40 mm以上とする。

(4) 杭基礎におけるベース筋の最小かぶり厚さは、杭頭から確保する。

> **解説** 大梁の最小かぶり厚さは、あばら筋の外側表面から確保する。
>
> 解答 (1)

鉄筋のガス圧接に関する記述として、最も不適当なものはどれか。

(1) 隣接する鉄筋の圧接位置を、400 mm ずらした。

(2) 鉄筋の圧接端面から100 mm程度の範囲にセメントペーストが付着していたため、圧接端面を加工する前に除去した。

(3) 同じ種類の鉄筋であったが、呼び名の差が7 mmを超えていたため、圧接継手としなかった。

(4) 鉄筋に圧接器を取り付けて突き合わせたときの圧接端面間のすき間は、4 mmとした。

解説 鉄筋に圧接器を取り付けて突き合わせたときの圧接端面間のすき間は、2 mm以下とする。 　　　解答 (4)

第5章 コンクリート工事

「コンクリートの材料・調合」「型枠加工・組立・取外し・型枠支保工」「コンクリートの施工」からなり、いずれも年に1問は出題される。用語や基本的な内容に加えて、それぞれの留意点などを押さえておく。「コンクリートの材料・調合」については、空気量、スランプ、単位水量など、品質に影響する項目も整理しておくとよい。

1 コンクリートの材料・調合　重要度 ★★★

● コンクリートの調合・製造・骨材

項目	内容
コンクリートの材料	・セメント、骨材、水、混和材料からなる。 ・セメントの種類は、ポルトランドセメントおよび混合セメントとする。
調合の留意点	・強度、耐久性、水密性を確保するには、水セメント比を小さくする。 ・単位セメント量が小さいと、ひび割れは少なくなる（最小値は270kg/m³）。 ・単位水量は品質が得られる範囲内で、できるだけ小さくする（最大値は185kg/m³）。 ・細骨材率は品質が得られる範囲内で、できるだけ小さくする。 ・粗骨材の最大寸法は品質が得られる範囲内で、できるだけ大きくする。

> **point ワンポイントアドバイス**
> 「混合セメント」は、セメントに混合材料を混ぜたもので、高炉セメント、シリカセメント、フライアッシュセメントの種類がある。

● レディーミクストコンクリート

項目	内容
コンクリートの購入	・コンクリートを購入するときは「コンクリートの種類」「粗骨材の最大寸法〔mm〕」「スランプ値〔cm〕」「呼び強度〔N/mm²〕」を指定する。 ・購入者は生産者と協議して「セメントの種類」「骨材の種類」「粗骨材の最大寸法」「アルカリ骨材反応の抑制方法」の4項目を指定できる。

項目	内容
受入れ検査	荷卸し地点における受入検査項目およびその合格基準は、下記のとおりである。 ① 強度：1回の試験結果は、呼び強度の強度値の85％以上で、かつ3回の試験結果の平均値は、呼び強度の強度値以上とする。 ② 空気量：普通コンクリートの場合、4.5±1.5％とする。 ③ スランプ：8～18cmの場合 ±2.5cmとする。 ④ 塩化物含有量：塩化物イオン量として0.30kg/m³以下とする（承認を受けた場合は0.60kg/m³以下にできる）。

2 型枠加工・組立・取外し・型枠支保工 重要度 ★★★

▶ 型枠の加工・組立

項目	内容
加工・組立	・せき板は、支障のない限り再使用する。 ・横に長い開口部には、確認するための穴を設ける。 ・地盤上に支柱を立てる場合は、剛性のある敷板を敷いて沈下を防ぐ。 ・型枠間の距離を一定に保つために、セパレータを用いる。
柱型枠	・柱型枠には、清掃用の掃除口を設ける。 ・足元が移動しないように、桟木で四方を根巻きする。 ・建入れ調整は、梁、壁、床の組立て前に行う。
床型枠	・サポート、大引および根太を配置した後に合板を敷き込む。

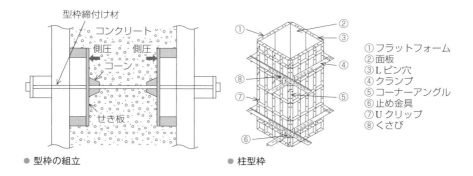

① フラットフォーム
② 面板
③ Lピン穴
④ クランプ
⑤ コーナーアングル
⑥ 止め金具
⑦ Uクリップ
⑧ くさび

● 型枠の組立　　　　　　　　　　● 柱型枠

▶ 型枠の構造計算・荷重

項目	内容
構造計算	・根太のたわみの計算は、単純梁として算定した値とする。
水平荷重	・コンクリート打込み時の機械の始動・停止や振動、片押しなどの荷重。 ・地震、風圧などの自然現象による荷重。

項目	内容
鉛直荷重	・コンクリート打込み時の鉄筋、コンクリート、型枠の重量による荷重。 ・コンクリート打込み時の機具、足場、作業員などの重量による荷重。 ・コンクリート打込み時の衝撃荷重。
施工条件と コンクリートの側圧	・打込み速さが大きいほど、側圧も大きくなる。 ・コンシステンシーがやわらかいほど、側圧も大きくなる。 ・コンクリート比重が大きいほど、側圧も大きくなる。 ・コンクリートの温度・気温が高いほど、側圧は小さくなる。 ・堰板の水平断面が大きいほど、側圧も大きくなる。

● 型枠の取外し

[せき板の存置期間]　型枠の取外しは、下表の最小存置期間を経た以降に行う。

施工箇所 セメントの種類 存置期間中の平均気温		基礎、梁側、柱、壁		
		早強ポルトランド セメント	普通ポルトランドセメント、 混合セメントのA種	混合セメントの B種
コンクリートの 材齢による場合 〔日〕	15℃以上	2	3	5
	5℃以上	3	5	7
	0℃以上	5	8	10
コンクリートの圧縮強度に よる場合		圧縮強度が5 N/mm² 以上となるまで		

[支柱の存置期間]

施工箇所 セメントの種類 存置期間中の平均気温		スラブ下			梁下
		早強ポルトラ ンドセメント	普通ポルトランド セメント、混合セ メントのA種	混合セメン トのB種	左記のすべてのセメ ント
コンクリート の材齢による 場合〔日〕	15℃以上	8	17	28	28
	5℃以上	12	25		
	0℃以上	15	28		
コンクリートの圧縮強度 による場合		圧縮強度が設計基準強度（F_c）の85%以上または12 N/mm² 以上であり、かつ、施工中の荷重および外力について、構造計算により安全であることが確認されるまで			圧縮強度が設計基準強度以上であり、かつ、施工中の荷重および外力について、構造計算により安全であることが確認されるまで

▶ 型枠支保工

項目	内容
パイプサポート	・支柱として用いる場合は、3本以上継いで用いない。 ・支柱の高さが3.5mを超えるときは、2m以内ごとに水平つなぎを2方向に設ける。 ・支柱の脚部の滑動防止のために根がらみを設ける。また、鋼管枠を支柱とする場合は、交差筋かいおよび水平つなぎを設ける。
単管支柱	・支柱の継手は、突合せ継手か差込み継手とする。 ・単管はボルトまたはクランプで緊結する。

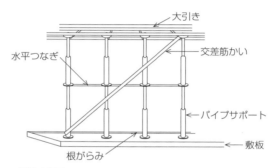

● 型枠支保工

3 コンクリートの施工

重要度 ★★★

▶ コンクリートの施工

［運搬］

- 運搬機器としては、コンクリートポンプ、バケット、シュート、手押し車などによるものがある。施工条件により選定する。
- コンクリートの圧送に先立ち、富調合のモルタルを圧送する。

（a）コンクリートポンプ車
　による運搬

（b）バケットに
　よる運搬

（c）シュートに
　よる運搬

（d）ベルトコンベアに
　よる運搬

［打設］

- 練混ぜから打込み終了までの時間は、**外気温が25℃以下の場合は120分、25℃を超える場合は90分**とする。
- 打継ぎは、梁およびスラブの場合はスパンの中央付近に設ける。柱および壁の場合は、基礎の上端に設ける。
- 1区画内では連続して打ち込む。
- 壁および柱のコンクリートの沈みが落ち着いた後に、梁を打ち込み、梁のコンクリートが落ち着いた後に、スラブを打ち込む。
- コンクリートジョイントを発生させないために、打重ね時間間隔の限度内で連続して打ち込む。

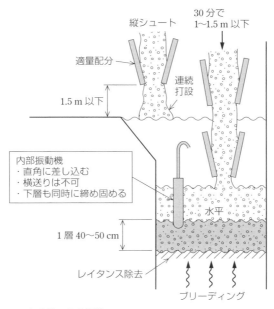

● コンクリートの打設

［締固め］

- 内部振動機は、打込み各層ごとに用い、その下層に振動機の先端が入るように、ほぼ垂直に挿入する。

- 挿入間隔は60 cm以下とし、加振はコンクリートの上面にペーストが浮くまでとする。

- 引き抜くときは、コンクリートに穴を残さないように徐々に引き抜く。

▶ コンクリート養生

［**養生一般**］　コンクリート打込み中および打込み後5日間は、凝結および硬化が妨げられないように、乾燥、振動などに注意する。

　寒冷期においては、打込み後5日間以上（早強ポルトランドセメントの場合は3日間以上）、コンクリート温度を2℃以上に保つ。

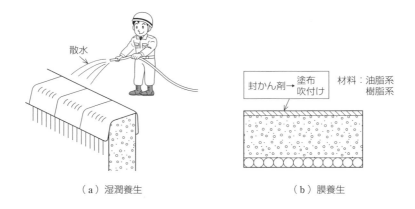

（a）湿潤養生　　　　　　　　　　　（b）膜養生

［**湿潤養生**］　水分を与えるなどして湿潤状態を保つことで養生する方法。養生期間は、セメントの種類によって異なり、次の表のとおりとなる。ただし、一定の圧縮強度が確認されたら、打ち切ってよい。

セメントの種類	養生期間
早強ポルトランドセメント	3日以上
普通ポルトランドセメント	5日以上
混合セメント	7日以上

過去問チャレンジ（章末問題）

問1　**R2後期-No.22**　　　　　　　➡1 コンクリートの材料・調合

コンクリートの調合に関する記述として、最も不適当なものはどれか。

(1)　耐久性を確保するためには、水セメント比は小さいほうがよい。

(2)　スランプの大きいコンクリートでは、細骨材率が小さすぎると分離しやすくなる。

(3)　スランプは、工場出荷時における値を指定する。

(4)　AE減水剤を用いると、所定のスランプを得るのに必要な単位水量を減らすことができる。

解説　スランプとは、コンクリートの流動性の程度のことで、現場到着時に検査をし、その値を計測する。工場ではなく、現場到着時での値を指定する。　　　　　　　　　　　　　　　　　　　　解答　(3)

問2　**R1前期-No.21**　　　　　　　➡1 コンクリートの材料・調合

コンクリートの調合に関する記述として、最も不適当なものはどれか。

(1)　コンクリートに含まれる塩化物は、原則として塩化物イオン量で 0.30 kg/m³ 以下とする。

(2)　単位セメント量は、水和熱および乾燥収縮によるひび割れを防止する観点からは、できるだけ少なくする。

(3)　単位水量は、最大値を 185 kg/m³ とし、所定の品質が確保できる範囲内で、できるだけ少なくする。

(4)　細骨材率は、乾燥収縮によるひび割れを少なくするためには、高くする。

解説　コンクリートの乾燥収縮によるひび割れを少なくするためには、細骨材率を低くする。　　　　　　　　　　　　　　　　　解答　(4)

型枠支保工に関する記述として、最も不適当なものはどれか。

(1) パイプサポートに設ける水平つなぎは、番線を用いて緊結する。

(2) 上下階の支柱は、できるだけ平面上の同一位置になるように設置する。

(3) 梁下の支柱は、コンクリートの圧縮強度が設計基準強度以上で、かつ、所要の安全性が確認されれば取り外すことができる。

(4) スラブ下の支柱は、コンクリートの圧縮強度によらない場合、存置期間中の平均気温から存置日数を決定する。

> 解説 パイプサポートに水平つなぎを設ける際に、番線を使用すると、切れたり、ずれたりしてしまう可能性がある。ボルトまたは専用金具を用いて緊結する。
> 解答 (1)

型枠支保工に関する記述として、最も不適当なものはどれか。

(1) 支柱にパイプサポートを使用する場合、継手は差込み継手としてはならない。

(2) 支柱にパイプサポートを使用する場合、パイプサポートを3以上継いで用いてはならない。

(3) 柱、壁および梁側型枠のせき板を保持する場合、支保工は一般に内端太および外端太により構成する。

(4) 軽量型支保梁を受ける梁型枠の支柱にパイプサポートを使用する場合、パイプサポートは2列に設ける。

> 解説 支柱の継手は、突合せ継手か差込み継手とする。また、パイプサポートを継いで用いるときは、4以上のボルトまたは専用の金具を用いて継ぐ。
> 解答 (1)

型枠の存置に関する記述として、**最も不適当なもの**はどれか。

(1) せき板を取り外すことができるコンクリートの圧縮強度は、梁下と梁側とでは同じである。

(2) 柱と壁のせき板の最小存置期間は、コンクリートの材齢により定める場合、同じである。

(3) 梁下の支柱の最小存置期間は、コンクリートの材齢により定める場合、28日である。

(4) 柱のせき板を取り外すことができるコンクリートの圧縮強度は、5 N/mm² 以上である。

> 解説 せき板を取り外すことができるコンクリートの圧縮強度は、梁下（または版下）では設計基準強度の50%、梁側（または基礎、柱、壁）では5 N/mm² と異なっている。　　　　　　　　　　　　解答　(1)

コンクリートの養生に関する記述として、**最も不適当なもの**はどれか。

(1) 湿潤養生期間の終了前であっても、コンクリートの圧縮強度が所定の値を満足すれば、せき板を取り外すことができる。

(2) 打込み後のコンクリートが透水性の小さいせき板で保護されている場合は、湿潤養生と考えてよい。

(3) 早強ポルトランドセメントを用いたコンクリートの材齢による湿潤養生期間は、普通ポルトランドセメントより短くできる。

(4) 寒中コンクリート工事における加熱養生中は、コンクリートの湿潤養生を行わない。

> 解説 加熱養生は、ジェットヒーター、石油ストーブなどを用いて行い、乾燥を防止するため、コンクリート打設後、十分な水分を与えて湿潤養生

問7 H29前期-No.45 → 3 コンクリートの施工

コンクリートの打込みおよび締固めに関する記述として、**最も不適当なも
の**はどれか。

(1) スラブのコンクリートの沈みひび割れ防止のため、タンパーを用いてコ
ンクリートの表面をたたき締めた。
(2) コンクリート内部振動機（棒形振動機）による締固めは、加振時間を
1箇所当たり15秒程度とした。
(3) 外気温が20℃だったので、コンクリートの練混ぜ開始から打込み終了
までの時間の限度を150分とした。
(4) コンクリートの打継ぎ面は、ぜい弱なコンクリートを取り除き、健全な
コンクリートを露出させた。

> 解説 コンクリートの練混ぜから打込み終了までの時間の限度は、外気温
> が25℃未満のときは120分、25℃以上のときは90分と定められている。
>
> 解答 (3)

問8 H29後期-No.45 → 3 コンクリートの施工

コンクリートの打込み等に関する記述として、**最も不適当なもの**はどれ
か。

(1) スラブの付いたせいの高い梁の打込みは、梁とスラブを連続して行っ
た。
(2) 柱へのコンクリートの打込みは、縦形シュートを挿入して行った。
(3) コンクリートの鉛直打継ぎ部は、梁やスラブの場合、スパンの中央付近
に設けた。
(4) 棒形振動機の先端を、先に打ち込んだコンクリートの層に届くように挿
入した。

解説 沈下ひび割れを防止するため、梁とスラブは連続して打込みせず、コンクリートの沈下が終了してから打込みを行う。　　　　　　**解答** (1)

鉄骨工事

第 **6** 章

鉄骨工事においては、鉄骨の加工から建方までの基本的な作業の流れや留意事項について出題される。また、個別の項目としては、「高力ボルト接合」「溶接接合」「錆止め塗装」などについての出題も多い。

1 鉄骨の加工（工作） 重要度 ★★★

▶ 鉄骨の加工

[**テープ合わせ**] 鉄骨工事は、工場製作と現場作業に大きく分けられる。工場製作用基準鋼製巻尺と、工事現場用鋼製巻尺とを照合して、その誤差が工事に支障のないことを確認することを、テープ合わせという。

[**工作図、現寸図**] 建築物の納まり、接合部の詳細、加工に必要な寸法などを明らかにした図面を、工作図という。最近はCADなどにより作図することが多いが、必要に応じて工場などで現寸図（実物と同じ寸法で示した工作図）を作成する。

[**型板、定規**] 鋼材を切断したり、孔をあけたりするための型板や定規を現寸作業により製作する。

[**けがき**] 鋼材に切断線、部材取付け位置、孔の位置・開先角度・折曲げ位置などをポンチ、たがねなどでマークすることをけがきという。けがき寸法は収縮・変形や仕上げ代を考慮した値とする。

引張強さ490N/mm² 級以上の高張力鋼、曲げ加工される軟鋼の外側などの箇所は、たがね、ポンチなどにより傷を付けないものとする。ただし、溶接により溶融する箇所または切断、切削および孔あけにより除去される箇所については、この限りでない。

▶ 切断および曲げ加工などの留意点

- 機械切断法、ガス切断法、プラズマ切断法、レーザー切断法などの方法があるが、ガス切断による場合は、原則として**自動ガス切断**とする。
- **厚さ13mm以下の鋼板**は、**せん断による切断**とすることができる。ただし、主要部材の自由端および溶接接合部には、せん断縁を用いてはいけない。
- 曲げ加工は、プレスによる常温加工か加熱温度850〜900℃（赤熱状態）の加熱曲げ加工による。加熱曲げ加工の場合、200〜400℃（青熱ぜい性域）で行ってはならない。
- 素材または組み立てられた部材のひずみは、各工程において、材質を損なわないように矯正する。
- 孔あけは、鉄骨製作工場でドリルあけを原則とする。ただし、**普通ボルト用、アンカーボルト用および鉄筋貫通孔で板厚が13mm以下の場合**は、**せん断孔あけ**とすることができる。

2 建方

重要度 ★★★

▶ 搬入および建方準備

鉄骨材料は、建方順序に従って工事現場に搬入する。この際、必要に応じて、養生を行う。また、部材に曲がり、ねじれなどが生じた場合は、建方に先立って修正する。

▶ 建方時の留意点

- **本接合が完了するまで強風、自重その他の荷重に対して安全を確保する。**
- 高力ボルト接合部の仮ボルトは、本接合のボルトと同軸径の普通ボルトなどで損傷のないものを用い、**締付け本数は、一群のボルト数の1/3以上かつ2本以上**とする。
- エレクションピースなど、現場溶接接合とする場合の仮接合用ボルトは、**高力ボルトを使用し、全数を締め付ける。**

- 仮ボルトとして使用したボルトは、本接合のボルトとして使用してはいけない。
- 本接合に先立ち、ひずみを修正し、**建入れ直し**を行う。建方後の柱、梁などの倒れ、水平度、出入り、曲がりなどを修正することを、**建入れ直し**という。
- 建入れ直しの方法には、ワイヤーロープを用いるもの、建入れ調整機能の付いた治具を用いるものがある。**ターンバックル付き筋かいは、建入れ直しに用いてはならない。**

3 高力ボルト摩擦接合 重要度 ★★☆

▶ 高力ボルト

　高力ボルト摩擦接合とは、高力ボルトを強く締め付けることにより部材に生じる摩擦力を利用した**摩擦接合**である。トルシア形高力ボルトまたはJIS形高力ボルトが用いられる。

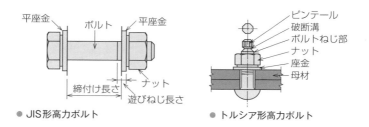

● JIS形高力ボルト　　　　● トルシア形高力ボルト

> point 👉 **ワンポイントアドバイス**
> 普通ボルトによる接合は、ボルト軸部のせん断耐力による**支圧接合**である。

▶ 摩擦面

　摩擦面には、すべり係数値が0.45以上確保できるよう、ミルスケール（鋼材を熱間圧延する際に表面に生ずる黒い酸化物の層）を除去し、**赤錆を発生させる、ショットブラスト処理を行う**などの処置をする。

また、ボルトの頭や座金に、鋼材のまくれ、ひずみなどがある場合は、ディスクグラインダー掛けにより取り除き、平らに仕上げる。

▶ ボルト

［ボルトセットの搬入］　ボルトセットは、包装のまま施工現場に搬入し、施工直前に開封する。

［再使用の禁止］　一度用いたボルト（試験や調整などであっても）は、**再使用してはならない**。

［リーマ掛け］　ボルト孔に食い違いがある場合、2mm以下の食い違いであれば、**リーマ掛け**で修正することができる。リーマ掛けとは、キリを用いて孔の修正を行うことである。

▶ 組立

［摩擦面の保護］　摩擦面は、浮き錆、油、塗料、じんあいなどの摩擦力を低減させるものが発生または付着しないよう保護しなければならない。それらが発生または付着した場合は、組立の前に除去する。

［フィラープレート］　接合部に1mmを超える肌すきが生じる場合は、**フィラープレート**と呼ばれる鋼板を挿入する。

［勾配座金］　ボルト頭部やナットと接合部との面の角度が1/20以上傾斜している場合は、**勾配座金**を用いる。

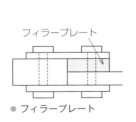

● フィラープレート

● 勾配座金

▶ ボルトの締付けに関する留意点

- 仮ボルトで締付を行い、板の密着を図った後、本接合を行う。
- ボルトの締付けは、定められたトルク値での一次締め、マーキングおよび本締めの順で行う。ここで、マーキングとは、一次締めのナットの位置がわかるようにボルト、ナット、座金および接合部材にかけて印を付けることをいう。

● マーキング

- 一群のボルトの締付け順序は、**中央部から周辺部へ**と向かう順序とする。
- トルシア形高力ボルトは、専用レンチにより、**ピンテール**が破断するまで締め付ける。
- JIS型高力ボルトは、**トルクコントロール法**または**ナット回転法**で締め付ける。
- 作業現場の温度が0℃以下になり、着氷のおそれがある場合は、締付け作業を行ってはならない。

▶ 締付けの確認、検査

　マーキングのずれ、ピンテールの破断などによる確認、**共回り**（ナットとボルトが同時に回ってしまうこと）および**軸回り**（ナットと座金が同時に回ってしまうこと）の有無、ナット面から出た**ボルトの余長**などを確認する。

[確認項目と対策など]

- ボルトの余長については、ねじ山の出が1～6山のものを合格とする。
- 共回りや軸回りが生じた場合、当該ボルトセットを**新しいものに取り替える**。
- ナットの回転量が不足している場合、所定の回転量まで**追締め**を行う。

---

point ワンポイントアドバイス

高力ボルトと溶接を併用し、かつ高力ボルトを先に締め付ける場合は、両方の耐力を加算してよい。

---

4 溶接接合

▶ 溶接の種類

　一般に鉄骨工事ではアーク溶接が用いられ、さらに被覆アーク溶接、ガスシールドアーク溶接などに分類される。また、ボルト・丸棒などの先端と母材とを溶接する**スタッド溶接**がある。

▶ 溶接方法

溶接方法	内容	用途
完全溶込み溶接	板厚すべての領域にわたって全断面を完全に溶け込ませる溶接。開先（鋼材の接合面を斜めに切断する加工）の中に溶接材料を溶かし込むと同時に、母材の一部も溶け込ませて一体化する。	応力度の大きい部分、材軸方向の力（特に引張り）を受ける部分、柱フランジと梁フランジ、柱フランジと補強プレート。
部分溶込み溶接	接合面の一部を開先加工し溶接材を溶け込ませる。板厚すべての領域に溶込みがわたらない溶接。	引張力が生じない柱部材と柱部材の継手部など。
隅肉溶接	T型や重ね継手の隅部を溶接する方法。母材どうしは一体化されていない。	引張力のかかる部分には用いず、梁のウェブなどせん断力のかかる部分に用いる。

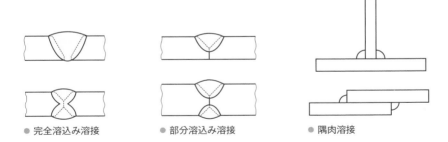

● 完全溶込み溶接　　● 部分溶込み溶接　　● 隅肉溶接

▶ アーク溶接の留意点

• 高力ボルト接合と溶接接合を併用する場合、**高力ボルト接合を先に行う**。
• 組立溶接（本溶接前に行う部材の組立用の溶接）の位置は、継手の端部、隅角部、本溶接の始点および終点など、強度上および工作上支障のある箇

所を避ける。また、原則として、**開先内には、組立溶接を行わない。**

- 溶接姿勢は、作業架台などを利用して、できるだけ**下向き姿勢**または水平姿勢とする。

- 作業場所の気温が**−5℃を下回る場合は溶接を行わず**、−5℃〜5℃の場合は、**溶接線から100 mm程度の範囲を適切な方法で加熱する。**

- 降雨などで母材が濡れているときや溶接に影響を及ぼすような風が吹いているときは、溶接を行わない。

- 隅肉溶接の溶接長さは、**有効長さに隅肉サイズの2倍を加えた長さ以上と**する。

▶ 補助部材

名称	内容
裏当て金	完全溶込み溶接を行う場合、一般的に裏当て金が用いられ、継手部と裏当て金がともに十分溶け込むように溶接する。
スカラップ	交差する方向の隅肉継手がある場合、スカラップと呼ばれる半円状の切欠きを設ける。
エンドタブ	溶接不良が生じやすい溶接部の始端および終端部には、適切な材質、形状および長さをもった鋼製エンドタブを用いる。

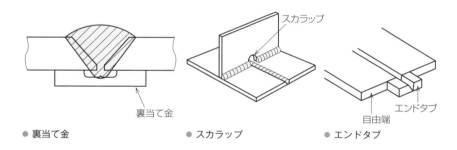

裏当て金

スカラップ

エンドタブ

自由端

- 裏当て金　　　　　- スカラップ　　　　　- エンドタブ

● 溶接の主な欠陥と処理方法

欠陥	内容	処理方法
溶接割れ	割れ状となって発生する溶接欠陥の総称。表面に割れが発生する表面欠陥と、表面からは確認できない内部欠陥がある。	割れ状となった部分の両端から50mm以上の範囲を削り取り、再溶接を行う。
アンダーカット	溶接の止端に沿って母材が掘られ、溝となって残ってしまう欠陥。表面からも確認できる表面欠陥。	補修溶接を行う。
溶込み不良	完全溶込み溶接の場合に、溶け込まない部分が生じる欠陥。表面から確認できない、内部欠陥である。	欠陥部分を削り取り、再溶接を行う。
融合不良	溶接境界面どうしが互いに十分に溶け合っていない欠陥。表面からは確認できない、内部欠陥である。	
ブローホール	溶着金属の中に発生する球状の空洞。表面からは確認できない、内部欠陥である。	
ピット	溶接ビードの表面に小さく窪んだ穴となって発生する溶接欠陥。表面からも確認できる表面欠陥である。	
スラグ巻込み	溶融スラグ（溶接部に生じる非金属物質）が浮上せずに、溶着金属や融合部にスラグが残る欠陥。表面からは確認できない、内部欠陥である。	
余盛の過大	溶接の余盛が大きすぎること。	母材に損傷を与えないように削り取る。

> **point** ／ ワンポイントアドバイス
> スラグ巻込みやブローホールなどの内部欠陥は超音波探傷試験などにより確認できる。

● スタッド溶接の留意点

- 溶接姿勢は、原則として下向き姿勢とする。
- スタッド溶接用電源は、原則として専用電源とする。
- 溶接面に、水分、著しい錆、塗料、亜鉛めっきなど溶接作業および溶接結果に障害となるものがある場合は、**スタッド軸径の2倍以上をグラインダ**ーなどにより丁寧に除去し、清掃を行う。
- スタッド溶接完了後、母材および材軸部の**アンダーカット**の有無を、全数について確認する。アンダーカットの**深さは0.5mm以内**とする。

5　鉄骨の錆止め塗装

　鉄骨の錆止め塗装は、工場で行う**工場塗装**と、工事現場で行う**工事現場塗装**がある。

▶ 工場塗装の留意点

　次に示す部分には、塗装を行わない。

- 鉄骨の、コンクリートに密着する部分や埋め込まれる部分
- 高力ボルト摩擦接合部の摩擦面
- 工事現場溶接を行う部分の両側それぞれ100 mm程度の範囲
- 超音波探傷試験に支障を及ぼす範囲
- 組立によって肌合せとなる部分
- ピン、ローラーなどの密着する部分

> **point　ワンポイントアドバイス**
>
> 工事現場溶接を行う部分においても、溶接するまでに著しい錆を発生するおそれのある場合、溶接に無害で適切な防錆処置を行うものとする。

▶ 工事現場塗装の留意点

- 工場塗装と同種の錆止め塗料を使用して塗装する。
- 塗膜が損傷した部分は、状態の良い塗膜を残して除去し、錆止め塗料で補修する。
- 錆が生じた部分は、旧塗膜を除去し、素地調整を行い再塗装する。

6　アンカーボルト

▶ アンカーボルト設置の留意点

- アンカーボルトの芯出しは、型板を用いて基準墨に正しく合わせ、適切な機器などで正確に行う。

- アンカーボルトは、**2重ナット**および座金を用い、その先端はねじがナットの外に**3山以上**出るようにする。ただし、コンクリートに埋め込まれる場合は、2重ナットとしなくてもよい。
- アンカーボルトのナットは、基本的に**ナット回転法**で行い、張力が均等になるように締め付ける。
- 構造用アンカーボルトの位置ずれの修正においては、引張力が低下するため、**台直し（加熱や曲げによりアンカーボルトの位置を修正すること）は原則禁止**である。
- アンカーボルトは、衝撃などにより有害な曲がりが生じないように取り扱う。また、ねじ部の損傷、錆の発生、汚損、コンクリートの付着などを防止するため、布、ビニルテープなどを巻いて養生を行う。
- ベースプレートを設置するコンクリートの表面は、レイタンスなどを取り除いたのち、**目荒しを行う**。

問1　H30前期-No.23　　　　　　　　　　⇒1 鉄骨の加工（工作）

鉄骨の加工に関する記述として、最も不適当なものはどれか。

(1)　けがき寸法は、製作中に生じる収縮、変形および仕上げしろを考慮した値とした。

(2)　板厚20mmの鋼板の切断を、レーザー切断法で行った。

(3)　400N/mm²級鋼材のひずみの矯正は、850〜900℃に局部加熱して行った後に空冷した。

(4)　鋼材の加熱曲げ加工は、200〜400℃に加熱して行った。

> 解説　材の加熱曲げ加工は、加熱温度850〜900℃（赤熱状態）で行う。
>
> 解答　(4)

問2　R1後期-No.23　　　　　　　　　　⇒2 建方

鉄骨の建方に関する記述として、最も不適当なものはどれか。

(1)　溶接継手のエレクションピースに使用する仮ボルトは、高力ボルトを用いて全数締め付けた。

(2)　ターンバックル付き筋かいを有する鉄骨構造物は、その筋かいを用いて建入れ直しを行った。

(3)　柱現場溶接接合部に建入れおよび食違い調整機能の付いた治具を使用したため、ワイヤロープを用いず、建入れ直しを行った。

(4)　建方精度の測定は、温度の影響を避けるため、早朝の一定時間に実施した。

> 解説　ターンバックル付き筋かいを用いて建入れ直しを行ってはならない。
>
> 解答　(2)

問3 **R1 前期 -No.22**   ⟹ 3 高力ボルト接合

高力ボルト摩擦接合に関する記述として、最も不適当なものはどれか。

(1) ナット側の座金は、座金の内側面取り部がナットに接する側に取り付ける。

(2) ナット回転法による本締めにおいて、ナットの回転量が不足しているボルトは、所定の回転量まで追締めする。

(3) ナットとボルトが共回りを生じた場合は、新しいボルトセットに取り替える。

(4) ボルトの締付けは、ボルト群ごとに継手の周辺部より中央に向かう順序で行う。

> **解説** 高力ボルトの締付けは、ボルト群ごとに、群の中央から周辺部に向かう順序で行う。   解答 (4)

問4 **R3 前期 -No.6**   ⟹ 4 溶接接合

鉄骨構造の接合に関する記述として、最も不適当なものはどれか。

(1) 高力ボルト接合の摩擦面には、ショットブラスト処理などによる一定の値以上のすべり係数が必要である。

(2) 隅肉溶接は、母材の端部を切り欠いて開先をとり、そこに溶着金属を盛り込んで溶接継目を形づくるものである。

(3) 応力を伝達させる主な溶接継目の形式は、完全溶込み溶接、部分溶込み溶接、隅肉溶接である。

(4) 溶接と高力ボルトを併用する継手で、高力ボルトを先に締め付ける場合は両方の許容耐力を加算してよい。

> **解説** 隅肉溶接は、鋼材を重ねてつないだり、T型につないだりする場合に用いる溶接方法である。   解答 (2)

鉄骨工事における錆止め塗装に関する記述として、最も不適当なものはどれか。

(1) 素地調整を行った鉄鋼面は、素地が落ち着くまで数日あけて錆止め塗装を行った。

(2) 角形鋼管柱の密閉される閉鎖形断面の内面は、錆止め塗装を行わなかった。

(3) コンクリートに埋め込まれる鉄骨梁に溶接された鋼製の貫通スリーブの内面は、錆止め塗装を行った。

(4) 組立てによって肌合せとなる部分は、錆止め塗装を行わなかった。

> 解説　素地調整を行った鉄鋼面は、すぐに錆止め塗装を行う。　　　解答　(1)

鉄骨工事におけるアンカーボルトの施工に関する記述として、最も不適当なものはどれか。

(1) ベースプレートのアンカーボルト孔の径は、アンカーボルトの公称軸径に5 mmを加えた大きさとした。

(2) 柱脚のアンカーボルトのナットは、コンクリートに埋め込まれる場合を除き2重ナットとした。

(3) ナット回転法によるナットの締付けは、アンカーボルトの張力が均等になるように行った。

(4) 構造用アンカーボルトの位置ずれを、熱曲げを用いない台直しによって修正した。

> 解説　台直しは引張力の低下を招くため、構造用アンカーボルトに用いることは原則禁止である。　　　解答　(4)

第 **7** 章 木工事

在来軸組構法の木工事に関しては、毎年1問出題されている。継手の種類、継手位置、固定方法の出題が多い。名称と形状が似ているものがあるので注意が必要である。

1 継手・仕口 　重要度 ★★★

▶ 継手（つぎて）

主に線材どうしを直線方向に接合する場合の、接合部の名称。板材を短辺方向にはぐ接合部を指すこともある。

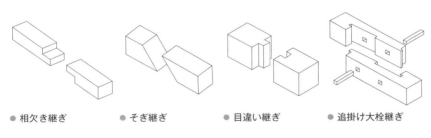

● 相欠き継ぎ　　● そぎ継ぎ　　● 目違い継ぎ　　● 追掛け大栓継ぎ

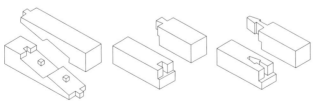

● 台持ち継ぎ　　● 腰掛けあり継ぎ　　● 腰掛けかま継ぎ

［土台の継手］ 腰掛けあり継ぎ、腰掛けかま継ぎのいずれかとし、上木と
なるほうをアンカーボルトで締め付ける。

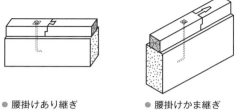

● 腰掛けあり継ぎ ● 腰掛けかま継ぎ

［大引の継手］ 床束心から150mm持ち出し、腰掛けあり継ぎとして、釘打
ちとする。

150mm内外

［根太の継手］ 受材心で突付け継ぎとし、釘打ちとする。

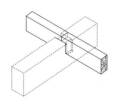

[胴差の継手] せいが異なる場合、受材心から150mm程度持ち出し、腰掛けかま継ぎとする。接合金物は、短ざく金物当てボルト締めまたはひら金物両面当て釘打ちとする。

同せいの場合は、受材心から150mm程度持ち出し、追掛け継ぎボルト締めとする。

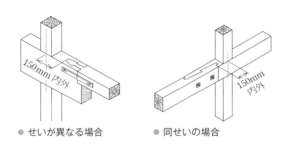

● せいが異なる場合　　● 同せいの場合

[軒桁の継手] 柱心から150mm程度持ち出し、腰掛けかま継ぎひら金物当て釘打ちまたは追掛け大栓継ぎとする。

● 腰掛けかま継ぎひら金物当て釘打ち　　● 追掛け大全継ぎ

[垂木の継手] 継手位置は乱に、母屋上端で、そぎ継ぎ、釘打ちとする。

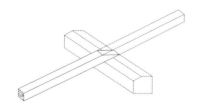

● 仕口（しくち）

　線材どうしが角度をもって接合する場合の接合部の名称。面材の長辺どうし、長辺と短辺をはぐ接合部を指すこともある。

［隅通し柱下部］　土台へ扇ほぞ差しとする。

　筋かいが柱の下部に取り付く場合、接合金物にはホールダウン金物を用い、ボルト締めなどとする。

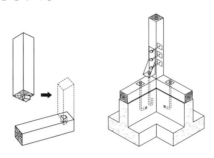

［火打梁と桁の取合い］　軒桁、間仕切り桁、妻桁との取合いは、上半部傾ぎ大入れ、ボルト締めとする。

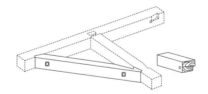

［筋かいと間柱の取合い］　間柱を筋かいの厚さだけ欠き取って筋かいを通し、釘打ちとする。

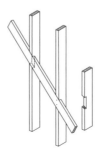

［アンカーボルトの取付け］ 筋かいにより引張力が生じる柱の脚部近くの土台には、柱心から200mm程度にアンカーボルトを埋め込む。

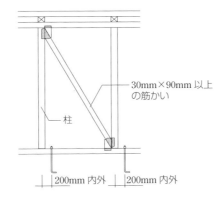

30mm×90mm 以上
の筋かい

柱

|200mm 内外 | 200mm 内外 |

2 木工事全般   重要度 ★★☆

項目	内容
土台の据付け	基礎天端にやり方から心墨を移し、基準とする。
建入れ直し	構造材のゆがみを直すため、仮筋かいを打ち、全体を固めること。主要な構造材を組み上げた後に行う。
施工順序	［構造］建入れ直し⇒接合金物・火打材・本筋かいの固定 ［下地・造作］屋根葺き⇒内装下地・造作部材の取付け
筋かいと間柱の取合い	水平力に抵抗するための部材である筋かいを優先するため、間柱を筋かいの厚さだけ欠き取って筋かいを通し、釘打ちで接合する。
継手位置	抵抗力の弱い接続部分を分散させるため、継手位置は同一軸線上にしない（乱に継ぐ）。
背割り	化粧柱とする心持ち材には、化粧面の干割れ防止のため、隠れてしまう面に直径の1/2程度の割りを入れる。

問1　**R2後期-No.24**　　　　　　　　　　➡ 1継手・仕口

　在来軸組構法における木工事に関する記述として、**最も不適当なもの**はどれか。

(1)　土台の継手は腰掛けあり継ぎとし、継手付近の下木をアンカーボルトで締め付けた。

(2)　隅通し柱の仕口は土台へ扇ほぞ差しとし、ホールダウン金物を用いてボルトで締め付けた。

(3)　建入れ直し完了後、接合金物や火打材を固定し、本筋かいを取り付けた。

(4)　垂木の継手は母屋の上でそぎ継ぎとし、釘で取り付けた。

> **解説**　腰掛けあり継ぎ・腰掛けかま継ぎとも、継手付近の上木をアンカーボルトで締め付ける。上木を押さえることで、下木も押さえ込むことになる。
>
> 解答　(1)

問2　**R1後期-No.24**　　　　　　　　　　➡ 1継手・仕口

　在来軸組構法における木工事に関する記述として、**最も不適当なもの**はどれか。

(1)　土台を固定するアンカーボルトは、土台の両端部や継手の位置、耐力壁の両端の柱に近接した位置に設置した。

(2)　柱に使用する心持ち材には、干割れ防止のため、見え隠れ部分に背割りを入れた。

(3)　根太の継手は、大引の心を避けて突付け継ぎとし、釘打ちとした。

(4)　軒桁の継手は、柱心から持ち出して、追掛け大栓継ぎとした。

問3　R1前期-No.23　　　　　　　　　　　　　　　➡1 継手・仕口

在来軸組構法における木工事における継手の図の名称として、不適当なものはどれか。

(1)　目違い継ぎ　　　　　　　　　(2)　そぎ継ぎ

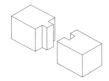
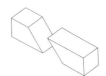

(3)　腰掛けあり継ぎ　　　　　　　(4)　台持ち継ぎ

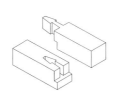

解説　図は、腰掛けかま継ぎである。上木が蛇のかま首に似ている。腰掛けあり継ぎよりも引張力に強い。　　　　　　　　　　　　　　　　　解答　(3)

第 **8** 章 ALCパネル・押出成形セメント板工事

ALCパネル・押出成形セメント板を用いた屋根・床・外壁・間仕切壁などの仕上げ工事について整理する。

1 ALCパネル工事 重要度 ★★★

ALCパネルとは、軽量気泡コンクリートパネルの略称であり、屋根（非歩行用）、床、外壁および間仕切壁などに用いられる。コンクリートに比べ軽量で、不燃材料であるなどの利点があり、工期短縮のために用いられることもある。

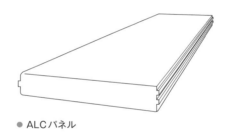

● ALCパネル

▶ 材料

[**パネル**] JIS A 5416「軽量気泡コンクリートパネル（ALCパネル）」に規定される厚さ75mm以上の厚形パネルとする。一般に短辺の長さをパネル幅と呼び、標準幅は600mmである。

[**取付け金物**] ウケプレート、イナズマプレート、フットプレートなど、専用の金物が使用される。パネルに接するものは、亜鉛めっきを行う。

▶ 施工上の留意点

［搬入、仮置き］ パネルは、ねじれ、反りおよびひび割れなどが生じない
ように仮置きし、汚れや吸水などがないように養生する。パネルを積み重ね
て保管する場合は、原則として高さ**2.0 m以下**とする。

［加工（溝掘り、孔あけなど）］

- 外壁、屋根、床用パネルは、原則として**溝堀りおよび孔あけ**をしてはなら
ない。
- 間仕切り用パネルの短辺方向には、原則として**溝堀**をしてはならない。
- 壁、間仕切パネルの孔あけの孔径は、その**パネル幅の1/6以下**とする。
- 床、屋根パネルの孔あけの孔径は、**50 mm以下**とする。
- パネルの切断または切込みなどの加工によって生じたパネル補強材の露出
部分には、**防錆処理**を行う。

［外壁・間仕切壁の施工］

施工方法の種類	内容
縦壁ロッキング構法	パネルの上下端部に取付金物を取り付け、パネルは各段ごとに構造体に固定した下地鋼材に取り付ける。横目地（パネル短辺）、出隅・入隅部ならびに他部材との取合い部には伸縮調整目地を設ける。
横壁アンカー構法	パネルの左右端を、アンカーおよび取付金物で接合する。また、パネル積上げ段数5段以下ごとにALCパネルの重量を支持する自重受け金物を設ける。 縦目地（パネル短辺）、出入隅部、自重受け金物を設けた横目地ならびに他部材との取合い部には伸縮調整目地を設ける。
縦壁フットプレート構法	パネル下部を床面に固定したフットプレートに取り付ける。間仕切壁に用いる構法である。

［床、屋根の施工］ 主な施工方法として、**敷設筋構法**がある。パネル間の
目地部に取付金物（スラブプレート）と鉄筋を施工し、モルタル充填する構
法である。**パネル長辺は突き合わせ、短辺の接合部には20 mm程度の目地**
を設け、支持梁上になじみよく敷き並べる。

- **かかり代**（しろ）：支持部材への有効なかかり代は、支点間距離の**1/75以
上かつ40 mm以上**とする。
- **目地用鉄筋**：パネル長辺目地部分に、取付金物を通して目地用鉄筋を
500 mm以上挿入する（基本的に、隣り合ったパネルを連結するように鉄
筋を配することになるため、鉄筋は1 m以上となる）。
- **屋根パネルの設置方向**：屋根の水勾配に対して、パネル長辺が水勾配と直

角になるように敷設する。

2 押出成形セメント板工事 重要度 ★★☆

押出成形セメント板とは、主に外壁・間仕切壁に用いる材料で、セメント・けい酸質原料および繊維質原料を主原料とし、中空を有する板状に押出成形してオートクレーブ養生したパネルのことである。ECPと呼ばれ、主に外壁パネル構法が用いられる。

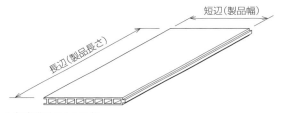

長辺(製品長さ)
短辺(製品幅)

● 押出成形セメント板

▶ 外壁パネル工法

工法	パネル	取付金物 (Zクリップ)
縦張り工法	・パネル幅の最小限度は、原則として300mm。 ・各段ごとに構造体に固定された下地鋼材で受ける。	パネルの上下端部に、ロッキングできるように取り付ける。
横張り工法	・パネル幅の最小限度は、原則として300mm。 ・パネルの積上げ枚数3枚以下ごとに下地鋼材に固定された自重受け金物で受ける。	パネルの左右端部に、スライドできるように取り付ける。

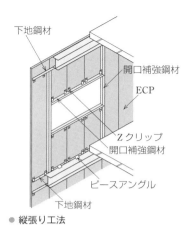

● 縦張り工法

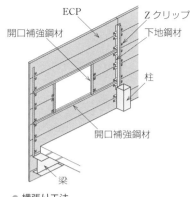

● 横張り工法

▶ 施工上の留意点

［パネル相互の目地幅］ 一般に、長辺は8mm以上、短辺は15mm以上とする。

［出隅および入隅のパネル接合目地］ 出隅および入隅のパネル接合目地は伸縮調整目地とし、目地幅は15mmとする。

［溝掘りの禁止］ 原則として、パネルには溝掘りを行ってはならない。

［パネルの欠き込み］ やむを得ずパネルに欠き込みなどを行う場合は、長辺方向に500mm以下、短辺方向にパネル幅の1/2以下かつ300mm以下とする。ただし、切断後のパネル幅は300mm以上残るようにする。

問1 **H29前期-No.65** ⇒1 ALCパネル工事

ALCパネル工事に関する記述として、最も不適当なものはどれか。

(1) 横壁アンカー構法において、パネル積上げ段数5段以下ごとに受け金物を設ける。

(2) 外壁パネルに設ける設備配管用貫通孔の径は、パネル幅の1/6を超えないものとする。

(3) 外壁パネルと間仕切りパネルの取合い部は、パネルどうしにすき間が生じないように突付けとする。

(4) パネル取付け用に施した座掘りによるパネルの凹部は、補修用モルタルにより埋め戻す。

> 解説 外壁パネルと間仕切りパネルの取合い部には、伸縮目地を設ける必要がある。 解答 (3)

問2 **R1前期-No.32** ⇒2 押出成形セメント板工事

外壁の押出成形セメント板張りに関する記述として、最も不適当なものはどれか。

(1) パネルの取付け金物（Zクリップ）は、下地鋼材にかかりしろを30mm以上確保して取り付けた。

(2) パネルの取付け金物（Zクリップ）は、取付けボルトがルーズホールの中心に位置するように取り付けた。

(3) 幅600mmのパネルに設ける欠込み幅は、300mm以下とした。

(4) 工事現場でのパネルへの取付けボルトの孔あけは、振動ドリルを用いて行った。

解説　押出成形セメント板への孔あけには、専用の穿孔ドリルを用いる必要がある。振動ドリルを用いると、パネルの割れや損傷を引き起こすおそれがある。　　　　　　　　　　　　　　　　　　　　　　　解答　(4)

第9章 防水・シーリング工事

防水工事は、防水層を形成する素材などの違いにより、「アスファルト防水」「シート防水」「塗膜防水」の3種類に大別できる。また、防水や耐震などの役割をもつ「シーリング工事」についてもここで整理する。

1 アスファルト防水

重要度 ★★★

アスファルト防水とは、複数のアスファルトルーフィング（繊維などにアスファルトを染み込ませたもの）を熱溶融したアスファルトで重ね合わせて、防水層としたものをいう。

積層構造であり、防水性が高い。反面、気温の変化に敏感で夏は溶けやすく、冬は破断しやすい。また、端部の納まりが難しいという短所がある。

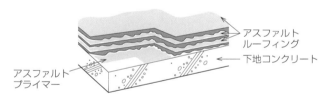

● アスファルト防水の概念図

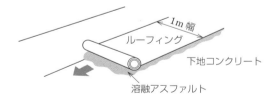

● アスファルトルーフィングの施工イメージ

▶ 防水工法の種類

種類		保護層	断熱材
密着工法	保護防水密着工法	有	無
	保護防水密着断熱工法		有
絶縁工法	保護防水絶縁工法		無
	保護防水絶縁断熱工法		有
	露出防水絶縁工法	無（露出防水）	無

［密着工法］ 躯体にアスファルトルーフィングを密着させる工法。躯体の変位に追従するため、躯体のひび割れ、伸縮などの影響を受けやすい。

［絶縁工法］ あなあきルーフィングを用い、躯体と防水層を密着させず縁を切った状態とする工法。躯体の変位に追従しないため、躯体のひび割れ、伸縮などの影響を受けにくい。

［露出防水工法］ コンクリートなどによる保護層を設けない防水工法。通常、防水層の最上部には、**砂付ストレッチルーフィング**を用い、仕上塗料を塗布する。防水層に膨れが生じる場合があるため、**脱気装置**を設ける。

［断熱材の有無］ 密着工法、絶縁工法ともに、それぞれ断熱材の有無による工法がある。

▶ 施工上の留意点

［コンクリート下地］ 平場のコンクリート下地は、直均し仕上げとする。立上りは、コンクリート打放し仕上げとする。また、**入隅・出隅**は、通りよく45°の面取りとする。

［アスファルトの溶融］

- アスファルトの溶融がまは、完成した**防水層の上に設置してはならない**。やむを得ず設置する場合は、保護コンクリートを打つなどの処置を行う。
- 同一のアスファルトの溶融は**3時間以上続けてはならない**。
- 溶融したアスファルトは、施工に適した温度を保つように管理しなければならない。

［アスファルトルーフィング類の張付け］

- 密着工法の下地目地部で、コンクリートスラブの打継ぎ箇所や著しいひび

割れ箇所には、幅50 mm程度の絶縁用テープを張り付け、その上に幅300mm以上のストレッチルーフィングを増張りする。

- 絶縁工法の下地目地部で、コンクリートスラブの打継ぎ箇所や著しいひび割れ箇所には、幅50mm程度の絶縁用テープを張り付け、その上に砂付あなあきストレッチルーフィングを敷き込む。

- 出隅、入隅部については、幅300mm以上のストレッチルーフィングを最下層に増張りする。

- 立上り部と平場のアスファルトルーフィング類は別々に張り付け、重ね幅は150mm以上とする。ただし、立ち上がりの高さが400mm未満の場合は、平場のアスファルトルーフィング類をそのまま張り上げることができる。

- アスファルトルーフィング類の継目は、縦横とも、原則として100mm以上重ね合わせる。また、表面勾配下流側（水下側）が下側になるよう張り重ねる。

- 上下層の継目は、同一箇所にならないようにする。

- 溶融アスファルトを流しながらルーフィング類を張り付けることを「流し張り」という。ルーフィングの両端からアスファルトがあふれ出るよう、押しつけながら張り付ける。

［保護層などの施工］

- 保護コンクリートの中間部付近に溶接金網を敷き込む。溶接金網の重ねは150mm以上とする。

- 保護コンクリートには伸縮目地を設ける。伸縮目地の厚さはコンクリートの全断面とし、設置間隔は縦横3 000mm程度とする。

- 保護コンクリートと防水層の間には、絶縁シートを敷き込む。

---

point ワンポイントアドバイス

アスファルトを用いた防水工法には、上記で説明してきた工法（熱工法）のほかにトーチ工法（改質アスファルトシート防水）がある。
トーチ工法とは、改質アスファルトシートを、トーチバーナーで加熱溶融しながら張り付けるアスファルト防水工法である。

2 シート防水

重要度 ★★★

　シート防水は、正式には**合成高分子系ルーフィングシート防水**といい、各種素材のシートを接着剤や固定金具で固定し、防水層としたものである。加硫ゴム系や塩化ビニル系が多く使われる。

　防水層は工場製品であるため、品質が安定しているのが特徴である。ただし、熱収縮が大きい場合が多く、下地や接合箇所での剥離が生じやすい。

▶ 防水工法の種類

種類		施工例
接着工法	加硫ゴム系シート防水接着工法	仕上塗料 ／ ルーフィングシート ／ 接着剤 ／ プライマー
	塩化ビニル樹脂系シート防水接着工法	ルーフィングシート ／ 接着剤
機械的固定工法	加硫ゴム系シート防水機械的固定工法	仕上塗料 ／ ルーフィングシート ／ 固定金具 ／ 絶縁用シート
	塩化ビニル樹脂系シート防水機械的固定工法	ルーフィングシート ／ 固定金具

point　ワンポイントアドバイス

ALCパネル下地の場合は、機械的固定工法は適用しないので注意。

▶ 施工上の留意点

[接着工法全般]

- 平場のコンクリート下地は、直均し仕上げとし、立上りはコンクリート打放し仕上げとする。また、**入隅は通りよく直角とし、出隅は通りよく45°の面取りとする。**

- プライマーは、下地を十分乾燥させ清掃を行い、ローラーばけなどを用いて当日の施工範囲について、むらなく塗布する。

- 接着剤の**オープンタイム**（所定の性能が発揮されるまでの待ち時間）を確認して、ルーフィングシートに引張りを与えないよう、また、しわを生じさせないように張り付ける。

[シート材料（加硫ゴム系シート、塩化ビニル樹脂系シート）]

項目	加硫ゴム系シート防水接着工法	塩化ビニル樹脂系シート防水接着工法
接着剤など	主に合成ゴム系の接着剤を使用し、下地面とシート裏面に均一に塗布する。エポキシ樹脂系の接着剤は適さない。	合成ゴム系の接着剤を使用する場合は、下地面とシート裏面に均一に塗布する。エポキシ樹脂系の接着剤を使用する場合は下地面のみに塗る。
シート同士の接合部の処理	重ね幅は、縦横とも100mm以上とし、上下のシートに接着剤を塗布し張り合わせる。ただし、立上りと平場の重ね幅は、150mm以上とする。シートが3枚重ねとなる部分は、内部の段差部分にシール材を充填する。	重ね幅を縦横とも40mm以上とし、熱融着または溶剤溶着により接合し、その端部を液状シール材で処理する。シートが3枚重ねとなる部分は、熱融着して重ね部の隙間をなくす。
立上り部の処理	出入隅角は、ルーフィングシート張付け前に、200mm角程度の増張り用シートを増張りする。	出入隅角は、ルーフィングシート施工後に、成形役物を張り付ける。末端部は押え金物で固定し、不定形シール材を充填する。
仕上げ	通常、仕上塗料塗りを行う。	一般的に、着色済みで耐久性も高いため、仕上塗料は不要である。
ルーフドレン回り	ルーフィングシートの張付けに先立ち、幅150mm程度の増張り用シートをドレンと下地に割り振り、張り付ける。	—
配管回り	ルーフィングシートの張付けに先立ち、幅100mm程度の増張り用シートを下地面に20mm程度張り掛け、張り付ける。	—

[**機械的固定工法**] 固定金具を使用してルーフィングシートを下地コンクリートに固定する方法である。**下地からの影響を受けにくい、下地処理が最低限で済む、工期が短縮できるなどの利点がある。**

3 塗膜防水

　コンクリート下地に、液状の樹脂・合成ゴムなどの塗膜防水材をはけやローラーなどで塗布し、シームレス（継ぎ目がないこと）な防水層を形成する。**ウレタンゴム系、ゴムアスファルト系**などが主に使われる。

　シームレスで仕上がりが美しく、また、特に密着工法の場合、下地が複雑な形状をしていても適応しやすいという長所がある。ただし、施工精度は、気温や作業を行う者の技術に左右されやすい。

▶ 防水工法の主な種類

種類	内容
密着工法	下地コンクリートに、プライマー・防水材を直接塗布する工法。下地の影響を受けやすく、膨れやひび割れが生じることもある。下地が複雑な形状をしていても適応しやすい。また、歩行も可能である。
絶縁工法	下地コンクリートの上に張った通気緩衝シートの上に防水材を塗布する工法。下地の挙動による防水層の破断や膨れなどを防止する。歩行には不向きである。

▶ 施工上の留意点

［下地の仕上げ］　平場のコンクリート下地は、直均し仕上げとし、立上りはコンクリート打放し仕上げとする。また、**入隅は通りよく直角とし、出隅は通りよく45°の面取り**とする。

［下地の補強］　コンクリートの打継ぎ箇所および著しいひび割れ箇所の補強は、U字形にはつり、シーリング材を充填し、**幅100mm以上の補強布**を用いて補強塗りを行う。

　出隅および入隅の補強は、**幅100mm以上の補強布**を用いて補強塗りを行う（ゴムアスファルト系の場合は幅200mm以上で、補強布は省略可）。

　ルーフドレン、配管などの取合いの補強は、**幅100mm以上の補強布**を用いて、補強塗りを行う。

　補強布の継目は重ね張りとし、**重ね幅は50mm以上**とする。

［防水材塗り］　防水材は、可使時間（主剤と硬化剤、硬化促進剤などを混合してから使用可能な時間）に見合った量および方法で練り混ぜ、材料に見合った方法で均一に塗り付ける。また、**塗継ぎの重ね幅は100mm以上**とする。

4 シーリング工事

重要度 ★★★

構造部の接合部、目地部に防水性をもたせるためにシーリング材を充填する工事である。防水機能のほか、地震などの振動による建物への影響を軽減する役割ももつ。

▶ シーリング材料

- 有効期間を過ぎたシーリング材は使用しない。
- シーリング材の種類は被着体（シーリング材を充填する部材）に応じたものとする。

■ 被着体に適したシーリング材

被着体	シーリング材
ガラス	シリコーン系
ALC、押出成形セメント板（仕上げなし）※	変成シリコーン系
ALC、押出成形セメント板（仕上げあり）※	ポリウレタン系
金属と石、タイルの組合せ	変成シリコーン系
コンクリートと石、タイルの組合せ	ポリサルファイド系
石どうし（外壁乾式工法の目地以外）、タイルどうし	ポリサルファイド系
金属どうし、金属とコンクリートの組合せ	変成シリコーン系
コンクリートとプレキャストコンクリートの組合せ	変成シリコーン系
コンクリート打継ぎ目地、ひび割れ誘発目地（仕上げなし）※	ポリサルファイド系
コンクリート打継ぎ目地、ひび割れ誘発目地（仕上げあり）※	ポリウレタン系

※「仕上げあり」とは、シーリング材表面に仕上塗材、塗装などを行う場合のこと。

▶ ワーキングジョイントとノンワーキングジョイント

[ワーキングジョイント] ALCの目地やサイディングの目地など、**目地の動きが大きいもの**をワーキングジョイントといい、シーリングはこの動きに追従できるよう**2面接着**で行われる。2面接着では、バックアップ材やボンドブレーカーが用いられる。

- **バックアップ材**：目地底に設ける合成樹脂または合成ゴム製の副資材。目

地深さがシーリング材の寸法より深い場合に用いられる。

- ボンドブレーカー：目地底にシーリング材が接着しないよう用いるテープ状の資材。目地深さが所要の寸法の場合は、ボンドブレーカーを用いる。

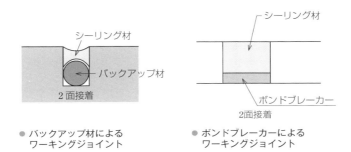

シーリング材
バックアップ材
2面接着
● バックアップ材による
　ワーキングジョイント

シーリング材
ボンドブレーカー
2面接着
● ボンドブレーカーによる
　ワーキングジョイント

[ノンワーキングジョイント] コンクリートの打継ぎ目地やひび割れ誘発目地など目地の動きが小さいものをノンワーキングジョイントと呼び、シーリングは通常、3面接着で行われる。

● 施工上の留意点

[シーリング材の目地寸法]

- コンクリートの打継ぎ目地およびひび割れ誘発目地は、特に定められた場合を除き、幅20mm以上、深さ10mm以上とする。
- ガラス回りの目地は、特に定められた場合を除き、幅・深さとも5mm以上とする。

[施工一般]

- 原則として、吹付けなどの仕上げ前に行う。
- 降雨、多湿などにより結露のおそれがある場合は、作業を中止する。
- 目地には、必要に応じて養生テープ（マスキングテープ）を張り、へら押え仕上げの後、直ちに取り除く。また、養生テープ張りは当日の施工範囲のみとする。
- プライマーは、被着面とシーリング材の接着性を良好にするため、下地処理後、均一に塗布する。当日の施工範囲のみに塗布し、施工が翌日となっ

た場合やごみ・ほこりなどが付着した場合は再度塗布する。

- **目地の打始めは、原則として目地の交差部またはコーナー部**からとする。
- **打継ぎ箇所**は、目地の交差部およびコーナー部を避けて、そぎ継ぎとなるよう斜めに仕上げる。異種シーリング材の打継ぎは好ましくないが、やむを得ず打ち継ぐ場合は、先打ちシーリング材が十分に硬化してから行う。
- 充填箇所以外に付着したシーリング材は、直ちに取り除く。ただし、シリコーン系シーリング材の場合は、硬化後に取り除く。

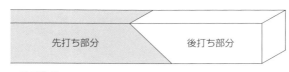

● そぎ継ぎ

▶ 施工後の確認、試験

- 目地に対して正しく充填されていることを**目視**で確認する。
- シーリング材の硬化および接着状態を**指触**などで確認する。
- 外部に面するシーリング材は、**施工に先立ち接着性試験**を行う。接着性試験は、特に指定されない場合、**簡易接着性試験**とする。

過去問チャレンジ（章末問題）

問1 **H30後期-No.25** ➡ 1アスファルト防水

屋上アスファルト防水工事に関する記述として、最も不適当なものはどれか。

(1) 保護コンクリートに設ける伸縮調整目地は、中間部の縦横間隔を3m程度とした。

(2) ルーフィング類は、継目の位置が上下層で同一箇所にならないようにして、水下側から張り付けた。

(3) 平場のルーフィングと立上りのルーフィングとの重ね幅は、100mmとした。

(4) 保護コンクリートに入れる溶接金網は、保護コンクリートの厚さのほぼ中央に設置した。

解説 平場のルーフィングと立上りのルーフィングとの重ね幅は、150mm以上とする。 解答 (3)

問2 **R3前期-No.23** ➡ 1アスファルト防水

アスファルト防水工事に関する記述として、最も不適当なものはどれか。

(1) 防水下地となるコンクリートの入隅の形状は、通りよく45°の面取りとした。

(2) 平場部のアスファルトルーフィングの重ね幅は、長手および幅方向とも100mmとした。

(3) 平場部のストレッチルーフィングの流し張りは、ルーフィングの両端からアスファルトがはみ出さないように押し付けながら張り付けた。

(4) 砂付あなあきルーフィングを用いる絶縁工法の立上り部は、砂付あなあきルーフィングを省略した。

問3 **H29後期-No.51** ➡ **2 シート防水**

加硫ゴム系シート防水接着工法に関する記述として、**最も不適当なものは**どれか。

(1) 下地への接着剤の塗布は、プライマーの乾燥後に行った。

(2) 美観と保護を目的に仕上塗料塗りを行った。

(3) 下地とシートの接着には、エポキシ樹脂系接着剤を用いた。

(4) 平場でのシート相互の接合幅は、幅方向、長手方向とも100 mm以上とした。

問4 **R1前期-No.25** ➡ **2 シート防水**

塩化ビニル樹脂系ルーフィングシート防水接着工法に関する記述として、**最も不適当なものはどれか。**

(1) ルーフィングシート相互の接合部は、重ね面を溶剤溶着とし、端部は液状シール材を用いて処理した。

(2) プライマーは、ALCパネル下地であったため、塗布しなかった。

(3) 防水層の立上り末端部は、押え金物で固定し、不定形シール材を用いて処理した。

(4) ルーフィングシートの張付けは、エポキシ樹脂系接着剤を用い、下地面のみに塗布した。

の場合はプライマーを塗布する。加硫ゴム系シート防水接着工法の場合は、コンクリート下地でもプライマー塗りを行う。　　　　解答　(2)

問5　**H29前期-No.52**　　　　　　　　　⇒3 塗膜防水

ウレタンゴム系塗膜防水に関する記述として、最も不適当なものはどれか。

(1)　防水層の施工は、立上り部、平場部の順に施工する。

(2)　補強布の張付けは、突付け張りとする。

(3)　立上り部などは、補強布を用いて防水材を塗布する。

(4)　穴あきタイプの通気緩衝シートは、下地に張り付けた後、防水材でシートの穴を充填する。

解説　補強布は、突付け張りとせず、50mm以上の重ね張りとする。
　　　　　　　　　　　　　　　　　　　　　　　解答　(2)

問6　**R1後期-No.25**　　　　　　　　　⇒4 シーリング工事

シーリング工事に関する記述として、最も不適当なものはどれか。

(1)　充填箇所以外の部分に付着したシリコーン系シーリング材は、硬化後に除去した。

(2)　目地深さがシーリング材の寸法より深かったため、ボンドブレーカーを用いて充填深さを調整した。

(3)　ノンワーキングジョイントでは、3面接着で施工した。

(4)　コンクリート打継目地のシーリング目地幅は、20mmとした。

解説　目地深さがシーリング材の寸法より深い場合、バックアップ材を用いて充填深さを調整する。ボンドブレーカーは、目地深さが所定の寸法の場合に使用する。　　　　　　　　　　　　　　解答　(2)

第**10**章 タイル・石工事

本章では、タイル工事と石工事について整理する。タイル工事については、主に「セメントモルタルを用いた後張り工法」「接着剤を用いた後張り工法」について整理する。石工事については、主に「外壁湿式工法」「外壁乾式工法」「内壁空積工法」について整理する。

1 タイル工事　　　重要度 ★★★

▶ 主な工法

工法			内容
セメントモルタルによる後張り工法	床タイル張り		張付け面積の小さい場合は敷モルタル、その他の場合は下地モルタルを施工し、その上に張付けモルタルを用いてタイルを張る工法。
	壁タイル張り	密着張り	適度に吸水調整した下地面に張付けモルタルを塗り、硬化前に振動工具を用いタイルを埋め込むように下地に密着させ張り付ける工法。上部から1段置きに水糸に合わせてタイルを張り、その後に間を埋めるように張る。
		改良積上げ張り	タイルの裏面全面に張付けモルタルを塗って、適度に水浸しにした下地に張り付ける工法。役物の張付け後、下段から1段ずつ張り上げる。
		改良圧着張り	適度に吸水調整した下地面とタイル裏面の両面に、張付けモルタルを塗って張り付ける工法。
		マスク張り	表張りユニットタイルの裏面に専用マスクをかぶせ、ユニット裏面全面にこてで圧着して張付けモルタルを塗り付けて、マスクを外し、適度に吸水調整した下地にタイルを張る工法。 マスク／ユニットタイル／張付けモルタル／張付けモルタル用マスク除去／外壁（モルタル）／張付けモルタル／タイル張り下地モルタル ● マスク張り
		モザイクタイル張り	適度に吸水調整した下地に張付けモルタルを塗り、表張りユニットタイルを張り付ける工法。
接着剤による後張り工法			十分乾燥させた下地に接着剤を塗り、タイルを張り付ける工法。

▶ 工法ごとの施工上の留意点

[床タイル張り]

- 下地モルタルまたは敷モルタルは、**貧調合**（砂に対してセメント容積比が小さい）とする。
- 張付けモルタルは2層に分けて塗り付け、**1回の塗付け面積の限度は2m²以下**とする。
- 面積の大きい場合は、目地割りにより2 m程度に基準となるタイル張りを行い、これを定規にして張り付ける。
- 化粧目地は、歩行に支障のない程度の**沈み目地**とする。

[壁タイル張り]

項目	工法				
	密着張り	改良積上げ張り	改良圧着張り	マスク張り	モザイクタイル張り
張付けモルタル	1回の塗付け面積は2m²/人以内かつ20分以内に張り終える面積とする。	塗置き時間は5分以内、1日の張付け高さは1.5m程度までとする。	1回の塗付け面積は2m²/人以内60分以内に張り終える面積とする。	張付けモルタルには混和剤を用いる。塗置き時間は5分以内。	1回の塗付け面積は3m²/人以内かつ20分以内に張り終える面積とする。
順序	窓、出入口回り、隅、角などの役物から先に行う。				
張付け時	振動機を用い、張付けモルタルをタイル周辺からはみ出させる。	タイル周辺から張付けモルタルがはみ出すまでたき締める。			目地部分に張付けモルタルが盛り上がるまでたき締める。
表張り紙	-			タイル張付け後、水湿しをして表張り紙をはがす。	
化粧目地	張付けモルタルの硬化を見計らって行う。目地の深さは、タイル厚さの1/2以下とする。			すり込み目地とするほかは、密着張りなど同様とする。	

[接着剤による後張り工法]

- 外装タイル施工においては、降雨、降雪、強風時や、張付け時の温度が**5℃以下**になるおそれのある場合は、施工を中止する。
- 屋外に使用する接着剤は、**一液反応硬化形の変成シリコーン樹脂系またはウレタン樹脂系**を標準とする。
- 接着剤の1回の塗布面積の限度については、**内装タイルは3m²以内かつ30分以内**にタイルを張り終える面積、**外装タイルは30分以内**にタイルを張り終える面積とする。
- 接着剤は金ごてなどにより平坦に塗布した後、くし目ごてを用いて壁面に

対し60°の角度を保ち、くし目を付ける。

- 化粧目地は、接着剤の硬化状態の確認後に行い、**目地の深さは、タイル厚
さの1/2以下**とする。

---

point 👆 ワンポイントアドバイス

タイル工事においては、上記で説明してきた後張り工法と大きく異なり、コンクリート造の外壁などに、工事現場で組み立てる型枠に先付けしてタイル張り仕上げを行う型枠先付け工法がある。

---

2 石工事

重要度 ★★★

▶ 外壁工事

[工法] 外壁工事の主な工法として、外壁湿式工法と外壁乾式工法がある。

工法	外壁湿式工法	外壁乾式工法
概要	引き金物で固定し、石と躯体の間に裏込めモルタルを充填する工法。	だぼ付きの引き金物（ファスナー）を用いて石と躯体を緊結する工法。
公共建築工事標準仕様書での適用	石厚70mm以下の石材を、湿式工法で1階の腰壁、根石部分などに取り付ける工事に適用する。	石厚70mm以下の石材を、乾式工法で高さ31m以下の建物の外壁および内壁に取り付ける工事に適用する。
利点	・耐衝撃性が大きい。 ・乾式に比べ、仕上がり厚さが小さくて済む。	・躯体の挙動に追従しやすく、影響を受けにくい。 ・白華や凍害被害を受けにくい。 ・工期の短縮が図れる。 ・湿式に比べ重量が小さく、構造体にかかる負担も小さい。

[施工上の留意点]

工法	外壁湿式工法	外壁乾式工法
石材の有効厚さ	25mm以上	30mm以上
取付けしろ（石材とコンクリート躯体との隙間）	40mm程度	70mm程度

工法	外壁湿式工法	外壁乾式工法
石材の取付けなど	①目地からモルタルが流出しないように発泡プラスチック材などで目止めを行う。 ②石材1段ごとに裏込めモルタルを充填する。 ③裏込めモルタルの上端は、石材の上端より30〜40mm程度下がった位置とする。ただし、伸縮調整目地部分は、目地位置までとする。	①下地清掃の後、一次ファスナーを所定の位置に取り付ける。 ②一次ファスナーに二次ファスナーを取り付ける。 ③だぼを用いて石材を取り付ける。 ④石材とだぼの固定のため、充填材料を充填する。
一般目地	目地幅は6mm以上とし、シーリング材などを用いる。	目地幅は8mm以上とし、シーリング材などを充填する。
伸縮調整目地	構造は、発泡プラスチック材などを下地コンクリート面に達するまで挿入し、シーリング材で仕上げる。通常、3〜4mごとに設ける。	-

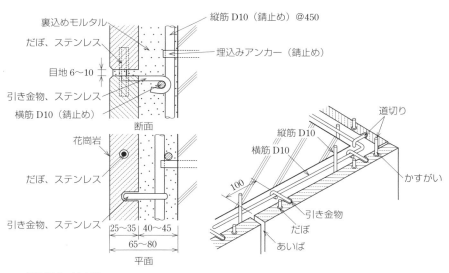

● 外壁湿式工法の例

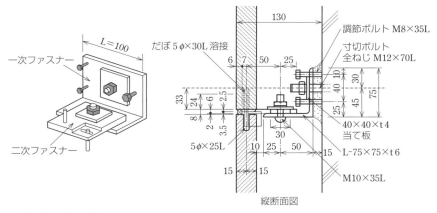

● 外壁乾式工法の例

▶ 内壁工事

[工法] 内壁工事の主な工法として、内壁空積工法と内壁乾式工法がある。

工法	内壁空積工法	内壁乾式工法
概要	石材と躯体を引き金物で緊結し、この部分に取付け用モルタルを充填する。一般部の石材は、下段の石材の横目地あいばに取り付けただぼに合わせて取り付ける。	だぼ付きの引き金物（ファスナー）を用いて石と躯体を緊結する工法。
公共建築工事標準仕様書での適用	石厚70mm以下の石材を、空積工法で高さ4m以下の内壁に取り付ける工事に適用する。	石厚70mm以下の石材を、乾式工法で高さ31m以下の建物の外壁および内壁に取り付ける工事に適用する。

[施工上の留意点]

工法	内壁空積工法	内壁乾式工法
石材の有効厚さ	20mm以上	25mm以上
取付け代（石材とコンクリート躯体との隙間）	40mm程度	70mm程度
石材の取付けなど	引き金物と下地の緊結部分は、石材の裏面と下地面との間に50×100〔mm〕程度にわたって取付け用モルタルを充填する。	外壁乾式工法と同様に行う。
一般目地	目地幅は6mm以上とし、シーリング材などを用いる。	目地幅は8mm以上とし、シーリング材などを充填する。
伸縮調整目地	構造は、発泡プラスチック材などを下地コンクリート面に達するまで挿入し、シーリング材で仕上げる。通常、6m程度ごとに設ける。	-

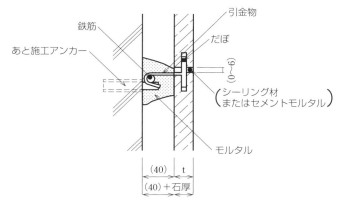

● 内壁空積工法の例

---

point ワンポイントアドバイス

石工事共通の留意点として、以下が挙げられる。

・のみ込み部分の仕上げ

　石材がのみ込みとなる部分（施工後に外から見えなくなる部分）についても、**15mm**
　以上は見え掛かり部分（施工後に外から見える部分）と同等の仕上げを行う。

・取付け用の加工

　石材における、だぼ用の取付穴や引き金物用の加工などについては、壁面などに据
　え付ける前に加工しておく。

セメントモルタルによるタイル後張り工法に関する記述として、**最も不適当なもの**はどれか。

(1)　改良積上げ張りは、張付けモルタルを塗り付けたタイルを、下部から上部に張り上げる工法である。

(2)　密着張りは、下地面に張付けモルタルを塗り付け、振動機を用いてタイルを張り付ける工法である。

(3)　マスク張りは、下地面に張付けモルタルを塗り付け、表張りユニットをたたき込んで張り付ける工法である。

(4)　改良圧着張りは、下地面とタイル裏面とに張付けモルタルを塗り付け、タイルを張り付ける工法である。

> **解説** マスク張りは、表張りユニットの裏面に専用マスクをかぶせ、ユニット裏面全面に張付けモルタルを塗り付け、マスクを外して、タイルを張る工法である。　　　　　　　　　　　　　　　　　　　　　解答　(3)

有機系接着剤による壁タイル後張り工法に関する記述として、**最も不適当なもの**はどれか。

(1)　外壁の施工に使用する接着剤は、練混ぜの必要がない一液反応硬化形のものを使用した。

(2)　張付け用接着剤は、くし目立てに先立ち、こて圧をかけて平坦に下地に塗り付けた。

(3)　くし目立ては、くし目ごての角度を壁面に対し直角とし、くし目を立てた。

(4)　二丁掛けのタイル張りは、密着張りで使用する振動工具で加振して張り付けた。

> 解説　くし目立ては、くし目ごての角度を壁面に対して60°とする。
>
> 解答　(3)

問3　**R1前期-No.26**　　　　　　　　　　　➡ 2 石工事

　鉄筋コンクリート造の外壁乾式工法による張り石工事に関する記述として、**最も不適当なもの**はどれか。

(1)　入隅で石材がのみ込みとなる部分は、目地位置より20 mmを表面仕上げと同様に仕上げた。
(2)　ファスナー部分は、固定のため、張り石と躯体のすき間に取付け用モルタルを充填した。
(3)　石材間の一般目地は、目地幅を10 mmとしてシーリング材を充填した。
(4)　幅木は、衝撃対策のため、張り石と躯体のすき間に裏込めモルタルを充填した。

> 解説　(2)外壁乾式工法は、ファスナーにより地震時などの躯体の挙動に追従しやすい構造となっている。したがって、ファスナー部分はモルタルなどで固定しない。
> (4)外壁乾式工法においても、外壁湿式工法と同様、幅木など最下部の石材は取付け用モルタルで固定する。
>
> 解答　(2)

　内壁空積工法による張り石工事に関する記述として、<u>最も不適当なもの</u>はどれか。

(1)　だぼの取付け穴は、工場で加工した。

(2)　一般部の石材は、縦目地あいばにだぼおよび引き金物を用いて据え付けた。

(3)　引き金物と下地の緊結部分は、取付け用モルタルを充填し被覆した。

(4)　引き金物用の道切りは、工事現場で加工した。

解説　一般部の石材は、下段の石材の横目地あいばに取り付けただぼに合わせて、目違いのないように取り付ける。　　　　　　　　　　解答　(2)

屋根およびとい工事

屋根葺き材料による屋根の種類は、金属板葺・折板葺・粘土瓦葺・スレート葺・アスファルトシングル葺などがある。また、同じ材料を用いてもさまざまな葺き方があり、出題傾向を見極めるのは難しいが、近年の出題に絞って取り上げる。

雨どいには、鋼板製と硬質塩化ビニル製の2種類がある。

1 金属製折板葺 重要度 ★★★

● アスファルト舗装の構成

鉄骨母屋にタイトフレームを隅肉溶接し、その上から折板をかぶせ、山ごとにボルトで固定する。

項目	内容
継手	・流れ方向に設けない。
タイトフレームと下地の接合	・タイトフレームは、亜鉛めっき製とする。 ・隅肉溶接とし、スラグ除去後、錆止め塗料を塗り付ける。
折板の固定	・それぞれの山ごとにタイトフレームに固定する。 ・流れ方向の重ね部の緊結ボルト間隔は600mm程度とする。
パッキン	・厚さ5mm以上のブチルゴム・クロロプレンゴム製。 ・厚さ6mm以上のアスファルト製など。
けらば納め	・けらば包みは1.2m以下の間隔で下地に取り付ける。 ・継手の重ねは60mm以上とし、端部用タイトフレームの近くに設け、シーリング材を挟み込む。
棟納め	・棟包みの水上の先端：雨水の侵入を防ぐため、止水面戸を取り付ける。 ・棟包みの水下側：風雨の吹き込みを防ぐため、エプロン面戸を取り付ける。
軒納め	・外壁との隙間をふさぐため、軒先面戸を取り付ける。 ・水切れを良くするため、先端の下底に尾垂れを加工する。
雨押さえ	・壁際の立上げ150mm、折板の覆い200mm

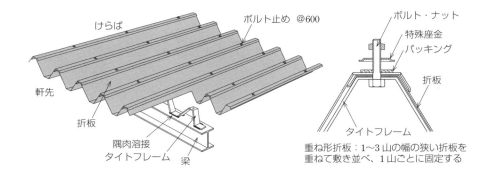

けらば

ボルト止め @600

軒先

折板

隅肉溶接

タイトフレーム

梁

ボルト・ナット

特殊座金

パッキング

折板

タイトフレーム

重ね形折板：1～3山の幅の狭い折板を
重ねて敷き並べ、1山ごとに固定する

2 粘土瓦葺

重要度 ★☆☆

項目	内容
瓦桟木	杉製、幅21mm×高さ15mm以上、防腐処理
棟補強用心材	杉製、幅40mm×高さ30mm以上、防腐処理
釘・ねじ・金物	ステンレス製
緊結線	径1.0mm以上の合成樹脂被膜銅線または径0.9mm以上のステンレス製
下葺材	・改質アスファルトルーフィング下葺材 ・重ね合わせ：上下100mm、左右200mm以上 ・重ね合わせ部を間隔300mm程度で留め付ける ・棟：重ね合わせ300mm以上 ・谷・棟：二重葺
葺土	なんばんしっくい・モルタル（セメント1：砂4）
谷どい	銅板製は厚さ0.4mm以上

3 雨どい

重要度 ★★☆

● 軒どい

[鋼板製とい]

- 取付け間隔は0.9m以下（多雪地域では0.45m以下）とする。
- 継手は、相互の耳巻き部分に力心を差し込み、重ね代40mmとしてはんだ付けする。
- といと、とい受け金物は、径1.2mm以上の金属線で固定する。

［硬質塩化ビニル雨どい］

- 取付け間隔は 0.6 m 以下（多雪地域では 0.45 m 以下）とする。
- 継手・曲がりなどは、専用の部品を接着剤で取り付ける。
- といと、とい受け金物は、径 1.2 mm 程度の金属線で、といの伸縮挙動を阻害しない程度に固定する。
- 1 本の長さは 10 m 以内とし、あんこうまたは集水器部分で伸縮を確実に吸収するように取り付ける。

● たてどい

［鋼板製とい］

- 取付け間隔は 1.0 m 以下とする。
- 継手は、上に来るたてどいを、下のといに直径寸法程度差し込んで継ぐ。

［硬質塩化ビニル雨どい］

- 取付け間隔は 0.9 m 以下とする。
- 継手は、継手部品で接着剤を用いて継ぐ。
- 継いだ長さが 10 m を超える場合は、エキスパンション継手を設ける。

問1 H29後期-No.54 　　　　　➡1 金属製折板葺

金属製折板葺屋根工事に関する記述として、最も不適当なものはどれか。

(1) けらば包みの継手位置は、端部用タイトフレームの近くに設ける。

(2) 雨押さえは、壁部との取合い部分の浸水を防ぐために設ける。

(3) タイトフレームと下地材との接合は、スポット溶接とする。

(4) 変形防止材は、けらば部分の折板の変形を防ぐために設ける。

> **解説** タイトフレームと下地材の接合は、隅肉溶接とする。溶接部はメッキがなくなり錆びやすくなっているため、スラグ除去後、防錆処理する。
>
> 解答　(3)
>
>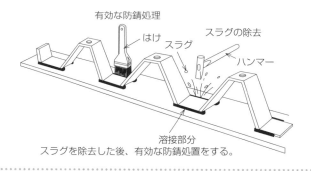
>
> 有効な防錆処理　はけ　スラグ　スラグの除去　ハンマー
>
> 溶接部分
> スラグを除去した後、有効な防錆処置をする。

問2 R1後期-No.27 　　　　　➡1 金属製折板葺

金属製折板葺の工法に関する記述として、最も不適当なものはどれか。

(1) 重ね形折板のボルト孔は、折板を1枚ずつ、呼び出しポンチで開孔した。

(2) 重ね形折板は、各山ごとにタイトフレーム上の固定ボルトに固定した。

(3) 折板葺のけらばの変形防止材には、折板の3山ピッチ以上の長さのものを用いた。

(4)　折板葺の棟包みの水下側には、雨水を止めるために止水面戸を用いた。

> **解説**　棟包みの水下側には、風雨の吹き込みを防ぐため、エプロン面戸を取り付ける。止水面戸は雨水の侵入を防ぐため、棟包みの水上側に取り付ける。
>
> 解答　(4)

問3　**R2後期-No.27**　　　　　　　　　➡ 3 雨どい

　硬質塩化ビニル雨どいの工事に関する記述として、最も不適当なものはどれか。

(1)　たてどいの継手は、専用の部品により接着剤を用いて取り付けた。

(2)　たてどいの受け金物は、900 mm間隔で通りよく取り付けた。

(3)　軒どいの両端は、集水器に接着剤を用いて堅固に取り付けた。

(4)　軒どいの受け金物は、所定の流れ勾配をとり、600 mm間隔で取り付けた。

> **解説**　硬質塩化ビニル雨どいの軒どいの両端は、集水器部分で伸縮を確実に吸収するように取り付ける。
>
> 解答　(3)

第12章 金属工事

　金属工事は、毎年出題されていた「軽量鉄骨壁下地」「軽量鉄骨天井下地」の出題数が減り、「金属の表面仕上げ」の出題数が増加した。しかしながら、建築現場では軽量鉄骨壁下地・天井下地の施工が多用されており、基礎知識の習得のため、押さえておくとよい。

1 金属の表面処理・表面仕上げ

重要度

● ステンレスの表面仕上げ

仕上げの種類	内容
No.2 D	冷間圧延後、熱処理、酸洗した仕上げ
No.2 B	冷間圧延、熱処理、酸洗後、適度な光沢を与えるために軽い冷間圧延をした仕上げ
BA	冷間圧延後、光輝熱処理し、さらに光沢を上げるために軽い冷間圧延をした仕上げ
ヘアライン	適度な粒度の研磨材で連続した磨き目を付けた仕上げ
鏡面	研磨線がなくなるまでバフで研磨した、鏡に近い仕上げ
エンボス	機械的に凹凸の浮出し模様を付けた仕上げ
エッチング	化学処理により研磨板に図柄や模様を施した仕上げ

● 銅・鋼・アルミニウム合金の表面処理および表面仕上げ

金属	処理・仕上げの種類	内容
銅	硫化いぶし仕上げ	硫黄を含む薬品を用い、銅合金の表面をかっ色に着色した仕上げ
鋼	電気めっき	鋼材などを電解液中で通電して、その表面に被膜金属を生成させること
鋼	溶融亜鉛めっき	鋼材を溶融した亜鉛の中に浸せきして、表面に亜鉛皮膜を生成させること
アルミニウム	陽極酸化被膜	アルミニウム合金を電解液中で電気分解して、表面に生成させた被膜
アルミニウム	陽極酸化塗装複合被膜	アルミニウム合金に陽極酸化処理を施した後、塗装を施すことにより、耐食性、耐候性、装飾性などの品質を向上させた被膜
アルミニウム	化成被膜	アルミニウム合金に酸またはアルカリ性水溶液を用いて、無電解で生成させた被膜

● アルミニウム表面処理の性質・欠陥（JIS H 0201）

用語	定義
ダイマーク	押出（引抜）材表面の押出（引抜）方向に現れる線状の細かい凹凸
みみずしみ	重ねた板の間の面にできる、みみずがはったようなしみ
バフ焼け	バフ研磨中の高熱のために生じた研磨面の不均質性
チョーキング	主として光による劣化が原因で起こる、表面が粉末状になる現象
接触腐食	異種金属が接触し、電解質が介在して電気回路が形成したときに生じる腐食

point ワンポイントアドバイス

・種類の異なる金属が接し、水分があると、イオン化傾向の大きい金属（＋）からイオン化傾向の小さい金属（−）に電流が流れ、（＋）の金属が腐食する。この異種金属接触腐食の防止には、絶縁材を間に入れることが有効である。
・陽極酸化被膜はアルミニウムの、亜鉛めっきは鉄鋼の耐食性を高めるための加工である。

2 軽量鉄骨壁下地
重要度 ★★☆

● 壁下地の構成と施工手順

❶ 上下ランナーの固定

❷ スタッドの調整・切断

❸ スペーサーの取付け

❹ スタッドの建込み

❺ 振れ止めの取付け

天井スラブ・梁
ランナー
振止め @ 1200
ランナー
1200
スタッド
開口部補強
スタッド高さ
1200
スペーサー @ 600
ライナー打込みピン @ 900 以内で固定
床スラブ

▶ スタッドの種類

スタッド断面 (形名の数字は a の寸法 〔mm〕)		高さによる区分
50形		高さ 2.7 m 以下
65形	45 0.8 a	高さ 4.0 m 以下
90形		高さ 4.0 m を超え 4.5 m 以下
100形		高さ 4.5 m を超え 5.0 m 以下

▶ 施工方法

項目	内容
ランナー	・端部から 50 mm 程度および @900 程度に打込みピンで床、梁下、スラブ下に固定 ・継手は突付け ・曲面の壁に用いる場合は、工場でアール加工 ・鋼製天井下地に取り付ける場合は、@900 程度にタッピンねじまたは溶接で固定
スペーサー	・スタッドのねじれ防止、振れ止めの固定、@600
スタッド	・上部ランナーの上端とスタッド天端の隙間は 10 mm 以下 ・壁に添え付く場合、端部および @900 程度に打込みピンで固定
スタッドの間隔	・ボード 2 枚張り・下地張りがある場合　@450 程度 ・ボード 1 枚張り・仕上げ直張りの場合　@300 程度
振れ止め	・床面ランナー下端から @1200 ・切断した場合は、同材で補強
開口補強	・縦枠補強材の上部は梁下・床スラブ下に達する長さとし、取付け用金物に溶接・ボルトなどで取付け

3 軽量鉄骨天井下地

● 天井下地の構成

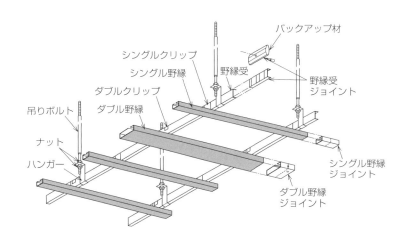

バックアップ材

シングルクリップ

シングル野縁

ダブルクリップ

野縁受

野縁受
ジョイント

吊りボルト

ダブル野縁

ナット

ハンガー

シングル野縁
ジョイント

ダブル野縁
ジョイント

● 野縁などの種類

（公共建築工事標準仕様書、単位〔mm〕）

部材／種類	19形（屋内）	25形（屋外）
シングル野縁	25 × 19 × 0.5	25 × 25 × 0.5
ダブル野縁	50 × 19 × 0.5	50 × 25 × 0.5
野縁受	38 × 12 × 1.2	38 × 12 × 1.6
野縁受ハンガー	厚さ2.0以上	
クリップ	板厚0.6以上	板厚0.8以上
吊りボルト	転造ねじ、ねじ山径9.0（円筒部径8.1以上）	
ナット	高さ8.0	

施工方法

項目	内容
吊りボルト	・コンクリートの場合は埋込みインサートに十分にねじ込み、鉄骨の場合は溶接などで垂直に取付け ・インサートは鋼製、防錆処理 ・間隔900mm程度、周辺部は端から150mm以内
野縁受	・ジョイント位置は1m以上ずらして千鳥に配置
吊ボルトの補強	・天井の段違い部分は2 700mm程度の間隔で斜め補強 ・天井ふところが1 500mm以上3 000mm以下は、縦横間隔1 800mm程度に水平補強、縦横間隔3 600mm程度に斜め補強
留付けクリップ	・野縁受に対して、つめの向きを交互にして留付け
野縁	・屋内19形、屋外25形（数値は野縁の高さ寸法：単位〔mm〕） ・ボードの板継ぎ部分、壁付部分はダブル野縁 ・ジョイント位置は野縁受から150mm以内で1m程度ずらして千鳥に配置
野縁の間隔	・ボード2枚張り・金属成形板張りの場合　@360mm程度 ・ボード1枚張りの場合　@300mm程度
野縁のはね出し	・野縁受から150mm以内
開口補強	・開口による野縁・野縁受の切断は同材で補強
レベル調整	・野縁取付け後、レベル調整、ハンガーのナットを本締め ・むくり：部屋のスパンの1/500〜1/1 000程度
防錆処理	・溶接箇所に錆止め塗料を塗布

---

point　ワンポイントアドバイス

・天井を平らに張ると、目の錯覚で中央が下がったように見える。また、将来的に建物の各部が自重により垂れ下がるおそれがあるため、あらかじめ天井の中央部を上反りに上げておくことを天井むくりという。
・JISによる建築用鋼製下地材には亜鉛メッキ量が規定されており、高速カッターなどによる切断面には亜鉛の犠牲防食作用が期待できるため、錆止め塗装は行わなくてよい。

問1 **R1 前期-No.27** ➡ 1 金属の表面処理・表面仕上げ

ステンレス板の表面仕上げの説明として、最も不適当なものはどれか。

(1) No.2 B は、冷間圧延して熱処理、酸洗した後、適度な光沢を与えるために軽い冷間圧延をした仕上げである。

(2) ヘアラインは、冷間圧延して光輝熱処理を行い、さらに光沢を上げるために軽い冷間圧延をした仕上げである。

(3) エッチングは、化学処理により研磨板に図柄や模様を施した仕上げである。

(4) 鏡面は、研磨線がなくなるまでバフ仕上げをした最も反射率の高い仕上げである。

解説 ヘアラインは、適当な粒度の研磨材で連続した磨き目がつくように研磨した仕上げである。設問肢(2)の説明は、BAの表面仕上げである。BA仕上げは厨房用品などに多く採用されている。 解答 (2)

問2 **H30 後期-No.27** ➡ 1 金属の表面処理・表面仕上げ

金属材料の表面処理および表面仕上げに関する記述として、最も不適当なものはどれか。

(1) ステンレスの表面に腐食溶解処理して模様を付けたものを、エンボス仕上げという。

(2) 銅合金の表面に硫黄を含む薬品を用いてかっ色に着色したものを、硫化いぶし仕上げという。

(3) アルミニウム合金を硫酸その他の電解液中で電気分解して、表面に生成させた皮膜を陽極酸化皮膜という。

(4) 鋼材などを電解液中で通電して、表面に皮膜金属を生成させることを電気めっきという。

問3 H29後期-No.55　　　　　　　　　　　　　➡2 軽量鉄骨壁下地

軽量鉄骨壁下地に関する記述として、最も不適当なものはどれか。

(1) 床ランナーは、端部を押さえ、900 mm間隔に打込みピンでコンクリート床に固定した。

(2) スタッドは、上部ランナーの上端とスタッド天端のすき間が10 mm以下となるように取り付けた。

(3) ボード1枚張りであったので、スタッドの間隔を450 mmとした。

(4) 出入口開口部の垂直方向の補強材の上部は、梁下、床スラブ下に固定した。

解説 ボード1枚張りの場合のスタッドの間隔は、300 mm程度とする。
　　　　　　　　　　　　　　　　　　　　　　　　　　　　　　解答 (3)

問4 H29後期-No.86　　　　　　　　　　　　　➡3 軽量鉄骨天井下地

天井に用いるアルミモールディングの取付けに関する記述として、最も不適当なものはどれか。

(1) アルミモールディングの留付けは、目立たないよう目地底にステンレス製の小ねじ留めとした。

(2) 軽量鉄骨天井下地は、屋内であったので野縁の間隔を450 mmとした。

(3) 軽量鉄骨天井下地は、中央部が高くなるよう、スパンの1/500のむくりを付けて組み立てた。

(4) アルミモールディングの割付けは、半端な材料が入らないように基準墨をもとに墨出しのうえ行った。

解説 屋内天井の金属成形板張りの野縁の間隔は、360 mm程度とする。
　　　　　　　　　　　　　　　　　　　　　　　　　　　　　　解答 (2)

^第13^章 左官工事

　左官工事の種類は多く、「セメントモルタル塗り」「床コンクリート直均し仕上げ」「セルフレベリング材塗り」「合成樹脂塗床」「仕上塗材仕上げ」「せっこうプラスター塗り」「ロックウール吹付け」「硬質ウレタンフォーム吹付け」が出題されている。

　その中で、近年、出題数の多いものについて重点的に学習する。

1 仕上塗材仕上げ 重要度 ★★★

● 材料および施工

項目	内容
仕上塗材	・製造所で、指定された色、つやなどに調合する。 ・下塗材、主材および上塗材は、同一製造所の製品とする。
工法	・吹付け、ローラー塗りおよびこて塗りは、主材の塗付け時に行う。
所要量	・被仕上塗材仕上げ面単位面積に対する希釈する前の仕上塗材の使用質量から算出する。
シーリング面への施工	・塗重ね適合性を確認し、シーリング材が硬化した後に行う。

● コンクリート面の下地調整塗材の種類

下地調整塗材の種類	適用仕上塗材
セメント系下地調整塗材1種	内装薄塗材E 外装薄塗材E 複層塗材E
セメント系下地調整厚塗材1種	
合成樹脂エマルション系下地調整塗材	
セメント系下地調整塗材2種	すべての仕上塗材
セメント系下地調整厚塗材2種	

● 下地調整

種類	用途
合成樹脂エマルションシーラー	吸込み止め、密着性の向上
合成樹脂エマルションパテ	穴埋め、屋内用
エポキシ樹脂パテ	穴埋め、屋外および室内の湿潤となる場所

2 セメントモルタル塗り（コンクリート壁下地） 重要度 ★★☆

項目	内容
塗厚	・1回7mm以下、全塗厚25mm以下（床を除く）。 ・塗厚が大きい場合は、下地にアンカーピンを打ち、ラス網を使用。
保水剤	・メチルセルロース（ひび割れ防止）。
練混ぜ	・機械練り。 ・練混ぜ後60分以内に使い切る。
吸水調整材	・モルタルの水分の吸込みを抑える（ドライアウトの防止）。 ・ポリマーセメントペースト（接着性の向上）。
下塗り	・吸水調整剤の乾燥後、塗り付ける。ポリマーセメントペースト塗りを行った場合は、乾燥前に塗り付ける。 ・下塗り後、金ぐし類で目荒らしを行い、ドライアウト防止のため、水湿し14日以上放置して、ひび割れを十分に発生させる。 ・サンドモルタル使用の場合は、表面が凹凸状に仕上がるため、目荒らし不要。
むら直し	・むらが著しい場合に行う。 ・部分的な場合は、下塗りに引き続き行う。 ・比較的大きい場合は、ひび割れ発生後に塗り付け、荒らし目を付けて、7日以上放置する。
むら	・塗面が不均一なこと。
中塗り	・定規通しよく（定規塗りの基準面に合わせて）全体に平らに塗り付ける。
定規塗り	・出隅・入隅・ちり回りに、基準の厚みに帯状に塗り付ける。
上塗り	・中塗りの状態を見計らい、面・角・ちり回りに注意して、こてむらなく平らに仕上げる。
仕上げ	・金ごて：一般塗装下地、壁紙張り下地、防水下地、内装タイル接着張り下地。 ・木ごて：圧着張りタイル下地。

富調合と貧調合

項目	セメント:砂	用途	内容	砂の粒度
富調合	1：2.5	下塗り	・セメントの量が多い。 ・下地への付きが良く強度も出る。 ・乾燥収縮によるひび割れが出やすい。	大きい
貧調合	1：3	むら直し 中塗り 上塗り	・セメントの量が少ない。 ・下地への付きは悪い。 ・ひび割れが少ない。	小さい

3 せっこうプラスター塗り

項目	内容
性能	・火災時に多量の水分を放出して温度の上昇を抑えるという性質があり、防火・耐火性が高い。 ・保水性が高いため、湿度の高い場所への使用は避ける。
材料	・製造後4か月以上経過したものは使用しない。 ・下塗り・中塗りには、加水後2時間以上経過したものは使用しない。 ・上塗りには、加水後1.5時間以上経過したものは使用しない。
下塗り 塗厚6〜8mm	・下地モルタルは十分に乾燥させ、セメントモルタルで下塗り後、むら直し、くし目入れを行う。 ・せっこうラスボード下地の場合は、既調合プラスター（下塗用）で下塗り・中塗りを行う。
中塗り 塗厚5〜7mm	・下塗りの硬化後、要所を正確に塗り付け、木ごてで平坦にする。
上塗り 塗厚3〜5mm	・中塗りの水引き具合を見計らい、仕上げごてで仕上げる。
養生	・作業中は、通風を避けて急な硬化を防ぐ。 ・硬化後は、適度の通風を与えて乾燥を図る。

せっこうは弱酸性〜中性のため、せっこうプラスターにアルカリ性のセメントを混入すると硬化不良を起こす。水和反応の仕組みや硬化時間も異なるため、混入は避ける。

■ 平滑で純白の仕上がり面の比較

種類	主成分	特徴
せっこうプラスター塗り	焼石膏	水硬性のため、作業は迅速に行う。乾燥に伴う収縮がほとんどないため、壁面に亀裂が生じにくい。
ドロマイトプラスター塗り	苦灰石（炭酸カルシウム＋炭酸マグネシウム）	マグネシウムを含んでいるため粘り気があり、糊材を必要とせず、練混ぜが容易で作業性が良い。
漆喰塗り	消石灰	耐火性、耐久性、調質性に優れ、強アルカリのため、カビの発生を抑える。日本の伝統的な塗り壁材。

4 セルフレベリング材塗り 重要度 ★★★

項目	内容
セルフレベリング材	自己流動性をもつ素材で、流し込んで均すことで、平坦・平滑な床下地を施工できる。
セルフレベリング材の種類	せっこう系とセメント系がある。せっこう系は、耐水性が弱く、鉄部を発錆させる。セメント系は、耐水性が高く、防錆効果がある。
下地	下地となるコンクリートは直均し仕上げとし、金ごて押えを1回行い養生する。
下地処理	コンクリート下地を掃除機で清掃後、デッキブラシなどで吸水調整剤（シーラー）を1〜2回塗布、半日以上乾燥させる。
塗厚	標準塗厚は10mm程度とする。
表面均し	柄の長いトンボで均す。
打継ぎ部	突起はサンダーで削り取る。
養生	硬化するまでは窓や開口部をふさぎ、その後自然乾燥させる。養生期間は7日以上（冬期14日以上）、仕上材施工は30日以内に行う。

過去問チャレンジ（章末問題）

問1 **R3前期-No.41** ➡1仕上塗材仕上げ

仕上塗材仕上げに関する記述として、不適当なものを2つ選べ。

(1) 各工程ごとに用いる下塗材、主材および上塗材は、同一製造所のものとした。

(2) 仕上塗材の所要量は、被仕上塗材仕上面の単位面積に対する希釈前の仕上塗材の使用質量から算出した。

(3) 屋外や室内の湿潤となる場所の下地調整に用いるパテは、合成樹脂エマルションパテを使用した。

(4) シーリング面への仕上塗材仕上げは、シーリング材の硬化前に行った。

> 解説 (3)屋外や室内の湿潤になる場所の下地調整に用いるパテは、エポキシ樹脂パテである。
> (4)シーリング面への施工は、塗重ね適合性を確認し、シーリング材が硬化した後に行う。 解答 (3)(4)

問2 **H30後期-No.28** ➡2セメントモルタル塗り（コンクリート壁下地）

コンクリート壁下地のセメントモルタル塗りに関する記述として、最も不適当なものはどれか。

(1) 下塗り、中塗り、上塗りの各層の塗り厚は、6mm程度とした。

(2) 下塗り後、モルタル表面のドライアウトを防止するため、水湿しを行った。

(3) 上塗りの塗り厚を均一にするため、中塗り後、むら直しを行った。

(4) モルタルの1回の練混ぜ量は、60分以内に使い切れる量とした。

問3　R2後期-No.28　　　　　　　　　　　→4 セルフレベリング材塗り

セルフレベリング材塗りに関する記述として、最も不適当なものはどれか。

(1) セルフレベリング材塗りは、下地となるコンクリートの打込み後、1か月経過したのちに行った。

(2) セルフレベリング材の流し込みは、吸水調整剤塗布後、直ちに行った。

(3) セルフレベリング材の流し込み作業中は、できる限り通風を避けるよう窓や開口部をふさいだ。

(4) セルフレベリング材の流し込み後の乾燥養生期間は、外気温が低い冬季であったため、14日間とした。

第14章 建具工事

建具工事では、「鋼製建具」「アルミニウム製建具」「ガラス工事」に関する出題が多く、「建具金物」「キーシステム」「シャッター工事」「木製建具」についても頻度は少ないが出題されている。

材料・加工・取付方法について整理し、理解しておくこと。

1 鋼製建具

重要度

項目	内容
材料	・鋼板は、溶融亜鉛めっき鋼板。 ・くつずりは、厚さ1.5 mmのステンレス鋼板製。 ・気密材は、合成ゴム（EPDM、クロロプレンなど）または合成樹脂（塩化ビニルなど）。
鋼板面の錆止め塗料塗り	・1回目は、製作工場にて組立て後に行う。 ・2回目は、工事現場にて行う。 ・両面フラッシュ戸の表面板裏側の見え隠れ部分は、錆止め塗装不要である。
加工組立て	・外部に面するくつずりは、両端を縦枠より延ばし、枠の裏で溶接する。 ・枠類のつなぎ補強板は、端部を押さえ、@600以下とする。 ・溶融亜鉛めっき鋼板の溶接部・損傷部は表面を平滑にし、鉛・クロムフリー錆止めペイントで補修する。 ・戸の力骨は厚さ2.3 mmの鋼板製とし、戸の四周に設ける。 ・戸の中骨は厚さ1.6 mmの鋼板とし、@300以下とする。 ・外部に面する両面フラッシュ戸は、下部を除き、三方の見込み部を表面板で包む。 ・くつずり、下枠など、モルタル充填の困難な箇所は、あらかじめ裏面に鉄線などを取り付けておき、モルタル詰めを行った後に取り付ける。
防火戸	・ドアクローザーにストッパーは付けない。

---

point ワンポイントアドバイス

見え掛かり部とは、目に見える部分のこと。
見え隠れ部とは、隠れて見えない部分のこと。

---

2 アルミニウム製建具

重要度 ★★☆

項目	内容
材料	・鋼製の補強材は亜鉛めっき処理したものを使用する。 ・アルミニウムに接する小ねじなどの材質は、ステンレス製とする。 ・合成樹脂製の防虫網の線径は0.25mm以上、網目は16〜18メッシュとする。 ・枠、かまちなどのアルミニウム板厚は1.5mm以上とする。
建具枠廻り充填モルタル	・セメント1：砂3。 ・モルタルに用いる砂の塩分含有量は、NaCl換算で0.04％（質量比）以下とする。
加工組立て	・アンカーは、両端から逃げた位置から@500以下とする。 ・雨水浸入のおそれのある接合部には、シーリング材または止水材を用いて止水処理を行う。 ・隅部の突付け小ねじ締め部分にシーリング材を充填する。 ・アルミニウム製部材がモルタルに接する箇所には、ウレタン樹脂系の塗料を塗布する。
取付け	・外部建具枠回りにモルタルを充填する際、仮止め用のくさびを取り除く。
養生	・枠に付着した油類の汚れは、エチルアルコールを5〜10％加えた温湯で拭き取る。 ・取付けの際、建具の養生材は除去を最小限にとどめ、取付けが終わった後に復旧する。

3 ガラス工事

重要度 ★★★

▶ ガラスの種類

種類	内容
フロート板ガラス	・フロート方式によって製造した透明な板ガラス。
型板ガラス	・ロールアウト式によって、ロールに彫刻された型模様をガラス面に熱間転写して製造された、片面に型模様のある板ガラス。 ・型模様面を室内側とする。
網入りガラス	・線径0.4mm以上の金属製の網がガラス内部に挿入されている板ガラス。 ・主たる機能に防火性がある。 ・水分の影響による線材の発錆を防ぐため、建具の下枠に水抜き孔を設ける。 ・下辺小口および縦小口下端から1/4の高さに防錆処置を行う。
合わせガラス	・2枚以上の材料板ガラスに中間膜を挟み全面接着したもので、外力の作用によって破損しても破片の大部分が飛び散らないようにしたガラス。
複層ガラス	・2枚以上の板ガラスを一定の間隙をおいて並置し、その間隙（中空層）に大気圧に近い圧力の乾燥気体を満たして周辺を封止したもの。 ・乾燥気体には、空気・アルゴンガスなどがある。

種類	内容
熱線反射ガラス	・日射熱の遮へいを主目的とし、ガラスの片側の表面に日射の波長域で反射率が高い熱線反射性の薄膜を形成したガラス。 ・反射膜コーティング面を室内側とする。 ・ミラー効果があり、反射映像の歪みを小さくするため、映像調整を行う。
Low-E（低放射）ガラス	・複層ガラスの中空層に面した表面片側に、常温熱放射の波長域で反射率が高いLow-E膜をコーティングし、複層ガラスの断熱性能を高めたもの。

ガラスのはめ込み構法

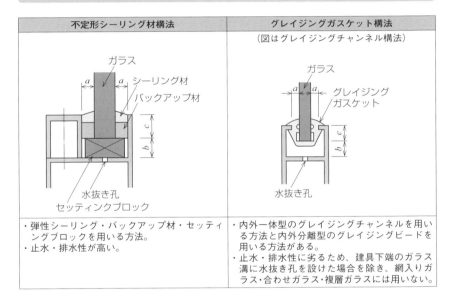

不定形シーリング材構法	グレイジングガスケット構法
	（図はグレイジングチャンネル構法）
・弾性シーリング・バックアップ材・セッティングブロックを用いる方法。 ・止水・排水性が高い。	・内外一体型のグレイジングチャンネルを用いる方法と内外分離型のグレイジングビードを用いる方法がある。 ・止水・排水性に劣るため、建具下端のガラス溝に水抜き孔を設けた場合を除き、網入りガラス・合わせガラス・複層ガラスには用いない。

ガラスの用語

用語	内容
クリアカット	・板ガラスの切断方法で、エッジ強度の低下を防ぐ。
シーリング材	・ガラスと建具の取合い部分の水密性を高める。
バックアップ材	・ガラスの固定およびシーリング材受け。
セッティングブロック	・ガラスの自重を支え、ガラスと建具の接触を防ぐ。 ・長さ約60mmの小片を、ガラス下辺の両端からそれぞれ1/4となる2か所に設置する。

用語	内容
グレイジングチャンネル	・ガラスをはめ込む断面形状をもった内外一体型のパッキン。 ・材料を伸ばさないようにガラスをはめ込みながら巻き付け、各隅を確実に留め付ける。 ・継目の位置は、ガラスの上辺中央部とする。
水抜き孔	・建具下端のガラス溝に浸入した雨水を排出するため、径6 mm以上の水抜き孔を2か所以上に設置する。

4 建具金物

▶ 金物の種類

形式	金物の種類	内容
開き戸	シリンダー箱錠	・シリンダー、デッドボルト、ドアノブを錠箱に内蔵。 ・強度、防犯性に優れる。 ・彫り込み型はドアの中に錠箱を納める。
	サムターン	・室内側にあるツマミで施解錠する金物。
	モノロック錠	・内外の握り玉の同一線上で施解錠ができる錠。 ・押しボタンやシリンダーを内蔵。
	本締り錠	・デッドボルトのみを有し、鍵またはサムターンで施解錠できる錠。
	空錠	・ラッチボルトのみを有し、鍵なしで開閉できる錠。
	蝶番（丁番）	・開き戸を支持し、開閉動作を円滑にする。 ・建具高さ2m未満は2枚、2.4m以下は3枚。
	ピボットヒンジ	・吊り元の上下に取り付けて開閉する蝶番。
	フロアヒンジ	・金属ばねと緩衝油の作用により戸を自閉する床用蝶番。 ・重量の大きな建具や框（かまち）のない建具に使用。
	クラビティーヒンジ	・扉側と枠側のヒンジ部の勾配を利用し、自重で自閉および自開する蝶番。
	ドアクローザー	・開き戸の自閉機能と閉鎖速度制御機能をもつ金物。
	戸当り	・戸を開いたときに壁に当たらないようにし、また、戸を開いたまま固定する、という役目がある金物。
引き戸	鎌錠	・引き戸用本締り錠。鎌で建具と枠を連結する。
	クレセント	・引き違いサッシの内締り金具。三日月状の鎌錠。
ほか	表示錠	・押しボタンやサムターンでノブの回転を固定する簡易施錠機構に、使用中を表示する表示装置が付いたもの。トイレなどに使用される。

● キーシステム

キーシステム	内容
単独キーシステム	各々の錠をそれに対応する個別の鍵のみで施解錠できるシステム。
同一キーシステム	複数の錠のシリンダー構造を同一とすることにより、1つの鍵で複数の同一構造の錠を施解錠できるシステム。
マスターキーシステム	1つの鍵で複数の異なる錠を施解錠できるシステム。
逆マスターキーシステム	複数の異なる鍵で特定の錠を施解錠できるシステム。
コンストラクションキーシステム	施工後にシリンダーを変更することなく、工事中に使用した鍵では施解錠できなくするシステム。

問1 R3前期-No.26

⇒1 鋼製建具

鋼製建具に関する記述として、最も不適当なものはどれか。

(1) 建具枠の取付け精度は、対角寸法差を3mm以内とした。

(2) 外部に面する鋼製ドアのステンレス製くつずりは、両端を縦枠より延ばし、縦枠の裏面で溶接した。

(3) 外部に面する両面フラッシュ戸の見込み部は、上下を除いた左右2方のみ、表面板で包んだ。

(4) くつずりは、あらかじめ裏面に鉄線を付けておき、モルタル詰めを行った後、取り付けた。

> 解説 外部に面する両面フラッシュ戸は、下部を除き、3方の見込み部を表面板で包む。
>
> 解答 (3)

問2 R1後期-No.29

⇒2 アルミニウム製建具

建具工事に関する記述として、最も不適当なものはどれか。

(1) 鋼製両面フラッシュ戸の表面板裏側の見え隠れ部分は、防錆塗装を行わなかった。

(2) 木製フラッシュ戸の中骨は、杉のむく材を使用した。

(3) アルミニウム製建具のアルミニウムに接する小ねじは、亜鉛めっき処理したものを使用した。

(4) 樹脂製建具は、建具の加工および組立てからガラスの組込みまでを建具製作所で行った。

> 解説 アルミニウムに接する小ねじなどの材質は、ステンレス製とする。
>
> 解答 (3)

問3 　R2後期-No.29 　　　　　　　　　　　　　➡ 3 ガラス工事

外部に面するサッシのガラス工事に関する記述として、**最も不適当なもの**はどれか。

(1) 熱線反射ガラスは、反射膜コーティング面を室内側とした。

(2) 建具下辺のガラス溝内に置くセッティングブロックは、ガラス1枚につき2か所設置した。

(3) グレイジングチャンネルの継目の位置は、ガラスの下辺中央部とした。

(4) 厚さ8mmの単板ガラスの留付けは、不定形シーリング材構法とした。

解説　継目の位置は、ガラスの上辺中央部とする。　　　　　　　解答 (3)

問4 　H29前期-No.59 　　　　　　　　　　　　　➡ 4 建具金物

建具工事に関する記述として、**最も不適当なもの**はどれか。

(1) 防水層と取り合う建具枠には、枠取付け形のピボットヒンジを用いることとした。

(2) 片開き防火戸には、ストッパー付きのドアクローザーを用いることとした。

(3) トイレブースの扉には、自重で自閉するグラビティーヒンジを用いることとした。

(4) 外部に面する出入口の扉には、シリンダー箱錠を用いることとした。

解説　火災が起こった際に確実に閉鎖できるように、防火戸にストッパー付きのドアクローザーは用いない。　　　　　　　解答 (2)

第15章 塗装工事

　塗装前の「素地ごしらえ」の作業順序と、塗装の施工方法についての問題がほとんどである。

　塗装下地となる素地の種類、素地ごしらえに使用する材料の種類も多く、その組合せに注意が必要である。

1 素地ごしらえ　重要度 ★★★

● 素地の種類と素地ごしらえの作業工程

素地	作業工程		塗料その他・面の処理
木部	共通	① 汚れ、付着物除去	木部を傷つけないように除去し、油類は溶剤などで拭取り
		② やに処理	削り取り、電気ごて焼きのうえ、溶剤などで拭取り
		③ 研磨紙ずり	かんな目、逆目、けばなどを研磨
	不透明塗り仕上げ	④ 節止め	木部下塗り用調合ペイント・セラックニス
		⑤ 穴埋め	合成樹脂エマルションパテ処理
		⑥ 研磨紙ずり	パテの乾燥後、全面を平らに研磨
	透明塗り仕上げ	④ 目止め（吸込止め）	との粉を塗り、木目が見えるまで研磨
		⑤ 着色	色むらのないように塗り、乾いた布で拭取り
		⑥ 漂白	仕上げの支障となる甚だしい変色は、漂白剤で修正
鉄鋼面	① 汚れ、付着物除去		スクレーパー、ワイヤブラシで除去
	② 油類除去		溶剤拭きなど
	③ 錆落し		ブラスト法、スクレーパー、ワイヤブラシで除去後、放置せず次工程へ
	④ 化成皮膜処理		りん酸塩処理後、湯洗い乾燥させ、放置せず次工程へ
亜鉛めっき鋼面	① 汚れ、付着物除去		スクレーパー、ワイヤブラシで除去
	② 油類除去		溶剤拭きなど
	③ エッチングプライマー塗り		2〜8時間の間に次工程へ

素地	作業工程	塗料その他・面の処理
モルタル・プラスター	① 乾燥	素地を十分に乾燥させること
	② 汚れ、付着物除去	素地を傷つけないように除去
	③ 吸込止め	合成樹脂エマルションシーラー全面塗り
	④ 穴埋め・パテかい	建築用下地調整塗材・合成樹脂エマルションパテ ひび割れ・穴埋め・不陸調整
	⑤ 研磨紙ずり	パテ乾燥後、表面を平らに研磨
	⑥ パテしごき	全面にパテをしごき取り、平滑にすること
	⑦ 研磨紙ずり	パテ乾燥後、表面を平らに研磨
ALC板・コンクリート	① 乾燥	素地を十分に乾燥させること
	② 汚れ、付着物除去	素地を傷つけないように除去
	③ ALCのみ：吸込止め	合成樹脂エマルションシーラー全面塗り
	④ 下地調整塗り	建築用下地調整塗材を全面に塗り付け、平滑にすること
	⑤ 研磨紙ずり	乾燥後、表面を平らに研磨
	⑥ パテしごき	建築用下地調整塗材・合成樹脂エマルションパテ 全面にパテをしごき取り、平滑にすること
	⑦ 研磨紙ずり	乾燥後、全面を平らに研磨
せっこうボード	① 乾燥	継目処理部分を十分に乾燥させること
	② 汚れ、付着物除去	素地を傷つけないように除去
	③ 穴埋め・パテかい	合成エマルションパテ・せっこうボード用目地処理材 釘頭・たたき跡・傷等を埋め、不陸調整
	④ 研磨紙ずり	パテ乾燥後、表面を平らに研磨
	⑤ パテしごき	全面にパテをしごき取り、平滑にすること
	⑥ 研磨紙ずり	パテ乾燥後、全面を平らに研磨
けい酸カルシウム板	① 乾燥	継目処理部分を十分に乾燥させる
	② 汚れ、付着物除去	素地を傷つけないように除去
	③ 吸込止め	反応形合成樹脂ワニス全面塗り
	④ 穴埋め・パテかい	合成樹脂エマルションパテ 釘頭・たたき跡・傷等を埋め、不陸調整
	⑤ 研磨紙ずり	パテ乾燥後、表面を平らに研磨
	⑥ パテしごき	全面にパテをしごき取り、平滑にすること
	⑦ 研磨紙ずり	パテ乾燥後、全面を平らに研磨

2 施工一般

項目	内容
塗料	上塗り用の塗料は、製造所において指定された色およびつやになるように調色する。ただし、少量の場合は、同一の上塗塗料の製造所の塗料を用いて現場調色とすることができる。 調合された塗料をそのまま使用するが、粘度の調整は可。
研磨紙ずり	下層塗膜およびパテの硬化乾燥後、各層ごとに素地の長手方向に下層の塗膜を研ぎ去らないよう注意して研ぐ。
パテかい	へら・こてで、下地面のくぼみ・隙間・目違い部分に薄く付け、一度で埋まらないものは追いパテを繰り返す。
パテしごき	パテかい・研磨紙ずりの後、パテを全面にへら付けし、素地が現れるまで十分しごき取る。
はけ塗り	はけを用い、はけ目を正しく一様に塗る。
吹付け塗り （スプレー塗り）	塗料に合わせて適切に選定したスプレーガンを用い、塗面に平行に運行し、吹きむらのないよう一様に塗る。 ・エアスプレー：圧縮空気の流れに塗料を接触させ霧化する。空気圧が低すぎると噴霧が粗く、塗り面がゆず肌状になる。 ・エアレススプレー：塗料自体を加圧して、ノズルから塗料を霧状に吹き出す。高粘度、高濃度の塗料による厚膜塗装に適する。
ローラーブラシ塗り	隅・ちり回りは、小ばけなどを用い全面が均一になるように塗る。
中塗り・上塗りの色	塗装回数を明確にするため、中塗り・上塗りの各層の色を変える。
塗装困難箇所	組立て前、取付け前にあらかじめ仕上塗りまで行う。
シーリング面の塗装	シーリング材が硬化した後、塗重ね適合性を確認し、必要な処理を行う。

3 塗装の種類

種類	記号	注意事項
鉄鋼面の合成樹脂調合ペイント塗り	SOP	中塗り塗付け量は 0.09 kg/m^2、上塗り塗付け量は 0.08 kg/m^2 とする。
木部のクリヤラッカー塗り	CL	下塗り材はウッドシーラー、中塗り材はサンジングシーラーとする。
アクリル樹脂系非水分散型塗料塗り	NAD	下塗り・中塗り・上塗りには同一材料を用いる。
つや有合成樹脂エマルションペイント塗り	EP-G	木部の下塗り後のパテかいは、耐水形の合成樹脂エマルションパテを用いる。
合成樹脂エマルションペイント塗り	EP	天井面等の見上げ部分の施工は、1回目の中塗り後の研磨紙ずりを省略する。 中塗り・上塗りへの塗装間隔は2時間以上とする。
オイルステイン塗り	OS	耐候性に劣るため、屋外には使用しない。

問1 **R1前期-No.30** ➡1素地ごしらえ

塗装工事の素地ごしらえに関する記述として、最も不適当なものはどれか。

(1) 透明塗料塗りをする木部面に著しい色むらがあったため、着色剤を用いて色むら直しを行った。

(2) けい酸カルシウム板面の吸込み止めは、穴埋めやパテかいの後に塗布した。

(3) ALCパネル面の吸込み止めは、下地調整前に全面に塗布した。

(4) 鉄鋼面の錆および黒皮は、サンドブラストで除去した。

> 解説 けい酸カルシウム板面の素地ごしらえの工程において、吸込み止めは、穴埋めやパテかいの前に塗布する。 解答 (2)

問2 **R3前期-No.27** ➡1素地ごしらえ

塗装工事における素地ごしらえに関する記述として、最も不適当なものはどれか。

(1) モルタル面の吸込み止めは、パテかいを行った後に、シーラーを全面に塗り付けた。

(2) せっこうボード面のパテかいには、合成樹脂エマルションパテを使用した。

(3) 不透明塗料塗りの木部面は、節止めにセラックニスを塗り付けた。

(4) 鉄鋼面に付着した機械油の除去には、石油系溶剤を使用した。

> **解説** モルタル面の素地ごしらえの作業工程は、吸込み止めとして合成樹
> 脂エマルションシーラーを全面に塗った後に、穴埋め・パテかいを行う。
>
> 解答 (1)

問3 **H29前期-No.60** ⇒1 素地ごしらえ

**塗装工事の素地ごしらえに関する記述として、最も不適当なものはどれ
か。**

(1) 透明塗料塗りの木部面に著しい色むらがあったので、着色剤を用いて色
むら直しを行った。

(2) 透明塗料塗りの木部面に付着したアスファルトや油類は、皮すきで取り
除き、溶剤でふいて乾燥させた。

(3) 鉄鋼面は、さび落しを行った後に油類除去を行った。

(4) ALCパネル面は、合成樹脂エマルションシーラーなどを用いて吸込止
め処理を行った。

> **解説** 鉄鋼面のさび落しは、油類除去後に行う。 解答 (3)

問4 **H29後期-No.60 [改]** ⇒2 施工一般

塗装工事に関する記述として、最も不適当なものはどれか。

(1) 壁面をローラーブラシ塗りとする際、隅やちり回りなどは、小ばけを用
いて先に塗布した。

(2) 高粘度、高濃度の塗料による厚膜塗装は、エアレススプレーではなくエ
アスプレーにより吹き付けた。

(3) 合成樹脂調合ペイントの上塗りは、はけ塗りとし、材料を希釈せずに使
用した。

(4) パテかいは、へらを用い、一度で埋まらないものは追いパテを繰り返し
行った。

解説 高粘度、高濃度の塗料による厚膜塗装は、エアレススプレーに適している。 解答 (2)

問5 **R1後期-No.30** ➡ 3 塗装の種類

木部の塗装工事に関する記述として、最も不適当なものはどれか。

(1) オイルステイン塗りは、耐候性が劣るため、建築物の屋外には使用しなかった。

(2) つや有合成樹脂エマルションペイント塗りの下塗り後のパテかいは、耐水形の合成樹脂エマルションパテを使用した。

(3) クリヤラッカー塗りの下塗り材は、サンジングシーラーを使用した。

(4) 木材保護塗料塗りにおいて、塗料は希釈せず原液で使用した。

解説 木部のクリヤラッカー塗りの下塗りは、ウッドシーラーを用いる。サンジングシーラーは、中塗りで用いる。 解答 (3)

第16章 内装床工事

　内装床工事では、「ビニル床シートおよびビニル床タイル張り」「カーペット敷き」「合成樹脂塗床」「フローリング張り」「フリーアクセスフロア」などが出題されている。その中でも出題数の多い3項目を解説する。

　工程の順を追って理解し、ポイントを押さえることが重要である。

1　フローリングボード張り　重要度 ★★★

▶ 構成層によるフローリングの種類

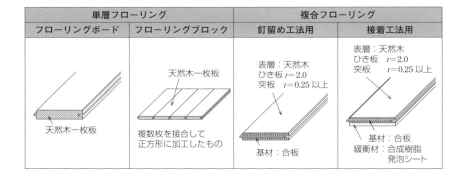

単層フローリング		複合フローリング	
フローリングボード	フローリングブロック	釘留め工法用	接着工法用

単層フローリング
- フローリングボード：天然木一枚板
- フローリングブロック：複数枚を接合して正方形に加工したもの（天然木一枚板）

複合フローリング
- 釘留め工法用：表層：天然木　ひき板 $t=2.0$　突板 $t=0.25$ 以上　基材：合板
- 接着工法用：表層：天然木　ひき板 $t=2.0$　突板 $t=0.25$ 以上　基材：合板　緩衝材：合成樹脂発泡シート

▶ 工法によるフローリングの種類

工法		内容	板厚〔mm〕	
			フローリングボード	複合フローリング
釘留め工法	根太張り工法	下張りを行わずに、根太の上に直接フローリングを、接着剤を併用して釘打ちで張り込む工法。	15	ひき板：15以上 突板：　12以上
	直張り工法	下張り用床板を張った上に、接着剤を併用して、フローリングを釘打ちで張り込む工法。	12以上	ひき板：12以上 突板：　12以上

工法	内容	板厚〔mm〕	
		フローリングボード	複合フローリング
接着工法	コンクリートまたはモルタル下地の類に、接着剤を用いてフローリングを張り込む工法。	8以上 + 緩衝材	ひき板：12以上 + 緩衝材 突板：12以上 + 緩衝材

▶ 施工一般

- 壁、幅木、框および敷居とフローリングの取合いには、必要に応じて、板の伸縮に備えた隙間を設ける。
- 接着剤は、エポキシ樹脂系、ウレタン樹脂系、変成シリコーン樹脂系とする。
- 直張り工法の下張り用合板は、長手方向と根太とが直交するように割り付ける。
- 直張り工法の下張り用合板とフローリング材との継手位置が合わないようにする。
- 隣接するフローリング材の短辺の継手位置がそろわないように割り付ける。
- 釘打ち工法は、フローリング材の雄ざねの付け根から隠し釘で留め付ける。
- 施工済み部分のフローリングが吸湿、汚れ、直射日光、水掛かりの影響を受けないように、ポリエチレンシートなどで養生する。
- 現場塗装仕上げの場合は、養生期間を経過した後、フローリングに生じた目違いをサンディングして削り取り、研磨をかけて平滑に仕上げる。

2 ビニル床シート張り 重要度 ★★★

▶ 施工箇所と接着剤の種類

施工箇所	接着剤の種類
一般の床・垂直面	酢酸ビニル樹脂系、アクリル樹脂系、ゴム系など
水の影響を受けやすい箇所	エポキシ樹脂系、ウレタン樹脂系

▶ 施工一般

- 張付けに先立ち仮敷きを行い、**巻きぐせ**を取る。
- 柄模様のシートは、接合部で**柄合せ**を行い、重ね切りをする。
- 接着剤を所定のくし目ごてを用い、下地面へ均一に塗布する。
- シートの張付けは空気を押し出すように行い、その後**ローラー**で**圧着**する。
- シートを、幅木を兼ねて壁面に巻き上げて張る場合、防水性や清掃性を考慮して、面木などの成形材を用いて入隅部をR状にすることがある。

▶ 熱溶接工法（接合部の目地処理）

- 床シート張付け後、**接着剤**が硬化した状態を見計らい、溝切カッターを用いて、はぎ目および継目の溝切を行う。
- 溝はV字形またはU字形とし、均一な幅で、床シート厚さの2/3程度まで行う。
- 溶接は熱溶接機を用いて、180℃～200℃の熱風でビニル床シートと溶接棒を同時に溶融し、余盛りができる程度に加圧しながら行う。
- 溶接完了後、**溶接部**が**完全**に**冷却**した後、余盛りを削り取り平滑にする。

3 カーペット敷き

重要度 ★★☆

▶ カーペットの種類と工法

カーペットの種類	工法の種類	備考
ウィルトンカーペット	グリッパー工法	下敷き材（フェルト）を敷く。
タフテッドカーペット	グリッパー工法	下敷き材（フェルト）を敷く。
	全面接着工法	接着剤はビニル床材と同じ。
ニードルパンチカーペット	全面接着工法	接着剤はビニル床材と同じ。
タイルカーペット	タイルカーペット全面接着工法	粘着剥離型接着剤（ピールアップボンド）を使用する。

［グリッパー工法］ 釘の突き出た板（グリッパーエッジ）を壁際の床に固定し、釘にカーペットの端を引掛けて留め付ける方法。

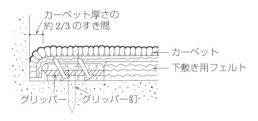

- グリッパーは、カーペットの厚みの2/3分を壁から離し、部屋の周囲に打ち付ける。
- 下敷き用フェルトの継目は突付けとし、端部はグリッパーに重ねず隙間なく敷き込み、接着剤による点付け接着で下地に固定する。
- カーペットの敷詰めは、ニーキッカーで伸張させながらグリッパーに巻き込む。
- ウィルトンカーペットのはぎ合わせは、ヒートボンド工法（接着テープを用いてアイロンで加熱し圧着）または手縫いのつづり縫いとする。

［全面接着工法］ 接着剤でカーペット全面を張り付ける方法。
- 施工時の室温が5℃以下の場合、作業を中止。止むを得ない場合は接着剤が硬化するまで採暖のうえ施工する。
- 下地の全面に接着剤を所定のくし目ごてで均一に塗布し、しわ・ふくれ・たるみを取り除き圧着する。

［タイルカーペット全面接着工法］ 粘着剥離形（容易に剥がせる）の接着剤で、カーペット全面を張り付ける方法。
- 平場の張付けは市松張り、階段は模様流しとする。
- 接着剤を下地に平均に塗布して、オープンタイムを取り、隙間なく張り付ける。
- 張付けは基準線に沿って方向を揃え、中央部から行う。
- フリーアクセスフロア下地の場合は、タイルカーペットの張付けに先立ち、下地面の段違い、床パネルの隙間を1mm以下に調整する。
- タイルカーペットは、フリーアクセスフロアのパネルの目地にまたがるように割り付ける。

問1 **R1前期-No.31** ➡1 フローリングボード張り

床のフローリング張りに関する記述として、最も不適当なものはどれか。

(1) 体育館の壁とフローリングボードの取合いは、すき間が生じないように突き付けた。

(2) 根太張り工法で釘打ちと併用する接着剤は、エポキシ樹脂系接着剤とした。

(3) 根太張り用のフローリングボードは、根太上に接着剤を塗布し、雄ざねの付け根から隠し釘留めとした。

(4) 張込み完了後の表面に生じた目違いは、養生期間を経過した後、サンディングした。

> 解説 フローリング類は木質材であるため、環境の温湿度変化により膨張、収縮を繰り返す。張付けにあたってはこの点を考慮し、壁、幅木、框および敷居とフローリングの取合いにすき間（エキスパンション）を設ける。
>
> 解答 (1)

問2 **R3前期-No.42** ➡1 フローリングボード張り

床のフローリング張りに関する記述として、不適当なものを2つ選べ。

(1) フローリングボードに生じた目違いは、パテかいにより平滑にした。

(2) フローリングボード張込み後、床塗装仕上げを行うまで、ポリエチレンシートを用いて養生をした。

(3) フローリングボードの下張り用合板は、長手方向が根太と直交するように割り付けた。

(4) 隣り合うフローリングボードの木口の継手位置は、すべてそろえて割り付けた。

問3 **H30前期-No.31**　　　　　　　　　　　➡ 3 ビニル床シート張り

ビニル床シート張りに関する記述として、最も不適当なものはどれか。

(1) ビニル床シートは、張付けに先立ち仮敷きを行い、巻きぐせを取る。

(2) シートの張付けは、空気を押し出すように行い、その後ローラーで圧着する。

(3) 熱溶接工法では、ビニル床シートを張り付け、接着剤が硬化した後、溶接を行う。

(4) 熱溶接工法における溶接継目の余盛りは、溶接直後に削り取る。

問4 **R1後期-No.31**　　　　　　　　　　　➡ 3 カーペット敷き

カーペット敷きに関する記述として、最も不適当なものはどれか。

(1) タイルカーペットは、粘着はく離形の接着剤を用いて張り付けた。

(2) 全面接着工法によるカーペットは、ニーキッカーを用いて、十分伸長させながら張り付けた。

(3) グリッパー工法のグリッパーは、壁際からのすき間を均等にとって打ち付けた。

(4) ウィルトンカーペットは、はぎ合わせを手縫いでつづり縫いとした。

内装天井・壁工事

第17章

試験での出題数は減っているものの、建物の建設では多用されている工事である。

「せっこうボード張り」は、壁紙・塗装などの厚みのない仕上材の下地となるため、施工精度が求められる。そのことに注意して学習しよう。

「カーテン工事」は、インテリアエレメントとしての知識ではなく、縫製・取付け工事についての知識が求められる。

1 せっこうボード張り

重要度 ★★☆

▶ 工法の種類と留意点

[下地組みに取り付ける工法]

■ ボード類の留付け間隔

下地	施工箇所	留付け間隔	
		ボードの周辺部	中間部
木造下地 軽量鉄骨下地	天井	150mm程度	200mm程度
	壁	200mm程度	300mm程度

- ボード周辺部は、端欠けによる破損防止のため、端部から10mm程度内側の位置で留め付ける。
- 木造下地には、ボード厚の3倍程度の長さの釘を用い、頭が平らになるまで十分に打ち付ける。
- 軽量鉄骨下地には、下地の裏面に10mm以上の余長が得られる長さのドリリングタッピンねじを用い、頭が少しへこむ程度まで、確実に締め込む。

[重ね張り工法] 耐火性や遮音性を高めるため、せっこうボードを重ねて張る工法。

- 上張りと下張りのジョイントを同位置にしない。
- 接着剤を主とし、必要に応じて小ねじ・ステープルなどを併用する。

［せっこう系接着材直張り工法］ 下地を組まず、コンクリートの不陸直しも
せず、直接ボードを張る工法。

- コンクリートなどの下地はプライマーで処理し、乾燥させる。
- 直張り用接着材の1回の練り混ぜ量は、**1時間程度で使い切る量**とする。
- 接着材は、ボードの仕上がり面までの高さの**2倍以上**に盛り上げて、ダン
  ゴ状に塗り付ける。
- 接着材の乾燥とボードの濡れ防止のため、ボード下端と床面の間にスペー
  サーを置き、10 mm程度浮かせて圧着する。
- 張付けの不陸調整は、せっこうボードの表面を定規でたたきながら行う。

2 壁紙張り

- 接着剤は、でん粉系接着剤を用いる。
- 下地の釘・小ねじなどは、黄銅・ステンレス製を除き**錆止め処理**する。
- 下地材に合わせた素地ごしらえ、清掃を行い、**全面にシーラーを塗布**する
  （あく止め、接着性の向上）。
- 素地面が見え透くおそれのある場合は、素地面の色調を調整する。
- 接着剤を適量の水で希釈し、はけ、ローラーまたはのり付け機で壁紙の裏
  面全体にむらなく塗布する。
- 下地のジョイントと壁紙のジョイントが重ならないようにする。
- **薄手の壁紙は重ね張り**とし、強い光の入る側から張り出して10 mm程度重
  ねる（陰影による重ね部分を目立たせない）。
- **厚手の壁紙は突付け張り**とし、下地がせっこうボードで重ね切りする場合
  は、下敷きテープを使用する（下地の切断防止）。
- 表面に付着した接着剤は、直ちに清水で拭き取る。
- 養生期間は急激な乾燥は避け、自然換気を図る。
- 壁紙の防火性能は、下地基材と施工方法との組合せによって認定される。

3 カーテン工事

● カーテンボックス

幅（長さ）		窓幅に対し、片側各々100〜150 mm伸ばす。
奥行	シングル付け	100 mm以上。
	ダブル付け	180 mm以上。

● カーテンレール

レールの長さ	開口部幅より両端それぞれ100〜150mm延長する。
中間吊りレール	吊り位置は間隔1 m程度とし、カーブ箇所、ジョイント部分にも設ける。また、必要に応じて振れ止めを設ける。
ランナー	1 m当たり8個。

● カーテンの製作・加工

項目	分類	内容
製作寸法	幅・高さ	現場実測とする。
幅使い	箱ひだ・二つひだ	仕上り幅に対して1.5〜2倍のきれ地幅。
	三つひだ（フランスひだ）	仕上り幅に対して2〜2.5倍のきれ地幅。
きれ地		1枚のカーテンに対し、1/2幅以下の端切れは使用しない。
遮光用カーテン	幅	左右両端は窓枠より300 mm以上。
	中央召合せ	300 mm以上。
縁加工	上端折返し	心地を入れ2つ折り縫い。 折返し長さは使用するフック（ひるかん）の長さによる。
	両脇	伏縫い。
	裾	伏縫いとし、折返しは100〜150 mm程度。
幅継ぎ	レースカーテン	合わせ縫い。
	ドレープ・遮光用カーテン	くるみ縫い。

問1 **H30後期-No.31** ⇒1 せっこうボード張り

壁のせっこうボード張りに関する記述として、最も不適当なものはどれか。

(1) せっこう系接着材直張り工法における張付けは、くさびをかってボードを床面から浮かし、床面からの水分の吸い上げを防いだ。

(2) せっこう系直張り用接着材の盛上げ高さは、接着するボードの仕上がり面までの高さとした。

(3) ボードの重ね張りは、上張りと下張りのジョイント位置が同位置にならないように行った。

(4) せっこう系接着材直張り工法における張付けは、調整定規でボードの表面をたたきながら不陸がないように行った。

> **解説** 直張り用接着材の盛上げ高さは、仕上げ厚さの2倍以上とする。
>
> 解答　(2)

問2 **H29後期-No.63** ⇒2 壁紙張り

壁紙張りに関する記述として、最も不適当なものはどれか。

(1) 下地処理において、シーラーを塗布する前に、ビス頭の防錆処理を行った。

(2) せっこう系接着材で直張りしたせっこうボード下地は、十分に乾燥させてから壁紙を張り付けた。

(3) 張替えの際に、壁紙をはがしやすくするため、シーラーは部分的に塗布した。

(4) 壁紙の表面に付着した接着剤は、張り終わった箇所ごとに清浄な湿布で直ちにふき取った。

問3 H30後期-No.32　　　　　　　　　　　➡3 カーテン工事

カーテン工事に関する記述として、最も不適当なものはどれか。

(1) レースカーテンのカーテンボックスは、窓幅に対して片側各々150 mm長くした。

(2) カーテンレールがダブル付けのカーテンボックスの奥行き寸法は、100 mmとした。

(3) 中空に吊り下げるカーテンレールの吊り位置は、間隔を1 m程度とし、曲り箇所および継目部分にも設けた。

(4) カーテンレールに取り付けるランナーの数は、1 m当たり8個とした。

解説 ダブル付けの場合の奥行サイズは、180 mm以上とする。 解答 （2）

問4 R3前期-No.28　　　　　　　　　　　➡3 カーテン工事

カーテン工事に関する記述として、最も不適当なものはどれか。

(1) カーテン上端の折返し長さは、使用するフック（ひるかん）の長さにより定めた。

(2) 引分け式遮光用カーテンは、中央召合せを300 mmとした。

(3) レースカーテンのカーテンボックスは、窓幅に対して片側各々150 mm長くした。

(4) レースカーテンの上端の縁加工は、カーテン心地を入れないで袋縫いとした。

解説 レースカーテンの上端の縁加工は、カーテン心地を入れて袋縫いとする。 解答 （4）

第18章 解体工事

平成28年6月に建設業法が一部改正され、建設業の許可に係る業種区分に解体工事業が追加された。これ以降、試験でも出題されるようになった。

同じ設問肢が出題されているので、過去問を見直すことが試験対策上有効となる。

1 木造建築物　重要度 ★★☆

▶ 事前措置

- 各種設備機器の停止ならびに給水、ガス、電力、通信の供給が停止していることを確認する。
- 落下するおそれのある付属物は、躯体を解体する前に撤去する。

▶ 解体方法

- **手作業**：バール、ハンマなどの手持工具を使用して人力で解体する方法。
- **機械による作業**：バックホウに「つかみ具」「破砕具」などのアタッチメントを装着して、機械力で解体する方法。

▶ 解体順序

① 建築設備の取外し
② 内装材の取外し　　　　**手作業**
③ 屋根葺材などの取外し

④ 外装材の取壊し
⑤ 躯体の取壊し　　　　　**手作業および機械による作業**
⑥ 基礎および杭の取壊し

▶ 注意が必要な分別解体

- 蛍光ランプは破損しないよう取扱いに注意し、廃棄物処理法に基づく水銀使用製品産業廃棄物として適正に処分する。
- グラスウールは粉じんが飛散しないよう速やかに袋に入れて密閉し、廃棄物処理法に基づく産業廃棄物として適正に処分する。

2 鉄筋コンクリート造建築物 重要度 ★☆☆

▶ 解体工法の種類

［階上解体］ 階上からの解体用機械による解体。
- 上階から順に1層ごとに解体する。
- 大スパンのスラブには複数の重機を集中させない。
- 解体で発生したコンクリート塊を集積したスロープを利用する場合は、大きくなる荷重に対して適切に補強する。

［地上解体］ 地上からの解体用機械による解体。

［転倒解体］ 建物外部への、コンクリート塊などの飛散、落下を防ぐため、外周部を建物の内側に転倒させた後、床上で破砕を行う解体。
- 転倒体の高さは1層分以下とする。
- 1回の転倒体は、柱2本以上、1～2スパン程度とする。
- 建物外側への転倒防止のため、あらかじめ引きワイヤロープなどにより逆転倒防止措置を講ずる。
- 転倒体が転倒する位置に、鉄筋ダンゴなどのクッション材を設置する。
- 引きワイヤは、転倒体のねじれ防止のため2本以上を使用する。
- 縁切りは、壁下部の水平方向、壁および梁端部の垂直方向、柱脚部の順とする。
- 柱脚部の主筋は、逆転倒防止のため内側の主筋を最後まで残す。

過去問チャレンジ（章末問題）

➡ 1 木造建築物

問1 **R3 前期-No.22**

木造2階建て住宅の解体工事に関する記述として、最も不適当なものはどれか。

(1) 作業の効率を高めるため、障子、襖、ドアなどの建具は、1階部分から撤去した。

(2) 外壁の断熱材として使用されているグラスウールは、可能な限り原形のまま取り外した。

(3) 蛍光ランプは、窓ガラスとともに専用のコンテナ容器内で破砕して、ガラス類として処分した。

(4) 屋根葺き材は、内装材を撤去した後、手作業で取り外した。

> 解説 有害物質である水銀を使用している蛍光ランプは、破損しないよう取扱いに注意し、専用の箱などに収納のうえ、廃棄物処理法に基づく水銀使用製品産業廃棄物処理業の許可を有する業者に引き渡す。 解答 (3)

問2 **R1 前期-No.24**

➡ 2 鉄筋コンクリート造建築物

鉄筋コンクリート造建築物の解体工事に関する記述として、最も不適当なものはどれか。

(1) 地上作業による解体は、地上から解体重機で行い、上階から下階へ床、梁、壁、柱の順に解体していく。

(2) 階上作業による解体は、屋上に揚重した解体重機で最上階から解体し、解体で発生したコンクリート塊を利用してスロープをつくり、解体重機を下階に移動させながら行う。

(3) 外周部の転倒解体工法では、外周部を転倒させる床に、事前にコンクリート塊や鉄筋ダンゴなどをクッション材として積んでおく。

(4)　外周部の転倒解体工法では、最初に柱脚部の柱主筋をすべて切断し、次に壁下部の水平方向、壁および梁端部の垂直方向の縁切りを行った後に転倒させる。

> **解説**　外周部の転倒解体工法では、最初に下部の水平方向の縁切りを行う。壁筋の切断は、作業員の退避を考慮して中央から両側へ向かって行う。次に、壁端部および梁端部の垂直方向縁切りを行う。転倒体の安定を考慮して上から下に向かって壁筋の切断を行ってから、梁筋を切断する。最後に、柱脚部の主筋は、内側の主筋を逆転倒防止のため最後まで残し、側面の主筋、外側の主筋の順に切断する。　　　　　　　　　　解答　(4)

改修工事

　建築物ストックの増加を背景に維持修繕工事は増加傾向にあり、検定試験における施工の問題数が激減した中でも改修工事の問題数は減っていない。

　改修工事は外部改修と内部改修があり、また、既存の撤去と補修の方法がある。設問肢にこれらが混合され、総合問題として出題されることが多い。

1　外部仕上げ改修工事

重要度 ★★☆

▶ 劣化と改修方法

劣化の種類	改修方法
コンクリート打ち放し面・モルタルのひび割れ	・樹脂注入工法 ・Uカットシール材充填工法 ・シール工法
モルタル・タイルの浮き	・アンカーピンニング部分エポキシ樹脂注入工法など
シーリングの劣化	・再充填工法（打替え） ・ブリッジ工法（打増し）
スチールサッシ・アルミサッシなど建具の劣化	・かぶせ工法 ・撤去工法
複層仕上塗材の劣化塗膜の除去方法	・サンダー工法 ・高圧水洗工法 ・塗膜はく離剤工法 ・水洗い工法

▶ アンカーピンニング部分エポキシ樹脂注入工法

- 浮き部分に対するアンカーピン本数は、一般部分で16本/m^{2}とする。
- アンカーピン固定部の穿孔は、コンクリート用ドリルを用い、使用するアンカーピンの直径より約1〜2mm大きいものとし、壁面に対し直角に穿孔する。
- 穿孔は、構造体コンクリート面から30mm程度の深さに達するまで行う。
- 穿孔後は、孔内をブラシなどで清掃後、圧搾空気、吸引機などで接着の妨

げとなる切粉などを除去する。

- アンカーピン固定用エポキシ樹脂は、手動式注入器を用い、孔の最深部から徐々に注入する。
- アンカーピンのネジ切り部分に固定用エポキシ樹脂を塗布してから、気泡の巻込みに注意して挿入する。
- アンカーピンを挿入孔最深部まで挿入し、目立たない色のパテ状エポキシ樹脂などで仕上げる。

2 内部仕上げ改修工事　重要度 ★★☆

▶ 既存床仕上げ材の撤去

- ビニル床シートは、カッターで切断後スクレーパーを用いてはがし、モルタル下地面に残った接着剤はディスクサンダーを用いて除去する。
- 合成樹脂塗床材は、ケレン棒・電動ケレン棒・電動はつり器具・ブラスト機械を用いて、下地がモルタル塗りの場合はモルタル下地とも、コンクリート下地の場合はコンクリート表面から3mm程度除去する。
- 根太張り工法の単層フローリングボードは、丸のこなどで適切な寸法に切断し、根太下地を損傷しないように除去する。
- 床タイルは、張替え部分と存置部分をダイヤモンドカッターで縁切りし、タイル片を電動ケレン棒・電動はつり器具により撤去する。

▶ 軽量鉄骨下地の改修

- 既存の埋込みインサートを使用する場合、吊りボルトの確認試験を行う。
- 新たに吊りボルト用あと施工アンカーを設ける場合は、十分耐力のあるものとする。
- 溶接した箇所は、錆止め塗料を塗り付ける。
- 新たに設ける下地材の高速カッターによる切断面には、亜鉛の犠牲防食作用が期待できるので、錆止め塗装は行わなくてよい。

過去問チャレンジ（章末問題）

問1 R1後期-No.32
→ 1 外部仕上改修工事

　モルタル塗り仕上げ外壁の改修におけるアンカーピンニング部分エポキシ樹脂注入工法に関する記述として、**最も不適当なもの**はどれか。

(1)　モルタルの浮き部分に使用するアンカーピンの本数は、一般部分を16本/m² とした。

(2)　アンカーピン固定部の穿孔の深さは、構造体コンクリート面から30mm とした。

(3)　穿孔後は、孔内をブラシで清掃し、圧搾空気で接着の妨げとなる切粉を除去した。

(4)　アンカーピン固定用エポキシ樹脂は、手動式注入器を用いて、孔の表面側から徐々に充填した。

解説　アンカーピン固定用エポキシ樹脂は、手動式注入器を用い、孔の最深部から徐々に注入する。　　　　　解答　(4)

問2 R2後期-No.32
→ 2 内部仕上改修工事

　内装改修工事における既存床仕上げ材の除去に関する記述として、**最も不適当なもの**はどれか。

　ただし、除去する資材は、アスベストを含まないものとする。

(1)　コンクリート下地の合成樹脂塗床材は、ブラスト機械を用いてコンクリート表面とともに削り取った。

(2)　モルタル下地面に残ったビニル床タイルの接着剤は、ディスクサンダーを用いて除去した。

(3)　モルタル下地の磁器質床タイルの張替え部は、はつりのみを用いて手作業で存置部分と縁切りをした。

(4) 根太張り工法の単層フローリングボードは、丸のこを用いて適切な寸法に切断し、根太下地を損傷しないように除去した。

解説 床タイルの張替え部分と存置部分の縁切りは、はつりのみを用いた手作業ではなく、ダイヤモンドカッターを用いて行う。　　　解答 (3)

問3 **H30前期-No.32** ⇒ 2 内部仕上改修工事

内部仕上げの改修工事に関する記述として、最も不適当なものはどれか。

(1) コンクリート壁下地に塗られたモルタルは、一部軽微な浮きが認められたので、アンカーピンニング部分エポキシ樹脂注入工法で補修した。
(2) 新たに張るタイルカーペット用の接着剤は、粘着はく離（ピールアップ）形をカーペット裏の全面に塗布した。
(3) 軽量鉄骨天井下地において、新たに設ける吊りボルト用のアンカーとして、あと施工の金属拡張アンカーを用いた。
(4) 軽量鉄骨壁下地において、新たに設ける下地材の高速カッターによる切断面には、亜鉛の犠牲防食作用が期待できるので、錆止め塗装を行わなかった。

解説 粘着はく離形の接着剤は、下地全面に均一に塗布する。　　　解答 (2)

Ⅲ部

第一次検定

施工管理

第1章 施工計画

　「仮設計画」「施工計画・事前調査」「工事の申請・届出」からなり、いずれも毎年1問程度出題されている。用語の内容を押さえるとともに、申請や届け出については、届け先も整理しておくとよい。

1　仮設計画

重要度 ★★★

● 仮設計画検討事項

項目	内容
仮設備計画	・仮設備は、設置、維持から撤去、後片付けまでを含めて検討する。 ・仮設備は、構造計算などにより安全なものを使用する。 ・仮設備は、労働安全衛生法などの法規に適合したものとする。
仮囲い	・高さ1.8m以上の板塀、あるいはこれに類するものとする（ただし、所定の高さで同等の効力がある囲いで代用できる）。 ・工事期間に見合った耐力と、転倒しない構造とする。 ・材料は、合板パネル、鋼板製、有刺鉄線を使用する。 ・出入口位置は、通行人の安全や交通への支障がないように、隣接道路や建物の配置を考慮して決定する。 ・危害防止上支障がない場合は、設置を省略してもよい。
仮設電気	・引込み位置は、作業に支障とならず、配電線からの引込みが容易な位置とすること。 ・工事用電力は、3kw未満は臨時電灯、3〜50kw未満は低圧電力、50kw以上は高圧受電とする。
仮設水道	・引込み位置は、水道本管に近く、引込み管を短くできる位置とする。
建物など	・工事用事務所は、原則、作業場内に設置するが、止むを得ず離れた場所に設置する場合は出先連絡所を設置する。 ・作業員詰所は、工事用事務所の近くで連絡や管理がしやすい場所とし、職種や作業員の増減に対応して大部屋あるいは小部屋方式とする。 ・守衛所は、出入口が数か所となる場合は、メインの出入口に設置、その他は立哨所（りっしょうじょ）程度とする。 ・ボンベなどの貯蔵小屋は、周囲から離れた場所とし、ガス漏れなどで充満しないように、密閉はしない。 ・ゲートの位置は、前面道路の状況や場内動線などを考慮して決定し、重量や風圧を軽減するために、上部を吹抜けにしたり網を張ったりする構造とする。

▶ 材料の保管

項目	内容
セメント	風が通らない乾燥した場所に10袋以下に積み重ねる。
アスファルトルーフィング	湿気の影響の少ない場所に、1巻ずつ立て置きする。
接着剤	換気の良い場所に保管する。
シーリング材	直射日光、雨露の当たらない場所に密封して保管する。
型枠合板	風通しの良い日かげ、乾燥する場所に保管する。
ブロック	立て積みにして保管する。
高力ボルト	温度変化の少なく、湿気がない場所に、3段以下の箱重ねとする。
板ガラス・ドア	枕木を置き、端部を固定して立て置きする。
ACLパネル	枕木を置き、高さ1m以内の平積みで2段以下とする。

> **point** ワンポイントアドバイス
> ・「保管場所」→ 風通し、換気、湿気、温度、直射日光、雨露などがポイント。
> ・「保管方法」→ 立て置き、立て積み、平積み、箱積み、枕木などがポイント。

2 施工計画・事前調査　重要度 ★★★

▶ 施工計画の定義および内容

名称	定義および内容
施工計画	建築物を種々の条件の中で、安全かつ的確に施工する方法を策定すること。
品質管理	施工手段を確認、修正しながら、所定の品質・形状の建築物を築造すること。
安全管理	労働者や第三者に危険が生じないように、安全管理体制の整備、各種工事の危険防止対策、現場の整理整頓、安全施設の整備などを徹底すること。
工程管理	工事の進捗状況を調べ、遅れや進みすぎがある場合は、その原因を調査し、対策を立てること。

> **point** ワンポイントアドバイス
> 施工計画には原価管理、労務管理、環境保全管理も含まれる。

▶ 施工管理の一般的手順

循環性とともに、前進・向上を伴ったものとし、下記のデミングサークルに従って行う。

手順	内容	デミングサークル（PDCAサイクル）
① Plan 計画	・事前調査 ・計画立案	
② Do 実施	・工事施工 ・測定、試験	④ Act（処置） ① Plan（計画）
③ Check 検討	・結果の整理 ・比較、検討	③ Check（検討） ② Do（実施）
④ Act 処置	・原因追究 ・計画修正	

▶ 施工計画書の作成内容

名称	内容
総合施工計画書	・工事全般に関しての施工内容、施工方法および仮設計画について記載する。
工種別施工計画書	・仮設、基礎、躯体、仕上げなどの工種ごとに、施工要領、品質管理計画、使用資材、使用機器を記載する。
工程表	・基本工程表：工種の日程、検査や承認を含めた、工事全体の工程を記載する。 ・期別工程表：工事の進捗状況に応じて修正を加えながら、月間、週間の工程を記載する。

▶ 事前調査項目

工事着手前に、現場における下表の各項目について事前調査を行う。

項目	内容
地形・地質	地形状況、土捨場、周辺民家、土質、地層、地下水、支持層
気象・水文	降雨、積雪、風、気温、日照、地震
電力・水	工事用電源、工事用取水
交通・周辺状況	道路状況、通学路、交通規制、行事、催し
環境・公害	騒音、振動、廃棄物、地下水
用地・利権	用途地域、境界、建ぺい率
労力・資材	労働者確保、下請業者、価格、支払い条件
施設・建物	事務所、病院、機械修理工場、警察、消防
支障物	地上障害物、地下埋設物、電波障害

3 工事の申請・届出

工事の申請・届出書類

対象	申請・届出書類	提出先	備考
建築	建築確認申請	建築主事	準用工作物を含む仮設物は除外
	建築工事届	都道府県知事	$10\,m^2$ を超えるもの
	建築物除却届	都道府県知事	$10\,m^2$ を超えるもの
	完了検査申請	建築主事	–
労働安全	建設工事計画（大規模）	労働基準監督署長	高さ $31\,m$ を超える建築物
	建設工事計画（超大規模）	厚生労働大臣	高さ $300\,m$ を超える塔の建設
	機械・設備の設置届	労働基準監督署長	クレーン、リフト、足場など
道路	道路使用許可申請	警察署長	掘削、仮囲い、工事車両
	道路占用許可申請	道路管理者	電柱、電線、水道管などの設置
消防	危険物設置許可申請	都道府県知事	–
	消防設備等着工届	消防署長	–
	消防設備等設置届	消防署長	–
環境	特定建設作業実施届	市町村長	指定区域において
	特定施設設置届	都道府県知事	ボイラなど
	解体工事届	都道府県知事 （市区町村長）	特定建設資材を用いた建築物 （建築主事を置く市区町村長）

---

point ワンポイントアドバイス

「申請・届出書類」は、基本的に関係法規などにより定められている。

【建築】建築基準法

【労働安全】労働安全衛生法、労働安全衛生規則

【道路】使用：道路交通法、占用：道路法

【消防】消防法、火薬類取締法

【環境】騒音・振動規制法、建設リサイクル法

問1 **R3前期-No.30** ➡ 1 仮設計画

仮設計画に関する記述として、最も不適当なものはどれか。

(1) 仮囲いには、合板パネルなどの木製材料を使用することとした。

(2) 仮囲いを設けなければならないため、その高さは周辺の地盤面から1.5mとすることとした。

(3) ハンガー式門扉は、重量と風圧を軽減するため、上部を網状の構造とすることとした。

(4) 工事ゲートは、トラックアジテータが通行するため、有効高さを3.8mとすることとした。

> **解説** 木造の建築物で高さ13mもしくは軒の高さが9mを超える工事、または木造以外であって2階建て以上の工事では、工事現場の周囲に1.8m以上の仮囲いを設ける。
>
> 解答 （2）

問2 **R1前期-No.34** ➡ 1 仮設計画

仮設計画に関する記述として、最も不適当なものはどれか。

(1) ガスボンベ置場は、小屋の壁の1面は開放とし、他の3面の壁は上部に開口部を設けることとした。

(2) 工事現場の敷地周囲の仮囲いに設置する通用口には、内開き扉を設けることとした。

(3) 所定の高さを有し、かつ、危害を十分防止し得る既存の塀を、仮囲いとして使用することとした。

(4) 工事ゲートの有効高さは、鉄筋コンクリート造の工事のため、最大積載時の生コン車の高さとすることとした。

問3 H30前期-No.34 → 1 仮設計画

仮設計画に関する記述として、最も不適当なものはどれか。

(1) ハンガー式門扉は、重量と風圧を軽減するため、上部を網状の構造とすることとした。

(2) 下小屋は、材料置場の近くに設置し、電力および水道などの設備を設けることとした。

(3) 休憩所内は、受動喫煙を防止するため喫煙場所を区画し、そこに換気設備と消火器を設けることとした。

(4) 鋼板製仮囲いの下端には、雨水が流れ出やすいようにすき間を設けることとした。

問4 R2後期-No.33 → 2 施工計画・事前調査

事前調査に関する記述として、最も不適当なものはどれか。

(1) 解体工事の事前調査として、近接する建物や工作物の現況の調査をすることとした。

(2) 鉄骨工事の建方の事前調査として、日影による近隣への影響の調査をすることとした。

(3) 敷地内の排水工事の事前調査として、排水管の勾配が公設桝まで確保できるか調査をすることとした。

(4) 根切り工事の事前調査として、前面道路や周辺地盤の高低の調査をすることとした。

問5 **H30前期-No.33** ➡ 2 施工計画・事前調査

工事に先立ち行う事前調査に関する記述として、**最も不適当なもの**はどれか。

(1) 既製杭の打込みが予定されているため、近接する工作物や舗装の現況の調査を行うこととした。

(2) 掘削中に地下水を揚水するため、周辺の井戸の使用状況の調査を行うこととした。

(3) 工事予定の建物による電波障害に関する調査は済んでいたため、タワークレーン設置による影響の確認を省いた。

(4) 工事用車両の敷地までの通行経路において、大型車両の通行規制の調査を行い、資材輸送の制約を確認した。

問6 **R3前期-No.31** ➡ 3 工事の申請・届出

建築工事に係る申請や届出等に関する記述として、**最も不適当なもの**はどれか。

(1) 道路上に高所作業車を駐車して作業するため、道路使用許可申請書を警察署長宛てに届け出た。

(2) 振動規制法による特定建設作業を指定地域内で行うため、特定建設作業実施届出書を市町村長宛てに届け出た。

(3) 延べ面積が20m²の建築物を建築するため、建築工事届を市町村長宛てに届け出た。

(4) 支柱の高さが3.5m以上の型枠支保工を設置するため、設置の届けを労働基準監督署長宛てに届け出た。

解説　床面積が10m²を超える建築物の建築または除却をしようとする場合には、建築基準法第15条第1項の規定により、建築工事届または建築物除却届の届出が必要となり、建築主事を経由して、都道府県知事に届け出なければならない。

解答　(3)

問7 **R1前期-No.33**　⇒ 3 工事の申請・届出

事前調査や準備作業に関する記述として、最も不適当なものはどれか。

(1) 敷地境界標石があったが、関係者立会いのうえ、敷地境界の確認のための測量を行うこととした。

(2) 地業工事で振動が発生するおそれがあるため、近隣の商店や工場の業種の調査を行うこととした。

(3) 相互チェックできるように木杭ベンチマークを複数設けたため、周囲の養生柵を省略することとした。

(4) 既存の地下埋設物を記載した図面があったが、位置や規模の確認のための掘削調査を行うこととした。

解説　ベンチマークとは高低の基準点のことであり、動かないように、周囲を養生するなどの工夫が必要である。また、複数設けた場合は、どれが基準かわからなくなることを防ぐため、絶対に移動のおそれのない所に設けることが望ましい。

解答　(3)

第2章 工程管理

　工程管理全般に関しては、毎年出題されており、工程管理の手順や作業日数の算定式などを理解しておく。また、工程表についても毎年必ず出題されており、特に2次検定において重要な項目である。近年は、バーチャート工程表に関しての出題が多く、また各種工程表の種類と特徴を押さえておくとよい。

1 工程管理一般・工程計画

▶ 工程管理一般

［工程管理の目的］ 工期、品質、経済性の3条件を満たす合理的な工程計画を作成することを目的とする。進度、日程管理だけを行うことが目的ではなく、安全、品質、原価管理を含めた総合的な管理手段である。

● 工程管理手順（PDCAサイクル）

● 工程計画の作成手順

▶ 工程計画策定における検討事項

項目	内容
気象・天候	工事地域の降水量、積雪量、風速などのデータを収集し、天候による作業への影響日数を考慮する。
交通・周辺状況	通学路などの交通規制時間、現場周辺の行事や催しの日程を確認し、工事への影響を考慮する。
労力・資材	工事地域における、労力、資材、機材の調達状況をあらかじめ調査し、工程計画に反映する。

施工計画における「事前調査項目」の結果を反映させる。

2 工程表の種類と特徴

重要度 ★★★

▶ 工程表の種類と特徴

ガントチャート工程表（横線式）

縦軸に工事名（作業名）、横軸に作業の進捗度をパーセンテージ（％）で表示する。
各作業に必要な日数、工期に影響する作業ともに不明である。

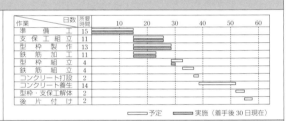

バーチャート工程表（横線式）

ガントチャートの横軸の進捗度を日数にして表示する。
漠然とした作業間の関連は把握できるが、工期に影響する作業は不明である。

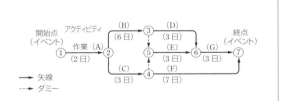

ネットワーク式工程表

各作業の開始点（イベント）と終点（イベント）を矢線（アロー）で結び、矢線の上に作業名、下に作業日数を書き入れ、アクティビティとして表す。
全作業のアクティビティを連続的にネットワークとして表示しており、作業進度と作業間の関連も明確となる。

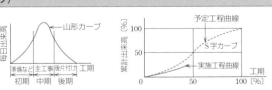

累計出来高曲線工程表（S字カーブ）

縦軸に工事全体の累計出来高〔％〕、横軸に工期〔％〕をとり、出来高を曲線に表す。
毎日の出来高と工期の関係は左右対称の山形、予定工程曲線はS字形となるのが理想である。

工程管理曲線工程表（バナナ曲線）	
工程について、許容範囲として上方許容限界線と下方許容限界線を示したもので、バナナの形状をなす。 工程はバナナの範囲内になるように管理する。実施工程曲線が上限を超える場合、工程にムリ、ムダが発生しており、下限を超える場合、工程を見直す必要がある。	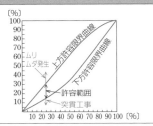

---

point ワンポイントアドバイス

「ガントチャート」と「バーチャート」、「S字曲線」と「バナナ曲線」の違いを把握しておくこと。

```
                    G (3人)
                  ┌─────→⑥
                  │   5   ┊
        D (4人)  F (3人)  ┊  I (4人)  K (3人)  L (2人)
      ┌────→③────→⑦────→⑧────→⑩────→⑪
      │  7   │ 3    │  8    │ 3    │ 4
  A (3人) B (4人) C (3人)   ┊      ┊
①────→②────→④────→      ┊      ┊
   4    │ 5    4          ┊      ┊
      E (5人)   H (5人)  J (3人)
      └────→⑤────→⑨────→
        10         5   │ 3
                       └──────→        （ ）：作業人数
```

● ネットワーク式工程表の作成および日程計算

項目	内容
クリティカルパス	遅れることができない管理経路。作業開始から終了までの経路の中で、所要日数が最も長い経路がこれにあたる（トータルフロートがゼロとなる線を結んだ経路）。 図中①→②→③→⑥→⑦→⑧→⑩→⑪の経路。日数は4＋7＋5＋8＋3＋4＝31日となる。
ダミー	所要時間0の擬似作業のことで、点線で表す。 図中⑥→⑦および⑨→⑧の点線。
最早開始時刻（EST）	作業を最も早く開始できる時刻（イベントに到達する最大値）。 図中④の場合、最早開始時刻は4＋5＝9日。
最遅開始時刻（LST）	作業を遅くとも始めなければならない最後の時刻（ネットワークの最終点から逆算したイベントまでの最小値）。 図中④の場合、最遅開始時刻は31－4－3－8－4＝12日。
トータルフロート	作業を最早開始時刻で始め、最遅開始時刻で終える場合に生じる余裕時間。 図中④の場合、トータルフロートは12－9＝3日。
フリーフロート	作業を最早開始時刻で始め、次の作業も最早開始時刻で始めた場合に余る時間。遅れても他の作業に影響を与えない余裕時間。 図中④の場合、フリーフロートは12－9＝3日。

---

point ワンポイントアドバイス

・最早終了時刻（EFT）：最も早く作業を始めた場合の、その作業の終了時刻。
・最遅終了時刻（LFT）：遅くてもその時刻までに作業を終了しなければ、工期内に工事が完了しなくなる時刻。

過去問チャレンジ（章末問題）

問1 **R3前期-No.32** ➡1工程管理一般・工程計画

工程計画および工程管理に関する記述として、最も不適当なものはどれか。

(1) ネットワーク工程表は、工程における複雑な作業間の順序関係を視覚的に表現することができる工程表である。
(2) 基本工程表は、工事全体を一つの工程表としてまとめたもので、工事の主要な作業の進捗を表示する。
(3) 工程計画を立てるに当たり、その地域の雨天日や強風日などを推定して作業不能日を設定する。
(4) 各作業の所要期間は、作業の施工数量に投入数量と1日当たりの施工能力を乗じて求める。

> 解説　各作業の所要期間は、作業員、材料などの数量を目安に作業量を何日でこなせるかを考えて算出し、作業員の人数は積算基準、過去の実績などを考慮して決める。施工能力を乗じるものではない。　　　解答　(4)

問2 **R1後期-No.36** ➡1工程管理一般・工程計画

総合工程表の立案段階で考慮すべき事項として、最も必要性の少ないものはどれか。

(1) 敷地周辺の上下水道、ガスなどの公共埋設物
(2) 敷地周辺の電柱、架線などの公共設置物
(3) コンクリート工事の検査項目
(4) 使用揚重機の能力と台数

> 解説　各工事の検査項目は、総合工程表との関係性はあまりない。　　　解答　(3)

新築工事における全体工程管理上のマイルストーン（管理日）を設定する場合において、マイルストーン（管理日）として最も重要度の低いものはどれか。

ただし、鉄筋コンクリート造の一般的な事務所ビルとする。

(1) 掘削床付け完了日
(2) 最上階躯体コンクリート打設完了日
(3) 内装断熱材吹付け工事開始日
(4) 受電日

> **解説** マイルストーンとは、中間管理日・中間目標のことである。進捗状況を把握するために重要なポイントとなるため、作業開始日や終了日の重要な区切りとなる。
> (1)(2)(4)は、マイルストーンとして重要度が高いが、(3)の内容は他に比べて、重要度は低い。 解答 (3)

バーチャート工程表に関する記述として、最も適当なものはどれか。

(1) 工事出来高の累積値を表現しているため、工事進捗度合が把握しやすい工程表である。
(2) 各作業に対する先行作業、並列作業、後続作業の相互関係が把握しやすい工程表である。
(3) 作業間調整に伴う修正が容易な工程表である。
(4) 各作業ごとの日程および工事全体の工程計画が、比較的容易に作成できる工程表である。

解説 (1) ガントチャート工程表の記述である。

(2) 各作業の開始終了時期、所要日数が把握しやすい工程表で、ネットワーク工程表の記述である。

(3) 作業間の関連性、工程の流れを把握しやすい工程表で、ネットワーク工程表の記述である。

(4) 縦軸に作業項目、横軸に日にちを記入する工程表で、バーチャート工程表の記述である。 解答 (4)

問5 **H30後期-No.37** ➡ 2 工程表の種類と特徴

バーチャート工程表に関する記述として、最も適当なもの</u>はどれか。

(1) 工事全体を掌握するには都合がよく、作成しやすい。

(2) 工程上のキーポイント、重点管理しなければならない作業が判断しやすい。

(3) 各作業の順序関係を、明確に把握することができる。

(4) 工事を構成する各作業を縦軸に記載し、工事の達成度を横軸にして表す。

解説 (1) バーチャート工程表は、縦軸に作業項目、横軸に日にちを記入する工程表で、工事全体を掌握するには都合がよく、作成しやすい。適当である。

(2) バーチャート工程表は、キーポイントが判断しづらい。説明の内容はネットワーク工程表の記述であり、不適当である。

(3) バーチャート工程表は、各作業の順序関係を、明確に把握することはできない。説明の内容はネットワーク工程表の記述であり、不適当である。

(4) 説明の内容はガントチャートの記述であり、不適当である。 解答 (1)

バーチャート工程表に関する記述として、最も不適当なものはどれか。

(1) 各作業の全体工期への影響度が把握しにくい。

(2) 各作業の開始時期、終了時期および所要期間を把握しやすい。

(3) 工程表に示す作業を増やしたり、作業を細分化すると、工程の内容が把握しやすくなる。

(4) 主要な工事の節目をマイルストーンとして工程表に付加すると、工程の進捗状況が把握しやすくなる。

解説 バーチャート工程表は表の作成や修正が容易であり、工期の明確化ができるが、作業の相互関係や手順が不明確であり、作業の細分化や工程内容の把握は不向きである。 解答 (3)

品質管理

「品質管理一般・品質特性」「品質管理検査・試験」については毎年1問程度出題されており、品質管理の手順や主な手法、検査の内容や判定要件などを整理しておく。「品質管理図」については数年に1問程度だが、品質管理の七つ道具や施工品質管理表（QC管理表）についてまとめておくとよい。

1 品質管理一般・品質特性

▶ 品質管理手順（PDCAサイクル）

項目	内容
Plan 計画	① 管理する品質特性を決め、その特性について品質標準を定める。 ② 品質標準を守るための作業標準（作業の方法）を決める。
Do 実施	③ 作業標準に従って施工を実施する。 ④ 作業標準の周知徹底を図る。
Check 検討	⑤ ヒストグラムにより、データが品質規格を満足しているか確かめる。 ⑥ 同一データにより管理図を作成し、工程が安定しているか確かめる。
Act 処置	⑦ 工程に異常が生じた場合、原因を追及し、再発防止の処置をとる。 ⑧ 期間経過に伴い、最近のデータにより、手順⑤以下を繰り返す。

❹ Act（処置）　　　❶ Plan（計画）
手順⑦　　　　　　手順①
手順⑧　　　　　　手順②

❸ Check（検討）　　❷ Do（実施）
手順⑤　　　　　　手順③
手順⑥　　　　　　手順④

▶ 品質特性の選定

項目	内容
品質特性の選定条件	・工程の状態を総合的に表すもの。 ・構造物の最終の品質に重要な影響を及ぼすもの。 ・選定された品質特性（代用特性も含む）と最終品質の関係が明らかなもの。 ・測定が容易に行えるもの。 ・工程に対し容易に処置がとれるもの。
品質標準の決定	・施工に際して実現しようとする品質の目標とする。 ・品質のばらつきの程度を考慮して余裕をもった品質を目標とする。
作業標準の決定	・過去に施工した同種条件の実績、経験および実験結果を踏まえて決定する。 ・工程に異常が発生した場合でも、安定した工程を確保できる作業の手順、手法を決める。 ・決定した標準は明文化し、今後のために技術の蓄積を図る。

2 品質管理検査・試験

重要度 ★★★

▶ 検査内容と要件

検査項目	検査内容および要件
抜取検査	・ロット単位（同一条件のもとで生産されたかたまり）で製品の合否を決める。 ・合格したロットの中に、不良品の混入が許容できる。 ・資料がロットの代表として公平、ランダムに採取できる。 ・品質検査基準、抜取検査方式が明確である。
コンクリート検査	・「レディーミクストコンクリート」の受入れ時の検査は、強度、スランプ、空気量、塩化物含有量が規定されている。 ・調合強度管理のための供試体は、20±2℃の水中養生による標準養生で行う。 ・材齢28日の構造体コンクリート強度推定試験に用いる供試体の養生方法は、現場水中養生とする。 ・スランプ試験は、コンクリートの打込み中に品質の変化が認められた場合にも行う。 ・圧縮強度試験の試験回数は、150m³について1回を標準とし、1回の試験結果は、3個の供試体の試験値の平均値で表す。
鉄骨工事検査	・耐火材吹付け厚さは、確認ピンを用いて確認する。 ・溶接部欠陥のブローホールは、超音波探傷試験（UT）で行う。 ・施工後のスタッド溶接部の検査は、外観検査と15°打撃曲げ検査で行う。 ・トルシア形高力ボルトの締付け検査は、ピンテールの破断とナットの回転量を目視検査で行う。
仕上げ工事検査	・タイル張り工事の接着強度試験は引張試験機を用いて行う。 ・アスファルト防水工事では、高周波水分計を用いて下地試験を行う。 ・シーリング工事では、施工に先立ち簡易接着性試験を行う。 ・塗装工事では、pHコンパレーター、pH指示薬溶液を用いてアルカリ度検査を行う。

> **point** ワンポイントアドバイス
>
> 各種検査内容は、「公共建築工事標準仕様書（建築工事編）」を参照する。

3 品質管理図

QC（品質管理）七つ道具

項目	内容
ヒストグラム	測定データの出現度数を柱状のグラフとして表現したもので、分布状況により規格値に対しての品質および出来形の良否を判断する。
管理図	品質の時間的な変動データを整理し、工程の安定状態を判断することにより工程自体を管理する。
チェックシート	データのばらつきを早期に把握し、簡単に早急な対策を立てるときに用いる。
特性要因図	ある問題に対して関連する原因の洗出しを行うため、問題（特性）とその発生の原因（要因）を魚の骨の形のような矢印で結んで図示したもの。
パレート図	工程で発生している問題を原因別などに分類し、その件数の大きい順に並べ、棒グラフおよび累計曲線図に表したもの。問題点を分類して図示することで、真っ先に改善しなければならない問題を容易に把握できる。
相関図 （散布図）	2つの対となるデータを横軸（原因系）と縦軸（結果系）としてプロットした図で、2つの変量の相互関係がすぐに分かる手法である。
層別化	データを同質なグループ（層）ごとに分けて分析する手法。情報が正確に把握でき、問題の原因判別につながる有効な手段である。

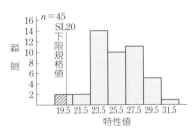

● ヒストグラム

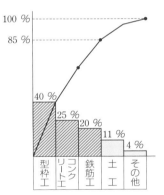

● パレート図

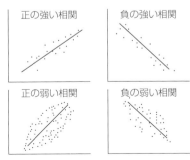

● 相関図・散布図

▶ 施工品質管理表

施工品質管理表（QC工程表）とは、基準どおりの施工が工程どおりになされているかをチェックするもので、作成に関しての留意点は下記のとおりである。

① 工種別または部位別に作成する。

② 検査の時期、方法、頻度を明示する。

③ 管理項目は施工手順に沿って記載する。

④ 管理値を外れた場合の処置を明示する。

問1 **R3前期-No.40** ➡1 品質管理一般・品質特性

レディーミクストコンクリートに関する記述として、不適当なものを2つ選べ。

(1) コンクリート荷卸し時のスランプの許容差は、スランプの値に関係なく一定である。

(2) コンクリートに含まれる塩化物は、原則として塩化物イオン量で0.30 kg/m³以下とする。

(3) 空気量の許容差は、普通コンクリートよりも高強度コンクリートのほうが大きい。

(4) 単位水量は、最大値を185 kg/m³とし、所定の品質が確保できる範囲内で、できるだけ少なくする。

解説 (1) スランプの許容差は、下記のようにスランプの値により異なる。

スランプ〔cm〕	2.5	5および6.5	8以上18以下	21
許容差〔cm〕	±1	±1.5	±2.5	±1.5

(3) 空気量の許容差は、コンクリートの種類に関係なく±1.5%である。

解答 (1)(3)

問2 **R1前期-No.38** ➡1 品質管理一般・品質特性

品質管理の用語に関する記述として、最も不適当なものはどれか。

(1) 見える化は、問題、課題、対象などを、いろいろな手段を使って明確にし、関係者全員が認識できる状態にすることである。

(2) QCDSは、計画、実施、点検、処置のサイクルを確実、かつ、継続的に回してプロセスのレベルアップをはかる考え方である。

(3) 特性要因図は、結果の特性と、それに影響を及ぼしている要因との関係を魚の骨のような図に体系的にまとめたものである。

(4) 5 S は、職場の管理の前提となる整理、整頓、清掃、清潔、しつけ（躾）について、日本語ローマ字表記で頭文字をとったものである。

> 解説 設問はPDCAについての記述であり、Plan（計画）→ Do（実行）→ Check（点検）→ Action（処置）のサイクルの頭文字をとったものである。また、QCDSとは品質評価の指標で、「Q」はクオリティ、「C」はコスト、「D」はデリバリー（工期）、「S」はセーフティを意味する。　　　　　解答　(2)

問3 **R1前期-No.39**　　　　　　　　　　　　　　➡ 2 品質管理検査・試験

品質管理のための試験に関する記述として、最も不適当なものはどれか。

(1) 鉄骨工事において、高力ボルト接合の摩擦面の処理状況の確認は、すべり係数試験によって行った。

(2) 地業工事において、支持地盤の地耐力の確認は、平板載荷試験によって行った。

(3) 鉄筋工事において、鉄筋のガス圧接部の確認は、超音波探傷試験によって行った。

(4) 既製コンクリート杭地業工事において、埋込み杭の根固め液の確認は、針入度試験によって行った。

> 解説 針入度試験はアスファルトに用いられる試験である。
> 根固め液はセメントミルクなので、コンクリートと同じように供試体を取り、養生後に圧縮強度試験を行う。　　　　　解答　(4)

品質管理に関する記述として、**最も不適当なもの**はどれか。

(1) 試験とは、性質または状態を調べ、判定基準と比較して良否の判断を下すことである。

(2) 施工品質管理表（QC工程表）には、検査の時期、方法、頻度を明示する。

(3) 工程内検査は、工程の途中で次の工程に移してもよいかどうかを判定するために行う。

(4) 品質計画に基づく施工の試験または検査の結果を、次の計画や設計に生かす。

解説 試験とは、供試体についての特性を調べることをいう。設問肢の記述は、検査についての説明である。 解答 (1)

次の用語のうち、品質管理に**最も関係の少ないもの**はどれか。

(1) SMW

(2) PDCA

(3) ばらつき

(4) トレーサビリティ

解説 (2)(3)(4)はそれぞれ品質管理に関係のある用語である。
(1) SMW は、地中に造成する遮水性連続壁工法の略称である。品質管理との関係は少ない。 解答 (1)

イ～ニの図の名称として、不適当なものはどれか。

イ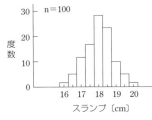

ロ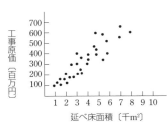

ハ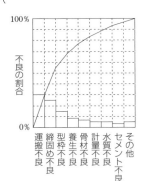

ニ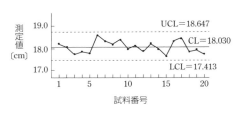

(1)　イ ── ヒストグラム

(2)　ロ ── 散布図

(3)　ハ ── パレート図

(4)　ニ ── 特性要因図

解説　ニの図は、品質管理において用いられる X-R 管理図である。

解答　(4)

安全管理

「安全管理一般」「安全管理体制」「建設作業の安全対策」からなり、いずれもよく出題されている。基本的な用語の内容をまとめておくとよい。また、Ⅳ編「労働安全衛生法」（→ **p.265**）と一体で整理しておく。

1 安全管理一般

重要度 ★★☆

▶ 安全施工体制

項目	内容
毎日の安全施工サイクル	毎日の安全施工サイクルとして、下記を行う。 安全朝礼（全員） → 安全ミーティング → 使用開始時点検 → （作業所長巡視）・（作業中の指導監督）・（安全工程打合せ） → 持場の後片付け → 終業時の確認
新規入場者教育	労働者が新しく現場に入場するときに、その都度行う安全衛生教育。
安全衛生大会	全作業員に月間作業予定や安全活動予定を周知させるための集まり。
安全衛生教育	月間施工サイクルに組み込まれる安全衛生教育。

▶ 安全管理用語

項目	内容
KYT（危険予知訓練）	身近な危険を事前に予測して対策を立てる訓練。
ツールボックスミーティング	作業開始の前に、道具箱（ツールボックス）の前で、仕事仲間と安全作業について話し合うミーティング。
OJT（オン・ザ・ジョブ・トレーニング）	企業内で行われる教育・訓練手法の一つで、職場の上司や先輩が部下や後輩に対し、具体的な仕事を通じて仕事に必要な知識・技術・技能・態度などを指導し、育成する活動。
ヒヤリハット	重大な災害や事故には至らないものの、直結してもおかしくない一歩手前の事例を発見すること。文字どおり「突発的な事象やミスにヒヤリとしたり、ハッとしたりするもの」である。
ZD（ゼロ・ディフェクト）	作業員の努力と工夫により仕事のミスや欠陥をゼロにする活動。

労働災害指標

項目	内容
度数率	100万延べ労働時間当たりの労働災害による死傷者数をもって、労働災害の頻度を表すもの。 $$度数率 = \frac{労働災害による死傷者数}{延べ労働時間数} \times 1\,000\,000$$
強度率	1\,000延べ労働時間当たりの労働損失日数をもって、労働災害の重さの程度を表すもの。 $$強度率 = \frac{労働損失日数}{延べ労働時間数} \times 1\,000$$
年千人率	1年間の労働者1\,000人当たりに発生した死傷者数の割合を示すもの。 $$年千人率 = \frac{1年間の死傷者数}{1年間の平均労働者数} \times 1\,000$$

2 安全管理体制

重要度 ★★☆

作業主任者の種類と資格

作業内容	作業主任者	資格
高圧室内作業	高圧室内作業主任者	免許
アセチレン・ガス溶接	ガス溶接作業主任者	免許
コンクリート破砕機作業	コンクリート破砕機作業主任者	技能講習
2m以上の地山掘削および土止め支保工作業	地山の掘削および土止め支保工作業主任者	技能講習
型枠支保工作業	型枠支保工の組立等作業主任者	技能講習
吊り、張出、5m以上足場組立	足場の組立等作業主任者	技能講習
有機溶剤作業	有機溶剤作業主任者	技能講習
高さ5m以上のコンクリート造工作物の解体	コンクリート造の工作物の解体等作業主任者	技能講習

● 作業主任者の職務

① 材料の欠点の有無を点検し、不良品を取り除くこと。

② 器具、工具、安全帯および保護帽の機能を点検し、不良品を取り除くこと。

③ 作業の方法および労働者の配置を決定し、作業の進行状況を監視すること。

④ 安全帯および保護帽の使用状況を監視すること。

● 特定元方事業者

項目	内容
特定元方事業者の定義	発注者から直接工事を請け負っており、かつ、その工事の一部に下請負人を使用する特定建設業者。
責務	① 安全衛生協議会の設置運営（月1回以上開催） ② 作業間の連絡および調整 ③ 作業場所の巡視 ④ 関係請負人の安全衛生教育に対する指導および援助 ⑤ 災害防止に必要な事項の実施 ⑥ 工程計画上の必要な調整の実施

3 建設作業の安全対策

● 通路・足場の安全対策

項目	内容
鋼管足場	・滑動または沈下防止のためにベース金具、敷板などの根がらみを設置する。 ・鋼管の接続部または交さ部は、付属金具を用いて確実に緊結する。
単管足場	・建地の間隔は、けた行方向1.85m、梁間方向1.5m以下とする。 ・建地間の積載荷重は、400kgを限度とする。 ・地上第一の布は2m以下の位置に設ける。
枠組足場	・最上層および5層以内ごとに水平材を設ける。 ・はり枠および持送りわくは、水平筋かいにより横振れを防止する。
登り桟橋	・勾配は30度以下とし、15度を超えるものは踏桟などの滑止めを設ける。
作業床	・高さ2m以上で作業を行う場合、足場を組み立てるなどして作業床を設け、作業床の端や開口部などには囲い、85cm以上の手すり、中桟（高さ35〜50cm）、幅木（高さ10cm以上）および覆いなどを設ける。 ・上記の設置が困難な場合は、防網を張り安全帯を使用させる。 ・作業床の幅は40cm以上とし、すき間は3cm以下とする。
悪天候時の作業	・強風、大雨、大雪などの悪天候のときは危険防止のため、高さ2m以上での作業をしてはならない。

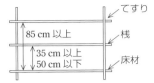

高さは床材上面から，手すりおよび桟の上端まで

● 単管足場

高さは床材上面から，手すりおよび桟の上端まで

（a）桟の設置　　　　　　　　（b）幅木の設置

● 枠組み足場

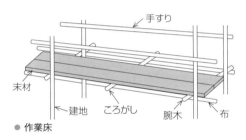

● 作業床

各種作業の安全対策

項目	内容
移動式クレーン	・設置する地盤の状況を確認し、不足する場合は、地盤改良、鉄板などにより補強する。 ・機体は水平に設置し、アウトリガーは最大限に張り出す。 ・吊上げ荷重や旋回範囲の制限を厳守する。 ・一定の合図を定め、指名した者に合図を行わせる。 ・労働者を運搬したり、吊り上げての作業は禁止する。 ・強風時の作業は中止する。
型枠支保工	・組立図には、部材の配置、接合方法などを明示する。 ・沈下防止のために、敷角の使用などの措置を講ずる。 ・支柱の継手は、突合せ継手または差込み継手とする。 ・高さが3.5 mを超えるときは、2 m以内ごとに2方向に水平つなぎを設ける。

項目	内容
車両系建設機械	・接触による危険箇所への立入り禁止、誘導者の配置を行う。 ・運転席を離れる場合は、バケット、ジッパなどの作業装置を地上に降ろし、原動機を止め、走行ブレーキをかける。 ・積卸しは平坦な場所で行い、道板は十分な長さ、幅、強度、適当な勾配で取り付ける。

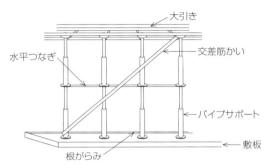

● 型枠支保工

● 車両系建設機械

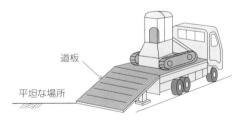

● 積卸し

問1 **R2後期-No.41**　　　　　　　　　　　　　　➡ 1 安全管理一般

工事現場の安全管理に関する記述として、**最も不適当なもの**はどれか。

(1) 安全施工サイクル活動とは、施工の安全を図るため、毎日、毎週、毎月に行うことをパターン化し、継続的に取り組む活動である。

(2) 新規入場者教育とは、作業所の方針、安全施工サイクルの具体的な内容、作業手順などを教育する活動である。

(3) TBM（ツール ボックス ミーティング）とは、職長を中心に、作業開始前の短時間で、当日の安全作業について話し合う活動である。

(4) ZE（ゼロ エミッション）とは、作業に伴う危険性または有害性に対し、作業グループが正しい行動を互いに確認し合う活動である。

> 解説　ゼロエミッションとは環境に係る専門用語で、環境を汚染したり、気候を混乱させる廃棄物を排出しない取組みのこと。設問肢の内容はKY活動を指す。　　　　　　　　　　　　　　　　　　　　解答　(4)

問2 **H29後期-No.34**　　　　　　　　　　　　　　➡ 1 安全管理一般

労働災害の強度率に関する次の文章中、　　　　　　に当てはまる数値として、**適当なもの**はどれか。

「強度率は、　　　　　　延べ実労働時間当たりの労働損失日数で、災害の重さの程度を表す。」

(1) 　1千

(2) 　1万

(3) 　10万

(4) 　100万

問3　**R3前期-No.37**　　　　　　　　　　　　➡ 2 安全管理体制

**作業主任者を選任すべき作業として、「労働安全衛生法」上、定められて
いないものはどれか。**

(1)　高さ5mの足場の変更の作業
(2)　土止め支保工の切りばりの取り外しの作業
(3)　軒高5mの木造建築物の構造部材の組立て作業
(4)　ALCパネルの建込み作業

解説　下記のとおり、定められている。
(1) 高さ5mの足場の変更の作業……「足場の組立等作業主任者」
(2) 土止め支保工の切りばりの取り外しの作業
　　　　　　……「地山の掘削および土止めの支保工作業主任者」
(3) 軒高5mの木造建築物の構造部材の組立て作業
　　　　　　　　……「木造建築物の組立て等作業主任者」
(4) ALCパネルの建込み作業……定められていない。　　　　解答　(4)

問4　**R3前期-No.38**　　　　　　　　　　　　➡ 3 建設作業の安全対策

足場に関する記述として、最も不適当なものはどれか。

(1)　枠組足場に使用する作業床の幅は、30cmとした。
(2)　枠組足場の墜落防止設備として、交さ筋かいおよび高さ15cm以上の幅
　　木を設置した。
(3)　移動式足場（ローリングタワー）の作業台上では、脚立の使用を禁止と
　　した。

(4) 移動式足場（ローリングタワー）の脚輪のブレーキは、移動中を除き、常に作動させた。

問5　**R2後期-No.42**　　　　　　　　　　　　　　⇒ 3 建設作業の安全対策

型枠支保工の組立て等に関し、事業者の講ずべき措置として、「労働安全衛生法」上、定められていないものはどれか。

(1) 型枠支保工の材料、器具または工具を上げ、またはおろすときは、つり綱、つり袋などを労働者に使用させること。
(2) 型枠支保工の組立て等作業主任者を選任すること。
(3) 型枠支保工の組立て等の作業を行う区域内には、関係労働者以外の労働者の立入りを禁止すること。
(4) 型枠支保工の組立て等の作業の方法を決定し、作業を直接指揮すること。

問6　**R1後期-No.42**　　　　　　　　　　　　　　⇒ 3 建設作業の安全対策

高所作業車を用いて作業を行う場合、事業者の講ずべき措置として、「労働安全衛生法」上、定められていないものはどれか。

(1) 高所作業車は、原則として、主たる用途以外の用途に使用してはならない。
(2) 高所作業車の乗車席および作業床以外の箇所に労働者を乗せてはならない。
(3) その日の作業を開始する前に、高所作業車の作業開始前点検を行わなければならない。
(4) 高所作業等作業主任者を選任しなければならない。

問7 **R1 前期 -No.42** ⇒3 建設作業の安全対策

建築工事の足場に関する記述として、最も不適当なものはどれか。

(1) 単管足場の脚部は、敷角の上に単管パイプを直接乗せて、根がらみを設けた。

(2) 単管足場の建地の間隔は、けた行方向1.8 m以下、はり間方向1.5 m以下とした。

(3) 単管足場の建地の継手は、千鳥となるように配置した。

(4) 単管足場の地上第一の布は、高さを1.85 mとした。

Ⅳ部

第一次検定

建築法規

第 1 章　建築法規

建築法規

法規は8問出題され、そのうち6問を選択して解答する。

建築基準法2問、建設業法2問、労働基準法1問、労働安全衛生法1問は必ず出題され、建設リサイクル法、廃棄物処理法、騒音規制法、道路法などの建築に関連する法規から2問出題される。

出題傾向は一定しているので、過去問を繰り返し見直すことが対策上有効となる。

1 建築基準法

重要度 ★★★

▶ 法の目的

建築物の敷地、構造、設備および用途に関する最低の基準を定めて、国民の生命、健康および財産の保護を図り、もって公共の福祉の増進に資することを目的とする。

▶ 用語の定義

用語	定義
建築物	土地に定着する工作物のうち、下記に該当するもの。 ・屋根と柱もしくは壁を有するもの ・建築物に附属する門、塀 ・観覧のための工作物 ・地下や高架に設ける事務所、店舗、興行場、倉庫など ・建築設備 ※線路敷地内の運転保安施設、跨線橋、プラットホームの上家、貯蔵槽などを除く。
特殊建築物	不特定または多数の人が利用する建築物。 ・劇場、集会場、病院、児童福祉施設、ホテル、共同住宅、学校、体育館、美術館、百貨店、公衆浴場、飲食店、物品販売業を営む店舗など 周辺への影響が大きい建築物。 ・工場、倉庫、自動車車庫、映画スタジオ、危険物の貯蔵場、と畜場、火葬場、汚物処理場など ※事務所は特殊建築物に該当しない。

用語	定義
建築設備	電気、ガス、給排水、換気、冷暖房、消火、排煙、汚物処理、煙突、昇降機、避雷針。
居室	居住、執務、作業、集会、娯楽その他これらに類する目的のために継続的に使用する室。 ※便所、洗面所、住宅の浴室は、居室に該当しない。
主要構造部	壁、柱、床、梁、屋根、階段 ※建築物の構造上重要でない最下階の床、屋外階段などを除く。
構造耐力上主要な部分	基礎、基礎杭、壁、柱、小屋組、土台、斜材（筋かい、方づえ、火打材など）、床版、屋根版または横架材（梁、桁など）で、建築物の自重もしくは積載荷重、積雪荷重、風圧、土圧もしくは水圧または地震その他の震動もしくは衝撃を支えるもの。
耐火建築物	下記の2条件を満たすもの。 ・主要構造部が耐火構造であるか、定められた耐火性能があること。 ・外壁の開口部で延焼のおそれのある部分に、防火戸や防火設備を有すること。
準耐火建築物	下記の2条件を満たすもの。 ・主要構造部が準耐火構造であるか、定められた耐火性能があること。 ・外壁の開口部で延焼のおそれのある部分に、防火戸や防火設備を有すること。
不燃材料	コンクリート、陶磁器質タイル、金属板、ガラスなど。
耐水材料	れんが、石、人造石、コンクリート、アスファルト、陶磁器、ガラスなどの耐水性の建築材料。
建築	建築物を新築、増築、改築、または移転すること。
大規模の修繕	建築物の主要構造部の1種以上について行う過半の修繕。
設計者	その者の責任において、設計図書を作成した者。

⚫ 居室の採光および換気

① 居住のための居室、学校の教室、保育所の保育室、病院の病室、福祉施設の談話室・娯楽室などには、規定によりその床面積の1/5から1/10の面積を有する採光のための窓その他の開口部を設ける。
　※地階に設ける居室は例外とする。
　※温湿度調整を必要とする作業を行う作業室は例外とする。

② ふすま、障子その他随時開放することができるもので仕切られた2室は、1室とみなす。

③ 採光に有効な部分の面積を計算する際、天窓は実際の面積の3倍の面積を有するものとする。

④ 居室には、その床面積の1/20以上の換気に有効な面積を有する窓その他の開口部を設ける。
　※政令で定める技術的基準に従って換気設備を設けた場合は例外とする。

▶ 建築物の敷地、構造、設備

［敷地］ 原則として、接する道の境より高くする。また、雨水や汚水を排出・処理する下水道管などを施設する。

湿潤な土地の場合は、盛土や地盤改良などを行う。

［居室の床の高さ］ 最下階の居室の床が木造の場合、床の高さは、直下の地面からその床の上面まで45cm以上とする。

［居室の天井の高さ］ 床から2.1m以上とする。一室で天井の高さの異なる部分がある場合は、その平均の高さとする。

［長屋または共同住宅の各戸の界壁］ 小屋裏または天井裏に達するようにし、政令で定める技術的基準に適合する遮音性能を備えるものとする。

［便所］ 下水道処理区域内では、公共下水道に汚水管を連結させた水洗便所とする。公共下水道以外に汚水を放流する場合は、浄化槽を設置する。

［内装の制限を受ける調理室等］ 2階建て以上の住宅で、最上階以外の階にある調理室等（火気使用室）の壁および天井の内装は、準不燃材料とする。

［階段の寸法］

単位：cm

階段の種別	幅	けあげ	踏面
小学校	140以上	16以下	26以上
中学・高校・客用施設	140以上	18以下	26以上
1フロアの床面積が200m²を超える地上階、 1フロアの床面積が100m²を超える地下階	120以上	20以下	24以上
その他	75以上	22以下	21以上
住宅	75以上	23以下	15以上

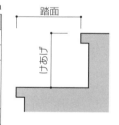

※ 回り階段の踏面は、狭いほうの端から30cmの位置で測る。

［階段の手すり］ 階段には手すりを設ける。階段の幅が3mを超える場合、原則として中間に手すりを設ける。

［階段に代わる傾斜路］ 勾配は1/8を超えないこと。幅、踊場、手すりは、階段の規定を準用する。

▶ 建築確認手続きなど

① 建築確認申請が必要な工事は、確認済証の交付を受けた後でなければ、することができない。

② 建築主事は、木造で階数が3以上、木造以外で階数が2以上の建築物の確認申請書を受理した場合、受理した日から35日以内に、建築基準関係規定に適合するかどうかを審査しなければならない。

③ 特定工程後の工程に係る工事は、中間検査合格証の交付を受けた後でなければ、することができない。

④ 建築主は、建築確認を受けた工事を完了したときは、建築主事または指定建築検査機関の完了検査を申請しなければならない。

⑤ 木造で階数が3以上、木造以外で階数が2以上の建築物は、原則として検査済証の交付を受けた後でなければ使用できない。

⑥ 工事の施工者は、工事現場の見やすい場所に、国土交通省令で定める様式によって、建築主、設計者、工事施工者、現場管理者ならびに建築確認があった旨の表示をする。

⑦ 建築確認申請が必要な工事の施工者は、設計図書を工事現場に備えておかなければならない。

2 建設業法　重要度 ★★★

▶ 法の目的

　建設業を営む者の資質の向上、建設工事の請負契約の適正化等を図ることによって、建設工事の適正な施工を確保し、発注者を保護するとともに、建設業の健全な発達を促進し、もって公共の福祉の増進に寄与することを目的とする。

● 建設業の許可

項目		内容
建設業の許可を受けなくても請け負うことができる工事 （軽微な建設工事）		・工事1件の請負代金の額が1500万円未満の建築一式工事、または延べ面積が150m²に満たない木造住宅工事。 ・建築一式工事以外の工事で、工事1件の請負代金の額が500万円未満の工事。
許可を受ける建設業の種類（業種）		・建設工事の種類ごとに許可を受ける（全部で29業種）。 　例）建築一式工事⇒建築工事業 　　　内装仕上工事⇒内装仕上工事業 ・一の営業所で複数の業種の許可を受けることができる。
工事の下請代金による種類	特定建設業	発注者から直接請け負った（元請）1件の工事につき、下請代金の総額が4000万円以上となる下請契約を締結して、下請負人に施工させる場合（建築工事業は6000万円以上）。
	一般建設業	特定建設業の許可を要しない工事のみを施工する場合。
許可者による種類	国土交通大臣許可	2以上の都道府県に営業所を置く場合。
	都道府県知事許可	同一の都道府県内にのみ営業所を置く場合。
許可の更新		・5年ごと。 ・更新しないと効力を失う。
許可の失効		一般建設業の許可を受けた者が、許可に係る業種について特定建設業の許可を受けたときは、一般建設業の許可は失効する。
許可の基準		営業所ごとに技術者（一定の資格や実務の経験者）を専任で置く。
届出が必要な変更		・同一の都道府県内における営業所の所在地 ・営業所に置く専任技術者 ・使用人数　など
附帯工事		許可を受けた業種の工事を請け負う場合、附帯する他の業種の工事を請け負うことができる。

> **point** ⌐ ワンポイントアドバイス
> ・下請代金の総額とは、複数の下請契約があった場合は、その合計をいう。
> ・下請工事のみを請け負う場合は特定建設業の許可を必要としない。
> ・許可を受けた都道府県にかかわりなく、全国で建設工事ができる。
> ・業種を分けて、特定建設業の許可と一般建設業の許可を受けることができる。
> ・業種を変更する場合は、新たに許可を受ける必要がある。

● 技術者

　施工技術を確保するため、工事現場には施工の技術上の管理をする技術者を置く。

項目	内容	現場ごとに専任
主任技術者	一定の実務経験があり、工事現場における建設工事の施工の技術管理をする者。 元請・下請の別なく工事現場に置く。	公共工事、多数の者が利用する施設（共同住宅を含む）で、請負代金が3500万円以上となる場合（建築一式工事は7000万円以上）。
監理技術者	国土交通大臣が定める試験に合格した者または免許を受けた者。 元請となる特定建設業者が、その工事の下請契約の総額が4000万円以上となる場合に工事現場に置く（建築工事業は6000万円以上）。	
主任技術者監理技術者の職務	・施工計画の作成 ・工程管理 ・品質管理 ・施工従事者の技術上の指導監督	

point ワンポイントアドバイス

- 専任が必要とされている建設工事でも、同じ建設業者が同じ場所または近くの場所で行う密接な関係のある2以上の工事については、同一の専任の主任技術者が管理できる。
- 専任が必要とされている建設工事でも、監理技術者の職務を補佐する技術者を専任で置く場合は、同一の専任の監理技術者が2現場に限り管理することができる。

▶ 請負契約書の記載事項（建設業法第19条より抜粋）

① 工事内容および請負代金の額
② 工事着手の時期および工事完成の時期
③ 請負代金の全部または一部の前金払の定めをするときは、その支払いの時期および方法
④ 天災その他不可抗力による工期の変更または損害の負担およびその額の算定方法に関する定め
⑤ 価格等の変動もしくは変更に基づく請負代金の額または工事内容の変更
⑥ 工事の施工により第三者が損害を受けた場合における賠償金の負担に関する定め
⑦ 注文者が工事の全部または一部の完成を確認するための検査の時期および方法ならびに引渡しの時期
⑧ 工事完成後における請負代金の支払いの時期および方法
⑨ 契約に関する紛争の解決方法

3 労働基準法

労働基準法とは

　労働条件の原則や決定についての最低基準を定めた法律で、正社員はもちろん、短時間労働者（パート・アルバイト）、派遣労働者、外国人労働者などに対しても適用される。

労働契約

項目	内容
法律違反の契約	労働基準法で定める基準に達しない労働条件を定める労働契約は、その部分については無効とする。この場合において、無効となった部分は、労働基準法で定める基準による。
労働契約の締結（書面により明示） 施行規則第5条	① 労働契約の期間 ② 期間の定めのある労働契約を更新する場合の基準 ③ 就業の場所および従事すべき業務 ④ 始業および終業の時刻、残業の有無、休憩時間、休日、休暇、シフト交代 ⑤ 賃金の決定、計算および支払いの方法、賃金の締切りおよび支払いの時期ならびに昇給 ⑥ 退職に関する事項（解雇の事由を含む）
労働条件の明示	使用者は、労働条件を明示しなければならない。明示された労働条件が事実と相違する場合、労働者は、即時に労働契約を解除することができる。
賠償予定の禁止	使用者は、労働契約の不履行について違約金を定め、または損害賠償額を予定する契約をしてはならない。
前借金相殺の禁止	使用者は、前借金その他労働することを条件とする前貸しの債権と賃金を相殺してはならない。
強制貯金	使用者は、労働契約に附随して貯蓄の契約をさせ、または貯蓄金を管理する契約をしてはならない。
解雇制限	使用者は、労働者が業務上の傷病により休業する期間およびその後30日間は、解雇してはならない。
解雇の予告	使用者は、労働者を解雇しようとする場合においては、少なくとも30日前にその予告をしなければならない。

● 年少者

項目	内容
年少者の証明書	使用者は、満18歳に満たない者について、その年齢を証明する戸籍証明書を事業場に備え付けなければならない。
未成年者の労働契約	親権者または後見人は、未成年者に代わって労働契約を締結してはならない。 未成年者は、独立して賃金を請求することができる。 親権者または後見人は、未成年者の賃金を代わって受け取ってはならない。
深夜業	使用者は、原則として、満18歳に満たない者を午後10時から午前5時までの間において使用してはならない。
帰郷旅費	満18歳に満たない者が解雇の日から14日以内に帰郷する場合においては、原則として、使用者は、必要な旅費を負担しなければならない。

［満18歳に満たない者を就かせてはならない業務（年少者労働基準規則より抜粋）］

- 重量物を扱う業務（年齢・性別によって制限され、満16歳以上18歳未満の男性の場合、断続作業30 kg、継続作業20 kg以上は禁止となる）
- 最大積載荷重2 tの人荷共用もしくは荷物用エレベーターの運転の業務
- 動力により駆動される土木建築用機械の運転の業務

4　労働安全衛生法　重要度 ★★☆

● 法の目的

　労働基準法と相まって、**労働災害の防止のための危害防止基準の確立、責任体制の明確化および自主的活動の促進**の措置を講ずる等その防止に関する総合的計画的な対策を推進することにより職場における**労働者の安全と健康**を確保するとともに、快適な職場環境の形成を促進することを目的とする。

▶ 安全衛生管理体制

［単一事業場の管理体制］

項目	内容	届出
総括安全衛生管理者	労働者が常時100人以上の場合に選任。 安全管理者・衛生管理者・救護の技術的事項を管理する者を指揮し、労働災害を防止するために必要な業務を行う。	選任にあたり、所轄労働基準監督署長へ届出のこと。
安全管理者	労働者が常時50人以上の場合に選任。 労働災害防止のための安全に係る技術的事項を管理する。	
衛生管理者	労働者が常時50人以上の場合に選任。 労働災害防止のための衛生に係る技術的事項を管理する。	
産業医	労働者が常時50人以上の場合に選任。 毎月事業所を定期巡視し、労働者の健康管理等を行う。	
安全衛生推進者	労働者が常時10人以上50人未満の場合に選任。 労働災害防止のための安全衛生に係る技術的事項を担当する。	

［元請と下請が混在する建築工事の事業場の管理体制］

項目	内容	区分※
統括安全衛生責任者	元方安全衛生管理者を指揮して、元請・下請の労働者が同一の場所で作業を行うことによって生ずる労働災害を防止するための事項を統括管理する。元請が選任する。	ⓐ
元方安全衛生管理者	統括安全衛生責任者が選任された事業場で元請が選任する。統括安全衛生責任者が統括管理する事項のうち、技術的事項を管理する。	
安全衛生責任者	統括安全衛生責任者が選任された事業場で下請が選任する。統括安全衛生責任者との連絡を行う。	
店社安全衛生責任者	元請・下請の労働者が同一の場所で作業を行うことによって生ずる労働災害を防止するための事項を担当する者（現場代理人等）に対して指導を行う。	ⓑ

※ⓐ：労働者数が常時50人以上の、すべての建築工事。
　ⓑ：労働者数が常時20人以上の、主要構造部が鉄骨造または鉄骨鉄筋コンクリート造の建築工事。

▶ 安全衛生教育

　次のタイミングにおいて、労働者への安全衛生教育を行う。

① 新たに労働者を雇い入れたとき
② 作業内容を変更したとき
③ 省令で定める危険または有害な業務に就かせるとき（特別教育）
④ 職長として新たに職務に就かせるとき

5 廃棄物の処理及び清掃に関する法律　重要度 ★ ★ ★

▶ 法の目的

　廃棄物の排出を抑制し、および廃棄物の適正な分別、保管、収集、運搬、再生、処分等の処理をし、ならびに生活環境を清潔にすることにより、生活環境の保全および公衆衛生の向上を図ることを目的とする。

▶ 産業廃棄物（建設業に係るものを抜粋）

- 事業活動に伴って生じた廃棄物……燃え殻、汚泥など
- 工作物の新築、改築または除去に伴って生じたもの……紙くず、木くず、繊維くず、コンクリートの破片
- ゴムくず、金属くず、ガラスくず

▶ 産業廃棄物の処理

① 事業者は、その事業活動に伴って生じた廃棄物を自らの責任において適正に処理しなければならない。

② 事業者は、その産業廃棄物が運搬されるまでの間、産業廃棄物保管基準に従い、生活環境の保全上支障のないようにこれを保管しなければならない。

③ 事業者は、その産業廃棄物の運搬または処分を他人に委託する場合には、区域を管轄する都道府県知事の許可を受けた者に委託しなければならない。

6 建設工事に係る資材の再資源化等に関する法律（建設リサイクル法）

▶ 法の目的

　特定の建設資材について、その分別解体等および再資源化等を促進するための措置を講ずるとともに、解体工事業者について登録制度を実施すること等により、再生資源の十分な利用および廃棄物の減量等を通じて、資源の有効な利用の確保および廃棄物の適正な処理を図り、もって生活環境の保全および国民経済の健全な発展に寄与することを目的とする。

▶ 特定建設資材

　建設資材のうち、以下の2項目を満たす4種類を指定する。
① 廃棄物となった場合に、再資源化することにより資源の有効利用が図れ、廃棄物の減量に大きく貢献するもの。
② 再資源化に多額の費用がかからないもの。

■ 特定建設資材の種類

● コンクリート
● コンクリートおよび鉄からなる建設資材
● 木材
● アスファルト・コンクリート

7 騒音規制法

▶ 法の目的

　工場および事業場における事業活動ならびに建設工事に伴って発生する相当範囲にわたる騒音について必要な規制を行うとともに、自動車騒音に係る許容限度を定めること等により、生活環境を保全し、国民の健康の保護に資することを目的とする。

● 特定建設作業

　建設工事として行われる作業のうち、著しい騒音を発生する作業で、政令で定めるもの（作業を開始した日に終わるものを除く）。

① くい打機（もんけんを除く）、くい抜機 または くい打くい抜機（圧入式くい打くい抜機を除く）を使用する作業（くい打機をアースオーガーと併用する作業を除く）。

② びょう打機を使用する作業。

③ さく岩機を使用する作業（作業地点が連続的に移動する作業では、1日における当該作業に係る2地点間の最大距離が50mを超えない作業に限る）。

④ 空気圧縮機（電動機以外の原動機を用いるものであって、その原動機の定格出力が15kW以上のものに限る）を使用する作業（さく岩機の動力として使用する作業を除く）。

⑤ コンクリートプラント（混練機の混練容量が0.45m³以上のものに限る）またはアスファルトプラント（混練機の混練重量が200kg以上のものに限る）を設けて行う作業（モルタルを製造するためにコンクリートプラントを設けて行う作業を除く）。

⑥ バックホウ（一定の限度を超える大きさの騒音を発生しないものとして環境大臣が指定するものを除き、原動機の定格出力が80kW以上のものに限る）を使用する作業。

⑦ トラクターショベル（一定の限度を超える大きさの騒音を発生しないものとして環境大臣が指定するものを除き、原動機の定格出力が70kW以上のものに限る）を使用する作業。

⑧ ブルドーザー（一定の限度を超える大きさの騒音を発生しないものとして環境大臣が指定するものを除き、原動機の定格出力が40kW以上のものに限る）を使用する作業。

① 氏名または名称および住所ならびに法人にあっては、その代表者の氏名
② 建設工事の目的に係る施設または工作物の種類
③ 特定建設作業の場所および実施の期間
④ 騒音の防止の方法
⑤ 当該特定建設作業の場所の附近の見取図

問1 **R2後期-No.43改** ➡ 1 建築基準法

用語の定義に関する記述として、「建築基準法」上、**誤っているもの**はどれか。

(1) 建築物を移転することは、建築である。
(2) 建築設備は、建築物に含まれる。
(3) 公衆浴場の浴室は、居室ではない。
(4) 自動車車庫の用途に供する建築物は、特殊建築物である。

> **解説** 居室とは、人が継続的に使用する室をいう。特定の人間だけではなく、不特定多数の人が入れ替わり立ち替わり継続的に使用する室も含まれる。公衆浴場の浴室も、百貨店の売場も、レストランも、居室である（建築基準法第28条）。 解答 (3)

問2 **H29後期-No.19** ➡ 1 建築基準法

地上階にある次の居室のうち、「建築基準法」上、原則として、採光のための窓その他の開口部を**設けなければならないもの**はどれか。

(1) 有料老人ホームの入所者用談話室
(2) 幼保連携型認定こども園の職員室
(3) 図書館の閲覧室
(4) 診療所の診察室

> **解説** 福祉施設に入所する者の談話、娯楽その他これらに類する目的のために使用される居室は、採光のための窓その他の開口部を設けなければならない（建築基準法施行令第19条第2項第5号）。 解答 (1)

次の記述のうち、「建築基準法」上、誤っているものはどれか。

(1)　地階に設ける居室には、必ず、採光のための窓その他の開口部を設けなければならない。

(2)　階段の幅が3mを超える場合、原則として、中間に手すりを設けなければならない。

(3)　回り階段の部分における踏面の寸法は、踏面の狭いほうの端から30cmの位置において測るものとする。

(4)　建築物の敷地には、下水管、下水溝またはためますその他これらに類する施設をしなければならない。

> **解説**　地階もしくは地下工作物内に設ける居室には、居室の採光の規定は適用されない（建築基準法第28条第1項）。　　　　解答　(1)

建設業の許可に関する記述として、「建設業法」上、誤っているものはどれか。

(1)　2以上の都道府県の区域内に営業所を設けて営業しようとする者が、建設業の許可を受ける場合、国土交通大臣の許可を受けなければならない。

(2)　建築工事業で特定建設業の許可を受けている者は、土木工事業で一般建設業の許可を受けることができる。

(3)　建築工事業で一般建設業の許可を受けている者が、建築工事業で特定建設業の許可を受けた場合、一般建設業の許可は効力を失う。

(4)　国または地方公共団体が発注者である建設工事を請け負う者は、特定建設業の許可を受けていなければならない。

> **解説**　一般建設業と特定建設業の違いは、発注者から直接請け負った1件の工事について、下請負人との間に締結する下請契約の下請代金の総額の違いによる（建設業法第3条第1項第2号）。発注者は関係ない。　　解答　(4)

　工事現場における技術者に関する記述として、「建設業法」上、**誤っている**ものはどれか。

(1)　建設業者は、発注者から3 500万円で請け負った建設工事を施工するときは、主任技術者を置かなければならない。

(2)　工事現場における建設工事の施工に従事する者は、主任技術者または監理技術者がその職務として行う指導に従わなければならない。

(3)　元請負人の特定建設業者から請け負った建設工事で、元請負人に監理技術者が置かれている場合は、施工する建設業の許可を受けた下請負人は主任技術者を置かなくてもよい。

(4)　請負代金の額が7 000万円の工場の建築一式工事を請け負った建設業者は、当該工事現場における建設工事の施工の技術上の管理をつかさどる技術者を専任の者としなければならない。

> 解説　元請負人の特定建設業者が現場に監理技術者を置く場合でも、下請負人で建設業の許可を受けた者は、当該現場に主任技術者を置かなければならない（建設業法第26条第1項）。　　　　解答　(3)

　建設工事の請負契約書に記載しなければならない事項として、「建設業法」上、**定められていない**ものはどれか。

(1)　工事着手の時期および工事完成の時期
(2)　工事の履行に必要となる建設業の許可の種類および許可番号
(3)　契約に関する紛争の解決方法
(4)　工事内容および請負代金の額

> 解説　建設業の許可の種類および許可番号は、請負契約書への記載は定められていない（建設業法第19条）。　　　　解答　(2)

労働契約に関する記述として、「労働基準法」上、誤っているものはどれか。

(1)　使用者は、労働することを条件とする前貸の債権と賃金を相殺することができる。

(2)　使用者は、労働契約に附随して貯蓄の契約をさせてはならない。

(3)　労働者は、使用者より明示された労働条件が事実と相違する場合においては、即時に労働契約を解除することができる。

(4)　使用者は、労働契約の不履行について違約金を定める契約をしてはならない。

> 解説　労働を条件とする前借金の相殺は禁止されている（労働基準法第17条）。
> 　　　　　　　　　　　　　　　　　　　　　　　　　　　解答　(1)

次の記述のうち、「労働基準法」上、誤っているものはどれか。

(1)　未成年者の親権者または後見人は、未成年者の賃金を代わって受け取ってはならない。

(2)　使用者は、満18歳に満たない者について、その年齢を証明する戸籍証明書を事業場に備え付けなければならない。

(3)　使用者は、原則として、満18歳に満たない者が解雇の日から14日以内に帰郷する場合においては、必要な旅費を負担しなければならない。

(4)　使用者は、満17歳の者を、屋外の建設現場で労働者として使用することはできない。

問9　**R3前期-No.48**　　　　　　　　　　　⇒4 労働安全衛生法

「労働安全衛生法」上、事業者が、所轄労働基準監督署長へ報告書を提出する必要がないものはどれか。

(1)　産業医を選任したとき

(2)　安全管理者を選任したとき

(3)　総括安全衛生管理者を選任したとき

(4)　安全衛生推進者を選任したとき

問10　**R2後期-No.48**　　　　　　　　　　　⇒4 労働安全衛生法

建設業において、「労働安全衛生法」上、事業者が安全衛生教育を行わなくてもよい者はどれか。

(1)　新たに選任した作業主任者

(2)　新たに職務につくこととなった職長

(3)　新たに建設現場の事務職として雇い入れた労働者

(4)　新たに雇い入れた短時間（パートタイム）労働者

問11 **R2後期-No.49** ➡ 5 廃棄物の処理及び清掃に関する法律

次の記述のうち、「廃棄物の処理及び清掃に関する法律」上、**誤っているものはどれか**。

(1) 建築物の新築に伴って生じた段ボールは、産業廃棄物である。

(2) 建築物の地下掘削に伴って生じた土砂は、産業廃棄物である。

(3) 建築物の除去に伴って生じた木くずは、産業廃棄物である。

(4) 建築物の杭工事に伴って生じた汚泥は、産業廃棄物である。

解説 建築工事などの事業活動に伴って生じたとしても、土砂は産業廃棄物ではない（廃棄物の処理及び清掃に関する法律施行令第2条）。

解答 (2)

問12 **R1前期-No.49** ➡ 6 建設工事に係る資材の再資源化等に関する法律

建設工事に係る次の資材のうち、「建設工事に係る資材の再資源化等に関する法律（建設リサイクル法）」上、特定建設資材に**該当しないものはどれか**。

(1) 木造住宅の新築工事に伴って生じた木材の端材

(2) 木造住宅の新築工事に伴って生じたせっこうボードの端材

(3) 駐車場の解体撤去工事に伴って生じたコンクリート平板

(4) 駐車場の解体撤去工事に伴って生じたアスファルト・コンクリート塊

問13 **R3前期-No.50**　　　　　　　　　　→7 騒音規制法

「騒音規制法」上、指定地域内における特定建設作業を伴う建設工事の施工に際し、市町村長への届出書に記入または添附する必要のないものはどれか。

(1) 建設工事の目的に係る施設または工作物の種類
(2) 特定建設作業の開始および終了の時刻
(3) 特定建設作業の工程を明示した工事工程表
(4) 特定建設作業に係る仮設計画図

V部

第二次検定

経験記述

1 傾向と対策

　施工計画、工程管理、品質管理のいずれかについて出題される。出題頻度が同程度であるため、3種類のどれが出題されても解答できるように準備する必要がある。

　留意した内容や事前に検討したことを、列挙された項目の中から選んで記述する方式である。項目の列挙の形式や記述方法が毎年違っているので、落ち着いて問題文を読み込み、問われている内容を理解してから着手しよう。

2 重要ポイントレッスン

▶ 工事概要

[工事名]

① **受検種別に係る建築工事**であること。建築基準法に定める建築物に係る工事とする。

② 新築工事・改修工事の別を明らかにする。

③ 「○○邸新築工事」「○○ビル改修工事」などと記述する。

[工事場所]

① 工事場所が特定できるように書く。

② 「○○県××市□□町△－△－△」と地番まで書く。

[工事の内容]

① **実際に施工・完了された工事**であること。試験のために作文された「架空工事」や今後の「予定・計画工事」は認められない。地図アプリで検索すれば誰でも建物を確認できるので、注意が必要である。

② 自分の受験種別が「躯体」であれば躯体工事、「仕上げ」であれば仕上げ工事、「建築」であれば両方が含まれている工事であること。

③ 新築などの場合
　ⓐ 建物用途：事務所、店舗、倉庫、共同住宅、一戸建ての住宅など
　ⓑ 構造　　：鉄筋コンクリート造、鉄骨造、木造など
　ⓒ 階数　　：2階建、地上3階地下1階建など
　ⓓ 延べ面積または施工数量
　　・延べ面積：延べ面積1500 m^2
　　・施工数量：フローリング張り500 m^{2}など
　ⓔ 主な外部仕上げ
　　・外壁：コンクリート打放しフッ素樹脂塗装
　　・屋根：ガリバリウム鋼板葺きなど
　ⓕ 主要室の内部仕上げ
　　・床：長尺シート張り
　　・壁：石膏ボード下地ビニールクロス張りなど
④ 改修などの場合
　ⓐ 建物用途：事務所、店舗、倉庫、共同住宅、一戸建ての住宅など
　ⓑ 建物規模：延べ面積1200 m^{2}など
　ⓒ 主な改修内容および施工数量：屋上シート防水張替え200 m^2、外壁タイル張替え600 m^{2}など

［工期］

① 完了した工事について**年月**まで**記入**する。
② 「令和3年4月〜令和4年3月」「2021年4月〜2022年3月」などと書く。
③ 工事規模に見合った工期か、自分が担当した工種がどの季節であったかに留意する（これから記述する内容に気温などが関係する場合）。

［あなたの立場］

① 指導・監督的な立場であることを示す。
　ⓐ「現場代理人」「現場監督」「現場主任」「主任技術者」とし、発注者側の立場の場合は「発注者側監督員」「監理者」とする。
　ⓑ「○○係」「△△助手」などの補佐的な立場は認められない。
② 誤字・省略名を書かないこと。
　「現場代利人」「現場管督」「現場主人」などの誤字や、「現場代人」「監督員」「主任」などの省略名は認められない。

［あなたの業務内容］

① 実際の業務内容を書けばよいが、次の経験記述で「実際に検討し、行ったこと」を記述するので、その立場にある人間の業務内容ということに留意する。

② 「建築一式工事の総合管理業務」「施工管理全般」「設計監理業務」などと記述する。

▶ 経験記述【1】着目し、検討し、行ったこと

① 工事概要であげた工事で、<u>自分が担当した工種</u>における「施工計画」「工程管理」「品質管理」のうちから、問われた管理項目について3つの事例を記述する。

② **自分の受検種別に該当する工事**であること。

- 受検種別〈建築〉：建築一式工事、解体工事
- 受検種別〈躯体〉：大工工事、とび・土工・コンクリート工事、タイル・れんが・ブロック工事、鋼構造物工事、鉄筋工事、解体工事
- 受検種別〈仕上げ〉：大工工事、左官工事、石工事、屋根工事、タイル・れんが・ブロック工事、板金工事、ガラス工事、塗装工事、防水工事、内装仕上工事、熱絶縁工事、建具工事

③ 経験したことなので、過去形で記述する。　例：「……であった。」

④ 他人にも理解できるように、具体的に、頭の中で整理してから書くこと。

⑤ 建築の専門用語、数値を用いて2行程度に簡潔にまとめること。

⑥ 自分が担当した工種であれば、同一の工種でなくともよい。3つの事例をそれぞれ異なる工種で解答してよい。

---

point　ワンポイントアドバイス

異なる工種での解答というのは、例えば「コンクリート工事では○○○だった」「防水工事では○○○だった」「タイル工事では○○○だった」と考えて解答を作成してよい、ということである。

▶ 経験記述【2】今までの工事経験によって得た、自分の考え

① 工事概要であげた工事や受検種別にかかわらず、今までの工事経験から、「施工計画」「工程管理」「品質管理」のうち、問われた管理項目について記述する。

② 具体的に自分の意見を述べるので、現在形で記述する。

- 例：「……である。」

③ 前問（経験記述）の解答と同一内容は不可であるため、注意すること。

---

point ☞ ワンポイントアドバイス

今まで経験してきた工事を客観的に見て、自分が指導・監督的な立場であった場合、どのようなことに気を付け、どのような対策を取るべきか、考えをまとめて記述する。

実戦問題チャレンジ（章末問題）

経験記述1 着目し、検討し、行ったこと ［第二次検定 問題1-1］

例題1 施工計画

　工事概要であげた工事であなたが担当した工種において、施工にあたり事前に検討したことを次の項目の中から3つ選び、事前に検討し実際に行ったこととなぜそうしたのかその理由を、工種名をあげて、それぞれについて具体的に記述しなさい。

　ただし、「事前に検討し実際に行ったこと」の記述内容が、同一のものおよびコストについてのみ記述したものは不可とする。

　なお、工種名については、同一の工種名でなくてもよい。

　項目　「施工方法」
　　　　「資材の搬入または仮置きの方法」
　　　　「資材の揚重の方法」
　　　　「作業床または足場の設置」
　　　　「施工中または施工後の養生の方法」（労働者の安全に関する養生を除く）
　　　　「試験または検査の方法と実施の時間」
　　　　「他の関連工事との調整」

解答例

◆ 受検種別：**建築**

<table>
<tr><td rowspan="4">1</td><td>工種名</td><td>鉄筋工事</td></tr>
<tr><td>項目</td><td>他の関連工種との調整</td></tr>
<tr><td>事前に検討し実際に行ったこと</td><td>鉄骨柱のアンカーボルトと基礎配筋の納まり図を作成し、配筋の位置を検討した。</td></tr>
<tr><td>その理由</td><td>アンカーボルトと鉄筋が干渉すると、規定のかぶり厚さの確保やアンカーボルトの位置の確保ができなくなってしまうため。</td></tr>
</table>

2	工種名	タイル工事
	項目	試験または検査の方法と実施の時期
	事前に検討し実際に行ったこと	外壁タイルの施工後2週間以上経ち強度が出た時期を見計らって、接着力試験機により引張接着強度の測定を行った。
	その理由	タイルの接着が弱いと、浮き・剥離の原因となり、剥落事故につながるため。
3	工種名	内装仕上工事
	項目	施工中または施工後の養生の方法
	事前に検討し実際に行ったこと	フローリング施工後、表面に撥水処理を施した養生ボードを床に敷き詰め、養生テープで留め付けた。
	その理由	施工済み部分のフローリングが、吸湿、汚れ、直射日光、水掛かりの影響を受けないようにするため。

◆ 受検種別：**躯体**

1	工種名	コンクリート工事
	項目	施工方法
	事前に検討し実際に行ったこと	コンクリートの打込みに際して、搬入計画を立て、工区の打込み順序、締固め方法と順序、人員の配置を計画し、実行した。
	その理由	コンクリートの練混ぜから打込み終了までを制限時間内に終える必要があったため。
2	工種名	コンクリート工事
	項目	他の関連工事との調整
	事前に検討し実際に行ったこと	鉄筋・型枠・電気・設備工事業者との事前協議を行い、コンクリート打設日を決定した。
	その理由	事前に協議がなされていないと、手戻り・品質の悪化・工程の遅れの原因となるため。
3	工種名	鉄筋工事
	項目	施工中または施工後の養生の方法
	事前に検討し実際に行ったこと	鉄筋の組立後、直接鉄筋の上を歩かないようにするために、スラブ、梁などに歩み板を置き渡した。
	その理由	鉄筋を踏んで鉄筋が乱れると、かぶり厚さや鉄筋間隔の必要寸法が保持できなくなってしまうため。

	工種名	内装仕上工事
1	項目	材料の搬入または仮置きの方法
	事前に検討し実際に行ったこと	ビニル床シートの運搬に際しては無理な荷積みを行わず、搬入後は俵積み（横積み）を避け、立てて保管した。
	その理由	積み重ねた場合、下部の材料に変形が生じ、引き伸ばしたときに波打ちの癖が元に戻らないことがあるため。
2	工種名	左官工事
	項目	施工方法
	事前に検討し実際に行ったこと	工事に先立ち、施工要領書どおりに職長が施工を行い、見本塗りを作業員に見せた。
	その理由	作業員ごとに仕上がりが異なることのないように、品質・仕上がりの統一を図るため。
3	工種名	塗装工事
	項目	施工方法
	事前に検討し実際に行ったこと	外壁塗装の中塗りと上塗りで、塗料の色を変えて施工した。
	その理由	上塗りの塗りむらを防止し、必要な膜厚を確保することで、外壁からの漏水を防ぐことができるから。

例題2 工程管理

　工事概要であげた工事のうち、あなたが担当した工種において、与えられた工期内にその工事を完成させるため、工事の着手前に着目した工期を遅延させる要因とその理由、および遅延させないために<u>実施した内容</u>を工種名とともに3つ、それぞれ具体的に記述しなさい。

　ただし、実施した内容の記述が同一のものおよび工程管理以外の品質管理、安全管理、コストのみについての記述は不可とする。

　なお、工種名については同一の工種名でなくてもよい。

解答例

◆ 受検種別：**建築**

	工種名	型枠工事
1	遅延させる要因	作業場所が狭いこと。
	その理由	資材置場や加工スペースが限られるため、作業効率が悪くなり、組立作業の遅れが予想された。
	実施した内容	梁の型枠は工場で加工・組立まで行い、搬入後レッカーで所定の位置にセットして、現場作業の省略化を図った。
	工種名	コンクリート工事
2	遅延させる要因	寒い時期にコンクリート打込みが多数あること。
	その理由	寒冷のため強度の発現が遅れることで、型枠の養生期間が延び、脱型が遅れると予想された。
	実施した内容	直下階にジェットヒーターを用意し、加温することで、初期強度不足による型枠脱型の遅延を防いだ。
	工種名	内装仕上工事
3	遅延させる要因	比較的小面積の部屋が多く、間仕切壁が多いこと。
	その理由	スタッド・軽天下地・プラスターボードなどを所要寸法に切断する作業が多くなり、作業日数も多くなると予想された。
	実施した内容	基本的に下地は工場でのプレカットとし、微調整が必要な箇所のみ現場で切断することとして、現場での作業を軽減した。

◆ 受検種別：**躯体**

	工種名	土工事
1	遅延させる要因	土工事の時期が台風や長雨の時期に重なること。
	その理由	大量の湧き水により、床付け作業が遅れることが予想された。
	実施した内容	釜場と排水ポンプの数を増やし、根気よく盛替え作業を行った。
	工種名	鉄筋工事
2	遅延させる要因	基礎地中梁の配筋の時期が台風や長雨の時期に重なること。
	その理由	降雨時にガス圧接作業ができないため、鉄筋組立て作業の遅れが予想された。

	実施した内容	単管を組み、シートを掛け、降雨の影響を受けないようにして作業を行った。
	工種名	型枠工事
	遅延させる要因	基礎および地中梁の型枠材の搬入・組立て・解体・搬出に日数がかかること。
3	その理由	型枠大工の人員確保が困難であるため。
	実施した内容	基礎および地中梁にラス打込み型枠工法を採用した。捨て型枠のため、コンクリート打設後の型枠解体と搬出の省略化を図ることができた。

◆ 受検種別：<u>仕上げ</u>

	工種名	タイル工事
	遅延させる要因	外壁のタイル貼りの時期が梅雨時期と重なること。
1	その理由	降雨により、タイル貼りの作業ができず、完了の遅れが予想された。
	実施した内容	あらかじめ、外部足場に養生シート固定用の単管パイプを取り付け、いつでもすぐにシートを張れるようにした。
	工種名	塗装工事
	遅延させる要因	額縁・建具枠などの塗装仕上工程に、日数がかかること。
2	その理由	塗装工事が完了しないと次工程に移れず、他工事の遅れが予想された。
	実施した内容	監理者の承認を得て、塗装仕上げ済みの加工材に変更し、現場での塗装は、取付け後の補修のみとした。
	工種名	大工工事
	遅延させる要因	押入造作・造り付け家具・カーテンボックスなどの造作工事が多いこと。
3	その理由	現場での加工・組立て・取付けに時間がかかることが予想された。
	実施した内容	早い段階で承認図を提出して工場製作とし、仕上げ塗装まで工場で行い、現場では取付け・調整のみとした。

例題3　品質管理

　工事概要であげた工事で、あなたが実際に担当した工種において、その工事を施工するにあたり、施工の品質低下を防止するため、特に留意したことと何故それに留意したのかその理由およびあなたが実際に行った対策を、工種名をあげて3つ具体的に記述しなさい。

　ただし、「設計図どおり施工した」など施工にあたり行ったことが具体的に記述されていないものや、品質以外の工程管理、安全管理などについての記述は不可とする。

　なお、工種名については、同一の工種名でなくてもよい。

解答例
◆ 受検種別：**建築**

1	工種名	コンクリート工事
	特に留意したこと	コンクリートの打込み・締固めに際し、密実なコンクリートが得られるように留意した。
	その理由	ジャンカの発生を防止し、設計強度を確保するため。
	実際に行った対策	コンクリートの打設高さを低くして材料の分離を避け、棒状バイブレーターのほかに壁用の振動機を取り付けて、型枠の隅々までコンクリートが充填されるようにした。
2	工種名	防水工事（シート塗膜防水）
	特に留意したこと	防水下地の水勾配・乾燥・平滑性に留意した。
	その理由	水勾配不足の場合、水溜まりが発生し防水層を劣化させるため。また、乾燥が不十分だと浮きの要因となり、下地の凹凸は防水層の亀裂を生じさせるため。
	実際に行った対策	施工図の段階で、スムーズに排水できるよう水勾配といの配置などを綿密に計画し、釘や番線、こぼれはグラインダーで平滑にしてから補修を行って、乾燥期間を充分に取り含水率を測定した。

	工種名	内装仕上工事
	特に留意したこと	施工箇所の室温の調整に留意した。
3	その理由	冬季の施工では作業環境温度が低下し、接着剤の接着力が弱まる。また、フロアタイルも硬く下地になじみにくくなり、割れや欠けが生じることもあるため。
	実際に行った対策	ジェットヒーターで採暖し、室温を10度以上に保つとともに、フロアタイルをトーチランプで軽く加熱しながら圧着した。

◆ 受検種別：**躯体**

	工種名	コンクリート工事（場所打ちコンクリート杭）
	特に留意したこと	孔底のスライム処理に留意した。
1	その理由	スライムがコンクリートと混ざると、杭先端の支持力の低下やコンクリート強度の低下の原因となるため。
	実際に行った対策	鉄筋かごの建込み前にバケットで杭底を浚い、コンクリート打設前に水中ポンプを使用してスライムを吸い上げ、排出した。
	工種名	鉄骨工事
	特に留意したこと	トルシア型高力ボルトの接合に際し、標準ボルト張力が得られるよう留意した。
2	その理由	接合部の耐力を確保するため。
	実際に行った対策	全数マーキングを行い、本締め後マーキングのずれとピンテールの破断を目視で検査し、とも回りや軸回りのないことを確認した。
	工種名	仮設工事
	特に留意したこと	外部枠組足場の精度維持に留意した。
3	その理由	足場の水平精度が悪いと足場全体に変形が生じ、崩壊の危険が生じる可能性が高まるため。
	実際に行った対策	枠組み足場下部の地盤を転圧し、躯体からの離れを300 mmとし、墨出しをして建枠を設置した。

◆ 受検種別：**仕上げ**

	工種名	屋根工事
1	特に留意したこと	谷部の下葺きの施工方法に留意した。
	その理由	谷部は比較的水が溜まりやすく、漏水を起こしやすい部位であるため。
	実際に行った対策	谷部の下葺材の施工に際し、谷部の流れ方向に先張りを行い、谷底から両方向へそれぞれ250mm以上重ね合わせた。
	工種名	左官工事
2	特に留意したこと	床モルタル塗りの精度を高めることに留意した。
	その理由	施工面積が大きいと、仕上材を張ったときに、下地の不陸が目立ってしまうため。
	実際に行った対策	床モルタル塗りに先がけて、レベルのポイントを@2000で当たりをとり、定規にて正確に均した。
	工種名	内装仕上工事
3	特に留意したこと	壁下地となるせっこうボード張りに際し、仕上げに影響を与えないよう留意した。
	その理由	表面が平滑に仕上がらなかったり、後日、表面に錆が浮き出てきたりすることがないようにするため。
	実際に行った対策	防錆処理されたせっこうボード用ビスを使用し、ビスの頭がボード表面より沈むように施工した。

経験記述2 **今までの工事経験によって得た自分の考え** [第二次検定 問題1-2]

例題4 **施工計画**

　工事概要であげた工事および受検種別にかかわらず、あなたの今日までの工事経験に照らし、事前に検討し計画した施工方法や作業手順を作業員に周知徹底するためには、どのようにしたらよいと考えるか、周知徹底するための方法と実行されているか確認する方法について、工種名または作業名をあげて2つ具体的に記述しなさい。

　ただし、それぞれの解答は異なる内容の記述とする。

1	工種名または作業名	コンクリート工事
	周知徹底するための方法	コンクリート打設計画図を作成し、打設前に職長から末端作業員まで関係者全員でミーティングを行う。
	確認する方法	元請・下請の責任者が打設現場に立ち会い、計画のとおりに工事が行われているか確認する。
2	工種名または作業名	鉄筋工事
	周知徹底するための方法	施工図に部位ごとの配筋要領の図を色分けして作成し、作業場に掲示する。
	確認する方法	チェックリストを作成し、作業現場で部位ごとに確認する。
3	工種名または作業名	左官工事（仕上塗材仕上げ）
	周知徹底するための方法	あらかじめ見本を作成し、テクスチャー、艶、色などを作業関係者全員に理解させる。
	確認する方法	施工現場で見本と照らし合わせ確認する。

例題5 工程管理

　工事概要であげた工事および受検種別にかかわらず、あなたの今日までの建築工事の経験を踏まえて、工期を短縮するための合理化の方法とそれが工期短縮となる理由について工種名とともに2つ具体的に記述しなさい。また、その合理化の方法を行うことにより派生する効果について、それぞれ具体的に記述しなさい。

　ただし、工期を短縮するための合理化の方法については、問題1-1の実施した内容と同一の記述は不可とする。

　なお、派生する効果については、工期短縮以外の品質面、安全面、コスト面、環境面などの観点からの記述とする。また、工種名については、同一の工種名でなくてもよい。

	工種名	型枠工事
1	合理化の方法	同スパンの合板スラブ型枠をフラットデッキ型枠工法とする。
	その理由	フラットデッキ型枠は支保工もいらず、スラブ型枠の解体作業もなく、スラブ下の作業が着手可能になる。
	派生する効果	仮設材や廃材が大きく低減できる。
2	工種名	木工事
	合理化の方法	鉄筋コンクリート造の内部間仕切り壁下地をパネル壁下地とする。
	その理由	工場生産品の間仕切りパネルを立て込むだけなので、大工手間が少なくて済み、工期の短縮が図れる。
	派生する効果	工場生産品であるため、一定の品質が確保できる。
3	工種名	左官工事
	合理化の方法	ALCの仕上塗材を複層弾性塗材（防水形複層塗材E）から単層弾性塗材（防水形外装薄塗材E）とする。
	その理由	単層弾性塗材は、主材層の性能を高め上塗りを不要とする材料で、機能性を保ちつつ、工期の短縮が図れる。
	派生する効果	上塗りの工程が不要となるため、施工費の圧縮が図れる。

例題6　品質管理

　工事概要であげた工事および受検種別にかかわらず、あなたの今日までの工事経験に照らして、品質の良い建物を造るために品質管理の担当者として、工事現場においてどのような品質管理を行ったらよいと考えるか、品質管理体制、手順またはツールなど品質管理の方法とそう考える理由を、2つ具体的に記述しなさい。

　ただし、2つの解答はそれぞれ異なる内容の記述とし、また、問題1-1の「実際に行った対策」と同じ内容の記述は不可とする。

1	**品質管理の方法**	工種別に施工計画書を作成し、その中で品質目標を定め、施工方法の項目には、品質確保を意識した施工方法を具体的に記載する。
	そう考える理由	明文化することにより、元請・下請双方で具体的な施工方法を共有することができ、品質確保につながる。
2	**品質管理の方法**	工種別にPDCAサイクルを確立し、継続していく。
	そう考える理由	品質目標を定め、計画（施工計画）・実行（施工管理）・確認（検査）・処置（是正・改善）を繰り返すことで品質が向上する。
3	**品質管理の方法**	工事に先立ち各工種ごとに施工品質計画書を作成し、管理の要点をまとめ、品質管理体制を構築し、組織化して活動する。
	そう考える理由	人手不足により品質管理の手順を踏めないことがあるため、体制の構築と組織化が重要と考える。
4	**品質管理の方法**	主要工事の管理項目を洗い出し、特に隠ぺい箇所の検査について具体的に記載する。
	そう考える理由	目に見えない箇所での不具合は重大な問題になりやすく、品質向上には的確に検査を行うことが必要である。

第2章 建築工事

1 傾向と対策

新 ←　　　　　　　　　　　　　→ 旧

	新 ←				→ 旧
仮設工事（測量、保安施設など含む）	・ローリングタワー ・乗入れ構台	・パイプサポート ・ベンチマーク	・足場の手すり先行工法 ・鋼矢板 ・陸墨	・親綱 ・ローリングタワー	・防護棚（朝顔） ・ベンチマーク
土工事・基礎工事	・土工事における釜場	・床付け ・布基礎		・べた基礎	・土工事における釜場
木工事	・木工事の大引き	・木工事の仕口	・木工事の大引き	・木造在来軸組構法のアンカーボルト	
鉄筋工事	・腹筋	・帯筋	・鉄筋工事のスペーサー	・あばら筋	・腹筋
コンクリート工事	・コンクリート壁の誘発目地 ・フラットデッキ	・コンクリートのブリーディング ・機械ごて	・型枠のセパレーター ・コンクリートのスランプ	・型枠のフォームタイ ・コンクリートポンプ工法の先送りモルタル	・型枠のセパレーター ・コンクリートのブリーディング
鉄骨工事	・鉄骨の耐火被覆	・スタッド溶接	・被覆アーク溶接	・鉄骨の地組	・高力ボルト摩擦接合 ・鉄骨工事の仮ボルト
防水工事・シーリング工事	・ボンドブレーカー	・改質アスファルトシート防水トーチ工法密着露出仕様（防水トーチ工法）	・防水工事の脱気装置	・ボンドブレーカー	・改質アスファルトシート防水トーチ工法密着露出仕様
石工事	・ジェットバーナー仕上げ				・ジェットバーナー仕上げ
タイル工事		・タイル張りのヴィブラート工法	・内壁タイルの接着剤張り工法	・タイル張りのヴィブラート工法	
屋根およびとい工事			・ルーフドレン	・金属製折板葺きのタイトフレーム	
金属工事		・天井インサート	・軽量鉄骨壁下地のスペーサー		・天井インサート

	新←				→旧
建具工事	・クレセント				・フロアヒンジ ・ガラス工事の セッティングブ ロック
塗装工事				・吹付け塗装の エアレススプレ ー塗	
内装工事	・ビニル床シート 熱溶接工法 ・壁面のガラス ブロック積み	・せっこうボード 張りにおけるコ ーナービード （コーナービー ド）	・木造住宅の気 密シート	・テーパーエッジ せっこうボード の継目処理工 法 ・床コンクリート 直均し仕上げ	・ビニル床シート の熱溶接工法
その他	・セルフレベリン グ工法	・クローラークレ ーン	・セルフレベリン グ工法		

※太字は頻出用語。

▶ 出題傾向

　毎年、14個の用語が示され、このうち5個の用語について、その用語の説明と施工上留意すべき内容を記述する問題となっている。用語は広い範囲から選定されているが、**仮設工事、鉄筋工事、コンクリート工事、鉄骨工事、防水工事、内装工事**などからは毎年出題されている。特に**仮設工事とコンクリート工事**からの出題が多い傾向にあり、コンクリート工事については、**鉄筋工事**も含めて**鉄筋コンクリート**として考えると、非常に出題頻度が高くなる。

　また、過去5年間程度をみると、多くの用語が繰り返し出題されていることがわかる（前掲の出題内容一覧表内、太字を参照）。

▶ 対策

　過去に出題された用語が繰り返し出題される傾向があるため、まずは過去問の確認をしよう。例えば、令和3年度の試験では、14の用語のうち8個が、前年度までの4年間に出題されている。

　また、出題範囲が広いため、すべての工種について学習することは難しい。**仮設工事、鉄筋工事、コンクリート工事、鉄骨工事、防水工事、内装工事**の範囲内で毎年5問は出題されているので、これらの工種を主体に本書の

「第一次検定」の部で確認しておきたい。

■ 工種別の出題傾向

工種	5年間での出題数	ランク
仮設工事（測量、安全・保安施設含む）	11問	★★★★
コンクリート工事	9問	★★★★
内装工事	7問	★★★
鉄骨工事	6問	★★★
鉄筋工事	5問	★★★
土工事・基礎工事	5問	★★★
防水工事/シーリング工事	5問	★★★
木工事	4問	★★
タイル工事	3問	★★
金属工事	3問	★★
建具工事	3問	★★
屋根およびとい工事	2問	★
石工事	2問	★
塗装工事	1問	★
その他	3問	★

2 重要ポイントレッスン

▶ 出題意図の理解

近年の出題例をあげると、以下のようなものが多い。

次の建築工事に関する用語のうちから5つ選び、その用語の説明と施工上留意すべき内容を具体的に記述しなさい。ただし、○○および××（仮設に関するものが指定される）以外の用語については、作業上の安全に関する記述は不可とする。また、使用資機材に不良品はないものとする。

ここから、出題の意図を整理すると、以下のようになる。
① 5つの用語について記述する。
② 記述内容は、用語の説明と施工上の留意点である。
③ 示された用語には仮設の用語と工事の用語が含まれているが、工事の用語（仮設以外の用語）については、作業上の安全に関する記述は不可である。

④ 仮設の用語については、作業上の安全に関する記述でもよい。

⑤「使用資機材に不良品はない」ということは、なんの支障もなくその資機材が使用できる状態での留意すべき点を記述するということである（資機材に不備があった場合の対処方法や留意点の記述は不可）。

　問題文は例年と変わる可能性もあるため、まずは注意して問題文をよく読み、出題の意図を理解することが重要となる。

▶ 解答する５つの用語の選択

① 示された用語をチェックしよう

　得意分野の用語ばかりではないはずである。まずは、どの用語について解答するか簡単にシミュレーションしてみよう。いきなりわかる用語から記述し始めるよりも、解答する５つの用語について、大まかに記述内容を整理し全体を把握したほうが、時間配分もでき安心である。

② 必ず５問すべてについて解答しよう

　施工上の留意点が書けなくても、用語の説明だけでも構わない。

　用語の詳しい説明が書けなくても、何の工種に使用するかだけでも構わない。部分点がもらえる可能性はあるので、あきらめずチャレンジしよう。

実戦問題チャレンジ（章末問題）

問1 建築工事に関する用語

　次の建築工事に関する用語の一覧表の中から**5つ**用語を選び、解答用紙の用語の記入欄の記号にマークしたうえで、選んだ用語欄に用語を記入し、その用語の説明と施工上留意すべきことを具体的に記述しなさい。

　ただし、**k**および**n**以外の用語については、作業上の安全に関する記述は不可とする。また、使用資機材に不良品はないものとする。

■ 用語の一覧表

用語の記号	用語
a	型枠の根巻き
b	気密シート
c	クレセント
d	コンクリート壁の誘発目地
e	ボンドブレーカー
f	テーパーエッジせっこうボード継目処理工法
g	鉄骨の地組
h	鉄骨工事の仮ボルト
i	天井インサート
j	べた基礎
k	防護棚（朝顔）
l	木構造の大引き
m	タイルのヴィブラート工法
n	ローリングタワー

解答例

用語	用語の説明	施工上の留意点
型枠の根巻き	型枠の組立てに先立ち、型枠の設置位置に設ける金物やモルタル。建込み位置を正確に保ち、セメントペーストの漏れを防ぐ。	墨に従い、正確に設置する。設置面の不陸に対しても隙間なく設置する。
気密シート	内部結露防止や断熱性の向上のため、室内からの湿気が壁体内に侵入しないように用いるフィルムシート。	壁体内の断熱材の屋内側へ設置する。

V
第
2
章

建
築
工
事

用語	用語の説明	施工上の留意点
クレセント	引き違いサッシなどの召合せ部に取り付ける締まり金物。	取付け後、きしみ、がたつき、たわみ変形などが生じず、円滑に作動するように調整・確認を行う。
コンクリート壁の誘発目地	乾燥収縮ひび割れの発生が予想される位置に断面欠損部を設け、ひび割れを集中的に発生させるための目地。	ひび割れ発生の予想位置を正確に解析し、目地の位置を定める。
ボンドブレーカー	シーリング材の三面接着を防止するために目地底に張り付ける材料。	目地幅に合ったものを使用し、目地底に確実に張り付ける。
テーパーエッジせっこうボードの継目処理工法	長手方向にゆるやかな面取り（テーパー）がしてあるせっこうボードを用い、継目処理により平滑な壁を造る工法。	継目処理の余分なパテは削り取り、仕上げに影響の出ないようにする。
鉄骨の地組	鉄骨工事で大型部材を部分的に分割し、現場に搬入し建方前に地上で組み立てること。	地組に必要な架台・治具などを使用し、地組部材の寸法精度を確保する。
鉄骨工事の仮ボルト	ボルトの本締めまでの間、一時的に倒壊防止などのために取り付けるボルト。	2本以上かつ、本締めの1/3以上の本数でバランスよく締め付ける。
天井インサート	天井下地にあらかじめ施工しておく、野縁吊りボルトを支持する金属部品。	腐食防止の防錆処理を行い、決められた位置に取り付ける。
べた基礎	建築物の床下全面を鉄筋コンクリートで支える基礎。	必要かぶり厚を確保するため、打設時の振動・衝撃によりスペーサーが外れないよう注意する。
防護棚（朝顔）	足場からはみ出した状態で設置し、飛来落下物が通行人などに被害を与えないよう取り付ける安全設備。	足場より水平方向へ2m以上、取付角度は20度以上とする。
木構造の大引き	根太のすぐ下にあって、根太を支える横材。	大引の継手は、腰掛けあり継ぎ、釘打ちとする。
タイルのヴィブラート工法	下地に張付けモルタルを塗り、振動機で振動を与えながらタイルを押し付けて張る工法。	張付けモルタルがタイル裏面全面に回り、タイル周辺からモルタルがはみ出すまで振動機を移動させながら張り付ける。
ローリングタワー	仮設用資材で高所作業時に、移動が可能な車輪がついた移動式足場。	移動中は人を乗せず、作業時には車輪を固定し、転落防止対策を行う。

point ワンポイントアドバイス

・「施工上の留意点」は、解答例である。これ以外にも複数の留意点があり得る。
・「用語の説明」から考え始めるより、先に「施工上の留意点」を記述できそうな用語を選ぶほうが効率的である。「施工上の留意点」がわかる用語は、たいてい「用語の説明」もできるはずだが、その逆は必ずしもそうとは言えない。

第**3**章　工程管理

1　傾向と対策

　工程管理は、施工管理の項目の中でも重要な位置付けとなっている。入念な計画に基づく工程表の作成と的確な調整を必要とする。重要な役割を果たす工程表の種類と内容、使い方を理解しよう。建築工事の工程（施工順序）も把握しておくこと。バーチャート工程表と出来高表を用いた問題がここ数年続けて出題されているので、実戦問題チャレンジでマスターしよう。

2　重要ポイントレッスン

▶ バーチャート工程表

　第一次検定のⅢ編・第2章「工程管理」（→**p.232**）と共通であるため、復習しておこう。工事金額による出来高計算を理解しておくこと。

▶ ネットワーク式工程表

　同様に第一次検定の「工程管理」（→**p.232**）と共通であるため、復習しておこう。クリティカルパスをはじめ、基本項目の計算を理解しておくこと。

問1 バーチャート工程表

　鉄骨造3階建て事務所ビルの建設工事における次の工程表と出来高表に関し、次の(1)から(3)の問いに答えなさい。

　工程表は工事着手時点のものであり、予定出来高曲線を破線で表示している。

　また、出来高表は、4月末時点のものを示している。

　ただし、鉄骨工事における耐火被覆の工程は未記入であり、総工事金額の月別出来高およびスタッド溶接と耐火被覆の出来高は記載していない。

〔工事概要〕

　　用途　　　　：事務所
　　　　　　　　　構造・規模：鉄骨造　地上3階建て　延べ面積450 m²
　　基礎　　　　：直接基礎
　　山留め　　　：自立山留め
　　鉄骨工事　　：建方は、移動式クレーンにて行う。
　　　　　　　　　耐火被覆は耐火材巻付け工法。外周部は合成工法。
　　仕上げ　　　：屋根は、合成高分子系ルーフィングシート防水。
　　　　　　　　　外壁は、ALCパネル張り、仕上塗材仕上げ。
　　　　　　　　　内装は、壁、天井は軽量鉄骨下地せっこうボード張り、
　　　　　　　　　床はフリーアクセスフロア、タイルカーペット仕上げ。

(1)　工程表の土工事・基礎工事のAに該当する作業名を記述しなさい。

(2)　耐火被覆作業の開始日を月次と旬日で定めて記入しなさい。ただし、解答の旬日は、上旬、中旬、下旬とする。

(3)　出来高表から、総工事金額に対する4月末までの完成出来高の累計をパーセントで記入しなさい。

工 程 表

工 種 ＼ 月次	1月	2月	3月	4月	5月	6月	出来高 %
仮 設 工 事	準備工事	外部足場組立			外部足場解体	清掃	100
土工事・基礎工事	自立山留め 砂利・捨コンクリート　A						90
鉄筋・型枠コンクリート工事		基礎・地中梁　1F柱脚	1F床　2F床　RF床　3F床				80
鉄 骨 工 事	アンカーボルト設置	鉄骨建方・本締め	デッキプレート敷き　スタッド溶接		予定出来高曲線		70
防 水 工 事				外部シール　屋根シート防水			60
外 壁 工 事			ALCパネル取付け	仕上塗材仕上げ			50
建 具 工 事			外部サッシ取付け（ガラス共）	内部建具取付け			40
金 属 工 事			壁軽量鉄骨下地組	アルミ笠木取付け　天井軽量鉄骨下地組			30
内 装 工 事				壁ボード張り　天井ボード張り	フリーアクセスフロア　床仕上げ		20
塗 装 工 事					壁塗装仕上げ		10
設 備 工 事		電気・給排水・空調設備他					0
備 考		中間検査				検査	

出 来 高 表

単位　万円

工 種	工事金額	予定/実績	1月	2月	3月	4月	5月	6月
仮 設 工 事	400	予定	50	100	50	50	100	50
		実績	50	100	50	50		
土工事・基礎工事	550	予定	550					
		実績	550					
鉄筋・型枠コンクリート工事	800	予定	400	150	250			
		実績	400	100	300			
鉄 骨 工 事	1,100	予定		900				
		実績		900				
防 水 工 事	100	予定				100		
		実績				100		
外 壁 工 事	600	予定			550	50		
		実績			550	50		
建 具 工 事	500	予定			200	300		
		実績			200	300		
金 属 工 事	200	予定				200		
		実績				200		
内 装 工 事	650	予定				200	250	200
		実績				200		
塗 装 工 事	100	予定					100	
		実績						
設 備 工 事	1,000	予定	50	50	150	350	300	100
		実績	50	50	150	250		
総 工 事 金 額	6,000	予定						
		実績						

(1) 一般的に土工事においては、山留め工を行ってから**根切り工事（掘削・床掘り）**を行い、その後基礎砂利、捨てコンクリート工事を行う。

(2) 耐火被覆工事は、床コンクリート工事が終了し、やや時間をおいてから行うとよいと考えられる。**3月下旬を開始日とする。**

(3) 4月末までの実績の工事金額を合計する。

完成出来高累計 ＝ 仮設工事（50＋100＋50＋50＝250）
＋土工事・基礎工事（550）
＋鉄筋・型枠・コンクリート工事
（400＋100＋300＝800）
＋鉄骨工事（900＋200＝1100）
＋防水工事（100）
＋外壁工事（550＋50＝600）
＋建具工事（200＋300＝500）
＋金属工事（200）
＋内装工事（200）
＋設備工事（50＋50＋150＋250＝500）
＝4800

出来高割合 ＝4800/6000＝0.8（**80%**）

解答

1	根切り工事	2	3月下旬	3	80%

point ワンポイントアドバイス

根切り工事は、「掘削・床掘り工事」と解答しても正解である。

問2 バーチャート工程表

鉄骨造3階建て複合ビルの新築工事について、次の（1）から（4）の問いに答えなさい。

工程表は、工事着手時点のもので、鉄骨工事における耐火被覆工事の工程は未記入であり、予定出来高曲線を破線で表示している。

また、出来高表は、3月末時点のものを示しており、総工事金額の月別出

来高、耐火被覆工事の工事金額および出来高は記載していない。

　なお、各作業は一般的な手順に従って施工されるものとする。

〔工事概要〕

　用途　　　　：店舗（1階）、賃貸住宅（2、3階）

　構造・規模：鉄骨造　地上3階、延べ面積300m²

　　　　　　　鉄骨耐火被覆は半乾式工法

　外部仕上げ：屋上防水は、ウレタンゴム系塗膜防水絶縁工法、脱気装置設置

　　　　　　　外壁は、ALCパネル張り、防水形複層塗材仕上げ

　内部仕上げ：店舗　　　　床は、コンクリート直押さえのまま

　　　　　　　　　　　　壁、天井は、軽量鉄骨下地せっこうボード張り

　　　　　　　　　　　　ただし、テナント工事は別途で本工事工程外とする。

　　　　　　　賃貸住宅　　床は、乾式二重床、フローリング張り

　　　　　　　　　　　　壁、天井は、軽量鉄骨下地せっこうボード張りのうえ、クロス張り

　　　　　　　　　　　　ユニットバス、家具など（内装工事に含めている）

(1)　工程表の仮設工事のⒶ、鉄筋コンクリート工事のⒷ、内装工事のⒸに該当する作業名を記入しなさい。

(2)　鉄骨工事のうち、耐火被覆工事完了日を月と旬日で定めて記入しなさい。

　　ただし、解答の旬日は、上旬、中旬、下旬とする。

(3)　出来高表から、2月末までの実績出来高の累計金額を求め、総工事金額に対する比率をパーセントで記入しなさい。

(4)　出来高表から、3月末までの実績出来高の累計金額を記入しなさい。

工程表

工程表 (月 / 工種)

工種	1月	2月	3月	4月	5月
仮設工事	仮囲い / 準備工事 地足場組立	鉄骨建方段取り 地足場解体 Ⓐ		外部足場解体	クリーニング 完成検査
土工事 / 地業工事	山留 根切・捨てコン / 杭打設	埋戻し・砂利地業			
鉄筋コンクリート工事	Ⓑ	2, 3, RF床 / 1F床・手摺・パラペット			
鉄骨工事	アンカーフレーム設置 / 鉄骨建方・本締	デッキプレート敷込 スタッド溶接			
外壁工事			目地シール / ALC取付		
防水工事			屋上防水 外部サッシシール / ベランダ塗膜防水		
建具工事		外部建具（ガラス取付を含む）	内部建具枠取付け	内部建具吊り込み	
金属工事		ベランダ手摺取付	笠木取付 1F壁・天井軽鉄下地 / 2, 3F壁・天井軽鉄下地		
内装工事			ユニットバス	2, 3F壁・天井仕上げ工事 Ⓒ / 1F壁・天井ボード張り	家具等工事
塗装工事			外壁塗装		内部塗装
外構工事				外構工事	
設備工事	電気・給排水衛生・空調設備工事				

出来高％ 100 / 90 / 80 / 70 / 60 / 50 / 40 / 30 / 20 / 10 / 0

予定出来高曲線

出来高表

単位 万円

工種	工事金額	予定／実績	1月	2月	3月	4月	5月
仮設工事	500	予定	50	200	50	150	50
		実績	50	200	50		
土工事 / 地業工事	600	予定	390	210			
		実績	390	210			
鉄筋コンクリート工事	900	予定	450	180	270		
		実績	360	200	340		
鉄骨工事	900	予定	50	760			
		実績	30	780			
外壁工事	400	予定			400		
		実績			400		
防水工事	150	予定			150		
		実績			150		
建具工事	500	予定			400	100	
		実績			400		
金属工事	250	予定			100	150	
		実績			100		
内装工事	500	予定				400	100
		実績					
塗装工事	200	予定				150	50
		実績					
外構工事	200	予定					200
		実績					
設備工事	900	予定	90	90	180	450	90
		実績	90	90	180		
総工事金額	6,000	予定					
		実績					

解説

(1) Ⓐ 鉄骨建方と**外部足場の組立作業**は同時進行で行われることが多い。

　　Ⓑ アンカーフレーム設置後、**基礎・地中梁**を施工し、基礎まわりの埋戻しを行う。

　　Ⓒ 壁・天井の工事では脚立を使うため、床の傷みを考慮して**床仕上工事**を後にすることが多い。

(2) 鉄骨造の耐火被覆工事の施工時期は、外壁のALC取付け後となる。また、**3月下旬**には壁・天井の軽鉄下地の取付けが始まるため、それまでに終わらせておく必要がある。よって、3月中旬を耐火被覆工事完了日とする。

(3) 2月末までの実績の工事金額を合計し、出来高割合を算出する。

2月末の実績出来高累計 ＝1月出来高（50＋390＋360＋30＋90＝<u>920</u>）
＋2月出来高（200＋210＋200＋780＋90＝<u>1480</u>）
＝<u>2400</u>

総工事金額に対する比率 ＝2400/6000＝0.4（**40%**）

出来高表　　　　　　　　　　　　　　　　　　　　　　　　　単位　万円

工種	工事金額	予定	1月	2月	3月	4月	5月
		実績					
（略）							
月別出来高			920	1,480	1,620		

(4) 3月末までの実績の工事金額を合計する。

3月末の実績出来高累計
＝1月出来高（<u>920</u>）＋2月出来高（<u>1480</u>）＋3月出来高（<u>1620</u>）
＝**4020**〔万円〕

解答

1	Ⓐ	外部足場組立	Ⓑ	基礎・地中梁	Ⓒ	床仕上工事
2	3月中旬
3	40%
4	4020万円

図に示すネットワーク工程表について、次の（1）から（3）の問いに答えなさい。

なお、○内の数字はイベント番号、矢線の上段のアルファベットは作業名、下段の数値は所要日数を示す。

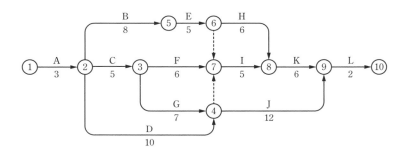

(1)　工程表において、①から⑩までの総所要日数を答えなさい。

(2)　工程表において、作業Cと作業Dがそれぞれ3日間遅延したときのクリティカルパスを、作業名で工程順に並べて答えなさい。

(3)　工程表において、作業Cと作業Dがそれぞれ3日間遅延したとき、①から⑩までの総所要日数を当初と同じ日数とするために、作業Iと作業Jの作業日数のみを短縮する場合、作業Iと作業Jは、それぞれ最小限何日短縮すればよいか答えなさい。

解説

(1)　総所要日数を求めるには、ネットワークにおけるすべてのルートについて計算を行う。

- a.　①→②→⑤→⑥→⑧→⑨→⑩　3＋8＋5＋6＋6＋2＝30日
- b.　①→②→⑤→⑥→⑦→⑧→⑨→⑩　3＋8＋5＋5＋6＋2＝29日
- c.　①→②→③→⑦→⑧→⑨→⑩　3＋5＋6＋5＋6＋2＝27日
- d.　①→②→③→④→⑦→⑧→⑨→⑩　3＋5＋7＋5＋6＋2＝28日
- e.　①→②→③→④→⑨→⑩　3＋5＋7＋12＋2＝29日
- f.　①→②→④→⑦→⑧→⑨→⑩　3＋10＋5＋6＋2＝26日

g. ①→②→④→⑨→⑩　3＋10＋12＋2＝27 日

よって、aのルートが最も長く、クリティカルパスとなり、**総所要日数は30日**である。

(2)　作業Cが5 → 8日、作業Dが10 → 13日となった場合、総所要日数が最も長いルートは、①→②→③→④→⑨→⑩で 3＋8＋7＋12＋2＝32日となり、このルートがクリティカルパスとなる。作業名は**A → C → G → J → L**である。

(3)　総所要日数を30日に戻すようにする。

・作業Iと作業Jのうち、クリティカルパス上にあるのは作業Jである。

・総所要日数を32日から30日とするには、**作業Jを32－30＝2日短縮する**。

・ほかに総所要日数が30日以上となるルートは

①→②→③→④→⑦→⑧→⑨→⑩　3＋8＋7＋5＋6＋2＝31日

したがって、**作業Iは31－30＝1日短縮する**。

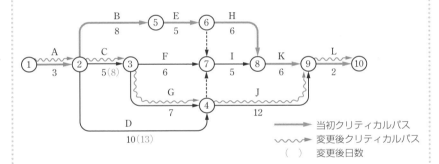

| 1 | 30日 | 2 | A → C → G → J → L | 3 | 作業Iを1日、作業Jを2日短縮する。 |

解答

point ワンポイントアドバイス

作業日数を変更すると、クリティカルパスはほかのルートに変わる場合があるので注意する。

図に示すネットワーク工程表について、次の(1)から(3)の問いに答えなさい。

なお、○内の数字はイベント番号、矢線の上段のアルファベットは作業名、下段の数値は所要日数を示す。

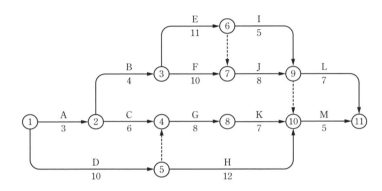

(1)　工程表において、**クリティカルパス**を、作業名で工程順に並べて答えなさい。

(2)　工程表において、作業HのEFT（最早終了時刻）とフリーフロートをそれぞれ日数で答えなさい。

(3)　工程表において、作業Dと作業Kがそれぞれ3日間遅延したときの①から⑪までの総所要日数を答えなさい。

解説

(1)　クリティカルパスは、作業開始から終了までの経路の中で、所要日数が最も長い経路である。すべてのルートについて所要日数を求めると、①→②→③→⑥→⑦→⑨→⑪のルートが最も長く、3＋4＋11＋8＋7＝33日となる。作業名は**A→B→E→J→L**である。

(2)　EFT（Earliest Finish Time、最早終了時刻）とは、作業が最も早く完了できる時刻のことである。作業HのEFT（最早終了時刻）は、作業Hの最早開始時刻＋作業Hの所要日数で表し、10日＋12日＝**22日**となる。フリーフロートとは、遅れてもほかの作業に全く影響を与えない余裕時

間のことで、以下のように表す。

　作業の終了イベントの最早開始時刻［a］

　－（作業の開始イベントの最早開始時刻［b］＋作業の所要日数）

　［a］作業Hの終了イベント（⑩）の最早開始時刻は、クリティカルパス

　　　上のイベント⑨の最早開始時刻と同じで、33－7＝<u>26日</u>である。

　［b］作業Hの開始イベント（⑤）の最早開始時刻は<u>10日</u>である。

　　　よって、<u>作業Hのフリーフロート＝26－（10＋12）＝**4日**</u>となる。

(3)　作業Dおよび作業Kがそれぞれ3日遅延となった場合、所要日数が最

　　も長いルート（クリティカルパス）は①→⑤→④→⑧→⑩→⑪のルート

　　となり、総所要日数は<u>13＋8＋10＋5＝**36日**</u>となる。

　　参考として、ネットワークを下図に示す。

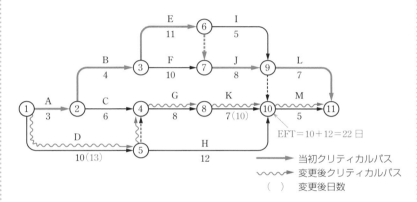

凡例：

当初クリティカルパス
変更後クリティカルパス
（　）　変更後日数

EFT＝10＋12＝22日

解答

| **1** | A→B→E→J→L | **2** | EFT：22日　フリーフロート：4日 | **3** | 36日 |

---

point　ワンポイントアドバイス

最早開始時刻と最早終了時刻を間違えないように気をつける。

第4章

建築法規

1 傾向と対策

　建築法規の出題は、令和3年度から条文の穴埋め問題となった。空欄に当てはまる語句や数値を4つの中から選び、該当する番号をマークシートにチェックする方式である。

　建設業法、建築基準法、労働安全衛生法から出題され、空欄はそれぞれ2か所、合計6問を解答する。出題内容は第一次検定と同じである。実戦問題チャレンジの学習に際しては、法令を検索して必ず条文に目を通すことが重要である。

　語句や数値を記入する方式でないため誤字による失点がなく、ぜひ加点に結び付けていただきたい。

2 重要ポイントレッスン

　第一次検定・Ⅳ編「建築法規」と共通の範囲であるため、復習しておこう。次に示す各法令は、例年出題されており、いずれも頻出である。

- **建設業法**
- **建築基準法**
- **労働安全衛生法**

問1 建設業法

次の各法文において、□□に当てはまる**正しい語句または数値**を、下の該当する枠内から**1つ選びなさい**。

(1) 請負人は、請負契約の　①　に関し工事現場に現場代理人を置く場合においては、当該現場代理人の権限に関する事項及び当該現場代理人の行為についての　②　の請負人に対する意見の申出の方法（第三項において「現場代理人に関する事項」という。）を、書面により　②　に通知しなければならない。

 ① **1** 締結 **2** 施工 **3** 履行 **4** 約款

 ② **1** 設計者 **2** 注文者 **3** 元請負人 **4** 下請負人

(2) 主任技術者及び監理技術者は、工事現場における建設工事を適正に実施するため、当該建設工事の施工計画の作成、　①　管理、品質管理その他の技術上の管理及び当該建設工事の施工に従事する者の技術上の　②　監督の職務を誠実に行わなければならない。

 ① **1** 原価 **2** 施工 **3** 契約 **4** 工程

 ② **1** 管理 **2** 指導 **3** 助言 **4** 意見

(3) 元請負人は、下請負人からその請負った建設工事が　①　した旨の通知を受けたときは、当該通知を受けた日から　②　日以内で、かつ、できる限り短い期間内に、その　①　を確認するための検査を完了しなければならない。

 ① **1** 完了 **2** 終了 **3** 完成 **4** 竣工

 ② **1** 7   **2** 14   **3** 20   4 30

解説

(1) 建設業法第19条の2第1項（現場代理人の選任等に関する通知）を参照。

(2) 建設業法第26条の4（主任技術者及び監理技術者の職務）を参照。

(3) 建設業法第24条の4第1項（検査及び引渡し）を参照のこと。

解答

(1)	①	3	②	2
(2)	①	4	②	2
(3)	①	3	②	3

問2 建築基準法

次の各法文において、□□に当てはまる正しい語句または数値を、下の該当する枠内から1つ選びなさい。

(1) 建築工事等において建築物その他の工作物に近接して根切り工事その他土地の掘削を行う場合においては、当該工作物の ① 又は地盤を補強して構造耐力の低下を防止し、急激な排水を避ける等その傾斜又は倒壊による ② の発生を防止するための措置を講じなければならない。

 ① **1** 外壁 **2** 基礎 **3** 柱 **4** 塀

 ② **1** 危険 **2** 事故 **3** 災害 **4** 危害

(2) 建築工事等において深さ ① m以上の根切り工事を行う場合においては、地盤が ② するおそれがないとき、及び周辺の状況により危害防止上支障がないときを除き、山留めを設けなければならない。この場合において、山留めの根入れは、周辺の地盤の安定を保持するために相当な深さとしなければならない。

 ① **1** 1.0 **2** 1.5 **3** 2.0 **4** 2.5

 ② **1** 軟弱化 **2** 脆弱化 **3** 崩壊 **4** 倒壊

(3) 建築基準法第6条第1項の建築、大規模の修繕又は大規模の模様替の工事の ① は、当該工事現場の見易い場所に、国土交通省令で定める様式によって、建築主、設計者、工事施工者及び工事の現場管理者の氏名又は名称並びに当該工事に係る同項の確認があった旨の表示をしなければならない。

 建築基準法第6条第1項の建築、大規模の修繕又は大規模の模様替の工事の ① は、当該工事に係る ② を当該工事現場に備えておかなければならない。

| ① | 1 | 建築主 | 2 | 設計者 | 3 | 施工者 | 4 | 現場管理者 |
| ② | 1 | 設計図書 | 2 | 請負契約書 | 3 | 施工体系図 | 4 | 確認済証 |

解説

(1) 建築基準法施行令第136条の3第3項（根切り工事、山留め工事等を行う場合の危害の防止）を参照。

(2) 建築基準法施行令第136条の3第4項（根切り工事、山留め工事等を行う場合の危害の防止）を参照。

(3) 建築基準法第89条（工事現場における確認の表示等）を参照。

解答

(1)	①	2	②	4
(2)	①	2	②	3
(3)	①	3	②	1

問3　労働安全衛生法

次の各法文において、□□□に当てはまる**正しい語句**を、下の該当する枠内から**1つ**選びなさい。

(1) 事業者は、その事業場の業種が政令で定めるものに該当するときは、新たに職務につくこととなった　①　その他の作業中の労働者を直接指導又は監督する者（作業主任者を除く。）に対し、次の事項について、厚生労働省令で定めるところにより、安全又は衛生のための教育を行なわなければならない。

1. 作業方法の決定及び労働者の　②　に関すること。
2. 労働者に対する指導又は監督の方法に関すること。
3. 前二号に掲げるもののほか、労働災害を防止するため必要な事項で、厚生労働省令で定めるもの

| ① | 1 | 職長 | 2 | 労働者 | 3 | 請負人 | 4 | 作業主任者 |
| ② | 1 | 安全 | 2 | 衛生 | 3 | 作業 | 4 | 配置 |

(2) 建設業に属する事業の元方事業者は、土砂等が崩壊するおそれのある場所、機械等が転倒するおそれのある場所その他の厚生労働省令で定める場

所において　①　の労働者が当該事業の仕事の作業を行うときは、当該　①　が講ずべき当該場所に係る　②　を防止するための措置が適正に講ぜられるように、技術上の指導その他の必要な措置を講じなければならない。

①　1　元方事業者　　2　関係請負人　　3　事業者　　4　発注者

②　1　災害　　　　　2　事故　　　　　3　危険　　　4　危害

(3)　建設工事の注文者等仕事を他人に請け負わせる者は、施工方法、　①　等について、安全で衛生的な作業の　②　をそこなうおそれのある条件を附さないように配慮しなければならない。

①　1　人員配置　　2　工期　　　3　労働時間　　4　賃金

②　1　環境　　　　2　継続　　　3　計画　　　　4　遂行

解説

(1)　労働安全衛生法第60条（安全衛生教育）を参照。

(2)　労働安全衛生法第29条の2（元方事業者の講ずべき措置等）を参照。

(3)　労働安全衛生法第3条第3項（事業者等の責務）を参照。

解答

(1)	①	1	②	4
(2)	①	2	②	3
(3)	①	2	②	4

第5章 建築施工

1 傾向と対策

　平成30年度から出題形式が変わり、受験種別「建築」「躯体」「仕上げ」による選択問題となった。それぞれ、問題5－A、問題5－B、問題5－Cとして出題された。

　受験者は、自分の受験種別の問題を選択し解答する。出題形式については、令和3年度から四肢一択式となり、問題ごとにそれぞれ8つの語句や数値について、正しい語句、数値を選ぶものとなっている（令和2年度までは記述式であった）。

2 重要ポイントレッスン

▶ **解答時の留意点**

[**問題の構成**]　本問題は、建築施工に関する文章中の語句・数値について正誤を選択肢から選ぶものである。問題は選択種別にそれぞれ8問出題され、そのすべてに解答する。

[**問題文をよく読もう**]　よく似た用語が選択肢となっている場合も多い。選択肢に惑わされないよう問題文をよく読もう。

[**全問忘れず解答しよう**]　当然のことではあるが、8問全問解答しよう。決して、「当てずっぽう」を推奨するわけではないが、まったくわからない問題であっても、1/4は正答である。

▶ 学習方法

　第二次検定の問5について特別に学習しようと思っても、出題範囲はきわめて広く、「ここを覚えておけば大丈夫」と、項目を絞り込むことは難しい。したがって、基本的な学習方法は、本書での第一次検定の学習時に第二次検定でも出題されることを意識して取り組むことである。

問1 受験種別：建築の受験者が解答

次の(1)から(8)の各記述において、□□□に当てはまる最も適当な語句または数値を、下の該当する枠内から1つ選びなさい。

(1) 図面に示される通り心は壁心であることが多く、壁工事が行われるために墨を打つことができない。そのため壁心から離れた位置に補助の墨を打つが、この墨のことを ① という。

①	① 逃げ墨	② 陸墨	③ 地墨	④ 親墨

(2) 埋戻し工事における締固めは、川砂および透水性のよい山砂の類の場合は水締めとし、上から単に水を流すだけでは締固めが不十分なときは、埋戻し厚さ ② 程度ごとに水締めを行う。

②	① 5cm	② 10cm	③ 30cm	④ 60cm

(3) 鉄筋工事における鉄筋相互のあきは、粗骨材の最大寸法の1.25倍、25mmおよび隣り合う鉄筋の平均径の ③ のうち最大のもの以上とする。

③	① 1.0倍	② 1.25倍	③ 1.5倍	④ 2.0倍

(4) 鉄骨工事における柱脚アンカーボルトの締付けは、特記がない場合、ナット回転法で行い、ボルト頭部の出の高さは、ねじが2重ナット締めを行っても外に ④ 以上出ることを標準とする。

④	① 1山	② 2山	③ 3山	④ 4山

(5) ウレタンゴム系塗膜防水の通気緩衝シートの張付けにあたって、シートの継目は ⑤ とし、下地からの浮き、端部の耳はねなどが生じないように注意して張り付ける。

⑤	① 50mm重ね	② 100mm重ね	③ 目透し	④ 突付け

(6) 大理石は、模様や色調などの装飾性を重視することが多いため、磨き仕上げとすることが多く、壁の仕上材に使用する場合は ⑥ を用いることが多い。

⑥	① 本磨き	② 水磨き	③ 粗磨き	④ ブラスト

(7) 塗装工事において、塗膜が平らに乾燥せず、ちりめん状あるいは波形模様の凹凸を生じる現象を ⑦ といい、厚塗りによる上乾きの場合などに起こりやすい。

⑦	① だれ	② しわ	③ にじみ	④ はじき

(8) 内装工事において使用される ⑧ せっこうボードは、両面のボード用原紙と心材のせっこうに防水処理を施したもので、屋内の台所や洗面所などの壁や天井の下地材として使用される。

⑧	① 強化	② シージング	③ 化粧	④ 構造用

解答

①	① 逃げ墨	⑤	④ 突付け
②	③ 30 cm	⑥	① 本磨き
③	③ 1.5倍	⑦	② しわ
④	③ 3山	⑧	② シージング

問2 受験種別：躯体の受験者が解答

次の(1)から(4)の各記述において、□□に当てはまる最も適当な語句または数値を、下の該当する枠内から**1つ**選びなさい。

(1) 建築物の高さおよび位置の基準となるものを ① という。高さの基準は隣接の建築物や既存の工作物に、位置の基準は一般に建築物の縦、横2方向の通り心を延長して設ける。工事測量を行うときの基準のため、工事中に動くことのないよう2か所以上設けて、随時確認できるようにしておく。

また、建築物の位置を定めるため建築物の外形と内部の主要な間仕切の

中心線上に、ビニルひもなどを張って建築物の位置を地面に表すことを ② という。このとき、建築物の隅には地杭を打ち地縄を張りめぐらす。

①	① 親墨	② 逃げ墨	③ ベンチマーク	④ ランドマーク

②	① 縄張り	② 水貫	③ 遣方	④ いすか切り

(2) 鉄筋工事において、コンクリートの中性化や火災などの高温による鉄筋への影響を考えた鉄筋を覆うコンクリートの厚さを「かぶり厚さ」といい、建築基準法施行令で規定されており、原則として、柱または梁にあっては ③ mm以上、床にあっては20 mm以上となっている。

また、かぶり厚さを保つためにスペーサーが用いられ、スラブ筋の組立時には ④ のスラブ用スペーサーを原則として使用する。

③	① 25	② 30	③ 35	④ 40

④	① 木レンガ	② モルタル製	③ 鋼製	④ プラスチック製

(3) コンクリート工事において、日本産業規格(JIS)では、レディーミクストコンクリートの運搬時間は、原則として、コンクリートの練混ぜを開始してからトラックアジテータが荷卸し地点に到着するまでの時間とし、その時間は ⑤ 分以内と規定されている。このため、できるだけ運搬時間が短くなるレディーミクストコンクリート工場の選定をする。

また、コンクリートの練混ぜ開始から工事現場までの打込み終了までの時間は外気温が25℃未満の場合 ⑥ 分以内、25℃以上の場合90分以内とする。

⑤	① 60	② 70	③ 80	④ 90

⑥	① 60	② 120	③ 150	④ 180

(4) 木造在来軸組構法において、屋根や上階の床などの荷重を土台に伝える鉛直材である柱は、2階建てでは、1階から2階まで通して1本の材を用いる通し柱と、各階ごとに用いる ⑦ とがある。

一般住宅の場合、柱の断面寸法は、通し柱では ⑧ cm角、 ⑦ では

10.5 cm角のものが主に使用されている。

⑦	① 継柱	② 止柱	③ 間柱	④ 管柱

⑧	① 10.5	② 12	③ 13.5	④ 15

解答

①	③ ベンチマーク	⑤	④ 90
②	① 縄張り	⑥	② 120
③	② 30	⑦	④ 管柱
④	③ 鋼製	⑧	② 12

問3　受験種別：仕上げの受験者が解答

　次の(1)から(4)の各記述において、□□に当てはまる最も適当な語句または数値を、下の該当する枠内から1つ選びなさい。

(1)　改質アスファルトシート防水トーチ工法において、改質アスファルトシートの張付けは、トーチバーナーで改質アスファルトシートの　①　および下地を均一にあぶり、　①　の改質アスファルトシートを溶融させながら均一に押し広げて密着させる。改質アスファルトシートの重ねは、2層の場合、上下の改質アスファルトシートの接合部が重ならないように張り付ける。

　　出隅および入隅は、改質アスファルトシートの張付けに先立ち、幅　②　mm程度の増張りを行う。

①	① 表面	② 裏面	③ 両面	④ 木口面

②	① 100	② 150	③ 200	④ 250

(2)　セメントモルタルによるタイル張りにおいて、密着張りとする場合、タイルの張付けは、張付けモルタル塗付け後、タイル用振動機（ビブラート）を用い、タイル表面に振動を与え、タイル周辺からモルタルがはみ出すまで振動機を移動させながら、目違いのないよう通りよく貼り付ける。

　　張付けモルタルは、2層に分けて塗り付けるものとし、1回の塗付け面

積の限度は、$2\,\mathrm{m}^2$ 以下、かつ、　③　分以内に張り終える面積とする。また、タイル目地詰めは、タイル張付け後 ④ 時間経過した後、張付けモルタルの硬化を見計らって行う。

③	① 10	② 20	③ 30	④ 40

④	① 8	② 12	③ 16	④ 24

(3) 軽量鉄骨天井下地において、鉄筋コンクリート造の場合、吊りボルトの取付けは、埋込みインサートにねじ込んで固定する。野縁の吊下げは、取り付けられた野縁受けに野縁を　⑤　で留め付ける。

　平天井の場合、目の錯覚で天井面が下がって見えることがあるため、天井下地の中央部を基準レベルよりも吊り上げる方法が行われている。この方法を　⑥　といい、室内張りのスパンに対して 1/500 から 1/1000 程度が適当とされている。

⑤	① ビス	② 溶接	③ クリップ	④ ハンガー

⑥	① そり	② むくり	③ たわみ	④ テーパー

(4) 床カーペット敷きにおいて、　⑦　カーペットをグリッパー工法で敷き込む場合、張り仕舞いは、ニーキッカーまたはパワーストレッチャーを用い、カーペットを伸展しながらグリッパーに引っ掛け、端はステアツールを用いて溝に巻き込むように入れる。

　グリッパーは、壁際からの隙間をカーペットの厚さの約　⑧　とし、壁周辺に沿って均等にとり、釘または接着剤で取り付ける。

⑦	① ウィルトン	② ニードルパンチ	③ コード	④ タイル

⑧	① $\dfrac{1}{2}$	② $\dfrac{1}{3}$	③ $\dfrac{2}{3}$	④ $\dfrac{1}{4}$

解答

①	② 裏面	⑤	③ クリップ
②	③ 200	⑥	② むくり
③	② 20	⑦	① ウィルトン
④	④ 24	⑧	③ $\dfrac{2}{3}$

〈著者略歴〉

吉 井 和 子 （よしい　かずこ）

1981 年　共立女子大学卒業
1983 年　株式会社ナチュール
1986 年　中央工学校卒業
1993 年　浦和学院専門学校　非常勤講師
1993 年　株式会社ナチュール一級建築士事務所

現　在　YOSHII 建築デザイン代表
　　　　一級建築士
　　　　1 級造園施工管理技士
　　　　インテリアコーディネーター

池 本 幸 一 （いけもと　こういち）

1991 年　東京都立大学工学部建築工学科卒業

現　在　株式会社栄設計／代表取締役
　　　　技術士（総合技術監理部門・農業土木・
　　　　農村環境）
　　　　1 級土木施工管理技士
　　　　1 級造園施工管理技士

速 水 洋 志 （はやみ　ひろゆき）

1968 年　東京農工大学農学部農業生産工学科
　　　　卒業（土木専攻）
　　　　株式会社栄設計入社以降、
　　　　建設コンサルタント業務に従事
2001 年　株式会社栄設計　代表取締役に就任

現　在　速水技術プロダクション　代表
　　　　株式会社八島建設コンサルタント　技術顧問
　　　　株式会社ウォールナット　技術顧問
　　　　技術士（総合技術監理部門・農業土木）
　　　　環境再生医（上級）

これだけマスター
2 級建築施工管理技士

2022 年 5 月 23 日　　第 1 版第 1 刷発行

著　　者　吉井和子・池本幸一・速水洋志
発 行 者　村上和夫
発 行 所　株式会社 オーム社
　　　　　郵便番号　101-8460
　　　　　東京都千代田区神田錦町 3-1
　　　　　電話　03(3233)0641(代表)
　　　　　URL　https://www.ohmsha.co.jp/

© 吉井和子・池本幸一・速水洋志 2022

組版　BUCH⁺　　印刷・製本　三美印刷
ISBN978-4-274-22867-4　Printed in Japan

本書の感想募集　https://www.ohmsha.co.jp/kansou/

本書をお読みになった感想を上記サイトまでお寄せください。
お寄せいただいた方には、抽選でプレゼントを差し上げます。